Günter Kunert
Diesseits des Erinnerns

Aufsätze

Carl Hanser Verlag

ISBN 3-446-13605-3

Umschlag: Klaus Detjen,
unter Verwendung der Radierung ›Las resultas‹ (1815-1820) von Goya
(Hamburger Kunsthalle)
Satz: LibroSatz, Kriftel
Druck und Bindung: May & Co, Darmstadt
Printed in Germany

»Die Erfahrung lebt diesseits
des Erinnerns«

Marianne
die andernorts dieselbe blieb
unverändert gewidmet.

Wir Zwerge

Obwohl die Zwerge weder in der Presse noch im Fernsehen für ihren Stand geworben haben, sind sie seit langem hinreichend bekannt. Jeder weiß, was ein Zwerg ist. Zusätzlich zur Tatsache ihrer legendären Existenz herrscht kein Zweifel über ihr Ansehen. Sie haben einen unwandelbar guten Ruf. Bedenkt man, woher das kommen mag, stößt man auf den Umstand, daß Zwerge im Gegensatz zu Menschen sich durch schwer erschütterliche Freundlichkeit und Hilfsbereitschaft auszeichnen. Es bedarf schon einer gewissen Mühe, sich mit Zwergen zu überwerfen. Gerade in solchem Falle sind die Kölner mit schlechtem Beispiel vorangegangen. Erinnern wir uns nur der traurigen Affäre, deren literarische Schilderung leitmotivisch mit der Dienstwilligkeit der Zwerge und der Klage über das Ende einer paradiesischen Symbiose anhebt: »Wie war in Köln es doch vordem / Mit Heinzelmännchen so bequem / Man legte und man streckte sich / Hin auf die Bank und reckte sich . . .« Jede Arbeit wurde von ihnen wie selbstverständlich verrichtet, und nur durch die pathologische Neugier einer Frau und ihre fatale Idee, durch ausgestreute Erbsen die Heinzelmännchen zu Fall und damit unter Beobachtung zu bringen, zerbrach der »Contrat social« zwischen den Bürgern der Stadt und den Bewohnern eines kaum erforschten, wenig geheuren Bezirks jenseits der Sichtbarkeit. Auch andere Berichte lassen die gleiche zutrauliche Bereitschaft den Menschen gegenüber erkennen – etwa die jener Sieben, die Schneewittchen schützend bei sich aufnahmen. Erwähnenswert dabei, ihre Fähigkeit zu trauern, als die Prinzessin der Verfolgung erliegt, obschon sie doch ein

Wesen gänzlich anderer Art für die kleinen Leute darstellte. Dennoch handeln sie immer so, wie wir bestenfalls behaupten, daß es wünschenswert oder moralisch sei, und wozu uns die Kraft zu fehlen scheint, die diese Winzlinge mühelos aufbringen. Ob ihr Mut und ihre Unternehmungslust Kompensationen ihrer Kleinheit sind und proportional ihrer Körpergröße entsprechen (je kleiner, je kühner), läßt sich nicht endgültig beantworten. Wir halten sie für unvernünftig, jedenfalls in unserem Sinne, da sie sich mit Riesen anlegen, und erleben mit Staunen, wie sie letztere stets besiegen, und zwar durch ihre Vernunft, oder doch zumindest durch eine Abart von Vernunft, der List, ihre wirksamste Waffe. Die setzen sie jedoch nie leichtfertig ein, sondern immer nur in nahezu auswegloser Situation, um dem Angriff optisch überlegener Gewalten Paroli bieten zu können. Dann verpufft die Kraft der Riesen, deren Verstand durch die Übergröße ihres Gehirns wahrscheinlich verlangsamt funktioniert, wogegen bei den Wichten die Kleinheit des Hirns eine Beschleunigung des Denkvermögens hervorruft, was sie den wilden Giganten überlegen macht.

Und doch: Auch ihre Gattung besteht nicht nur aus Gleichen. Sie zerfällt, wie ein grober Überblick ergibt, in drei Kategorien: die Gemeinschaftszwerge, die Einzelzwerge und jene zeitweilig auf Koboldformat geschrumpften Menschen: eine fluktuierende Minderheit im Zwergenreich.

Die Gemeinschaftszwerge zeichnen sich durch strikte Solidarität aus. Bei der erwähnten Kölner Heinzelmann-Affäre hat sich keiner von ihnen dem Exodus verweigert, weder aus besonderer Hinneigung zu einem Menschenwesen, noch gar aus Mitleid, Käuflichkeit, Gewohnheit.

Etwas Beispielhaftes haftet an diesem konsequenten Verlassen Kölns, nur ist schwer zu entscheiden, ob es vorbildlich gewesen sei, eben wegen des unerschütterlichen Corpsgeistes, oder ob nicht hinter dieser betonten Einmütigkeit auch erzwungene Disziplin steckte, bloß für uns unerkundbar. Müßten nicht einzelne in Gewissenskonflikte geraten sein, ausschließlich einer einzigen menschlichen Fehlhandlung halber die Heimat aufzugeben? Wegen einer Person alle anderen durch Dienstleistungsentzug zu bestrafen? Und: Gab es unter ihnen eine demokratische Abstimmung über den Auszug? Handelte es sich um einen unabänderlichen, undiskutierbaren Befehl, dem sie zu folgen hatten? Doch ist von einer Hierarchie unter ihnen nichts überliefert, wenn auch in anderem Zusammenhang ein König Erwähnung findet: Laurin, dessen Mantel zur Unsichtbarkeit befähigt. Ein Problem jedenfalls, das keine Geschichtswissenschaft klären kann.

Auch die Einzelzwerge, bis auf wenige, aus der Zwergenart geschlagene, besitzen den bekannten altruistischen Zug; nur scheinen sie, studiert man die entsprechenden Beschreibungen, älter zu sein als ihre im Kollektiv lebenden Gattungsgenossen, altertümlicher, naturnäher. Meist hausen sie in Wäldern, in einsamen Landstrichen, wo sie dem zufälligen oder verirrten Wanderer wichtige Ratschläge auf den ferneren Lebensweg mitgeben oder ihm sogar Schätze zugänglich machen, für die sie wohl in ihrer stillen Weisheit keinen Bedarf haben. Sie verstehen sich nur als die Hüter eines meist materiell kostbaren Grals, den sie einem ihrer Meinung nach Auserwählten zukommen lassen. Bei Undank gegenüber ihrer Großzügigkeit entziehen sie dem Glücklichen den Hort wieder und überlassen ihn seiner vorherigen Armut. Doch sind ihre Auswahlkriterien unpräzise, eher allgemein ethische als exakt definierte, so daß manchmal ein Unwürdiger bevorzugt wird: Dann, wie gesagt, korrigiert der Einzelzwerg gnadenlos seinen Irrtum.

Von ihnen will die Empirie zusätzlich wissen, ihre Bärte seien länger als die der Gemeinschaftszwerge und ihre Kleidung häufig bemoost, die Züge faltiger und – wenn sie unter einem Baum hockten oder gar auf einem Ast – Eulen nicht unähnlich. Sie sind offenkundig unsterblich wie die gesamte Gattung und doch vom Ablauf der Zeit nicht unberührt. Sie erwecken den Anschein, als seien sie damit beschäftigt, in einen Naturzustand zurückzusinken, und die Wunder, die sie wirken, sind ja oft naturhaft-physikalischer Art: so wenn sie eine Höhle plötzlich aufklaffen lassen oder Pfade schaffen, wo keine waren. Sie haben das Uniforme der Gemeinschaftszwerge verloren oder überwunden, bis auf wenige Merkmale, wie die Vorliebe für das Tabakspfeifchen, so daß sie eher wie Personifikationen von Naturkräften auftreten, was sie vermutlich am Beginn ihres Daseins auch gewesen sind – geboren wurden sie bekanntlich nicht. Bevor sie jedoch zu den uns vertrauten Gestalten wurden, waren sie unheimlichere und schlimmere Gesellen, daheim in der Antike und in blutrünstigen nordischen Sagen, und ihre märchenhafte Güte ist vielleicht nichts weiter als ihre Reaktion auf ihre vorhergehende ehemalige Bösartigkeit: Sie haben sich »humanisiert«.

Zwischen ihnen aber und uns gibt es noch die eingangs erwähnte Zwischensorte von Zwergen auf Zeit, verwunschene Menschen, die für eine Weile die Zwergenrolle zu spielen durch Bannspruch oder Zaubertrank gezwungen sind. Merkwürdig bleibt dabei, daß die zwangsweise Verkleinerung zu Däumlingen oder zu Zwergen Nase, zu kleinen Mucken trotzdem aufgewogen wird durch einiges an originärem Zwergentalent und Können: Wie z. B. der Kleine Muck zum Ausgleich mit seinen Pantoffeln in enormem Tempo überall auftauchen kann, so qualifiziert sich Zwerg Nase, durch ein Süpplein verkleinert und im Dienst der Hexe als Tierfuttermeister, zu einem Kräuterfachmann und Suppenkoch allerersten Ranges. Solch ein seltsamer Tausch von Leibeslänge gegen Witz und Begabung macht deutlich klar, was es im Grunde mit den Zwergen auf sich hat: Sie sind die Spiegelbilder unserer eigenen aber inneren Kleinheit – ihre Intelligenz, ihre Geschicklichkeit, ihre Unabhängigkeit und ihre Treue haben wir ihnen bloß angedichtet, aus persönlichem Mangel an derartigen Eigenschaften und Befindlichkeiten. Weil wir wenigstens davon träumen wollen, daß kleine, schwache Figuren das hätten, wessen wir so dringend bedürfen. Denn klein und wehrlos, klein und gemein, klein und abhängig sind wir selber von jeher im ausreichenden Maße gewesen.

Montaigne oder
Wie kurz sind vierhundert Jahre

Da sitzt er fatal nah in seiner Vergangenheit, unerreichbar für Anwürfe, sieht mit leicht gerunzelter Stirn aus seinem Porträt heraus und außerdem mir selber ähnlich: fast kahl, nur Haarreste auf dem gerundeten Schädel, herunterhängende Schnurrbartenden, das bekannte Kennzeichen melancholischer (sowie kritischer) Weltsicht, dazu auffällige Augen, eindringlich, dunkel, jüdisches Erbe von Mutterseite her, Eigentümer gewisser Befürchtungen, die er über jenes unübersteigbare Zeitgebirge mir mitteilt, auf daß ich sie teilen möge, entgegen dem außer Kurs gesetzten Sprichwort: Geteiltes Leid ist halbes Leid. Es ist immer ein Verdoppeltes. An diesem teilzuhaben fällt mir nicht schwer: zu viele Erfahrungen von vorvorgestern gleichen denen von heute oder übermorgen. Was sind schon vierhundert Jahre? Ein Klacks aus dem Hintern des Phönix, der, von der Asche alles Selbsterlebten unbelehrt, voller Ignoranz immer wieder aufersteht, um sich erneut verbrennen zu lassen. Solche symbolischen Vögel nisten in den Köpfen mancher Menschheit, ohne daß dieselbe derartiges Bewohnt- oder besser Heimgesuchtsein überhaupt nur als einen Defekt bemerkte. Der jeweilige Diagnostiker solcher ornithologischen Ticks darf von Glück sagen, bleiben ihm selber Scheiterhaufen oder Käfig erspart. Was selten genug vorkommt. Geringe Publicity ist die Voraussetzung seines Unternehmens, Ruhm hingegen die seines Überlebens: also ein Widerspruch.

Eigentlich hätte Montaigne zur Verantwortung gezogen, zumindest exkommuniziert werden müssen, wäre es mit rechten Dingen zugegangen wie in unserer Gegenwart, in der jede Ursache ihre entsprechende Wirkung findet. Der Anlaß immerhin, die »Essais«, ein mittelstarkes Bändchen, war 1580 durchaus gegeben, wurde aber nicht wahrgenommen. Ja, der Autor überreichte sogar sein Werk König Heinrich III., der durch sein Lob zu erkennen gab, er habe es nicht gelesen, oder wenn doch, daß er dann selber an einem häretischen Infekt gelitten, der Maßnahmen gegen den Essayisten verhinderte: nur heuchlerische Herrscher leiden an der Allergie gegen Wahrheiten. Aufrichtige Schurken haben stets Verständnis für Aufrichtigkeit.

1592 jedenfalls zieht Montaigne sich ins Nichtsein zurück, um die Welt fernerhin den ihr nutzlosen Einsichten zu überlassen. Dem Buche, nun es einmal geboren, widerfuhr wechselnde Ehre. So erhielt es zwischen 1669 und 1774 keine Nachauflage, was für das tiefe Einfühlungsvermögen der Zensur jener Epoche spricht. Goethe wiederum, der berühmte Meister der Verkennung und genialen Begriffsstutzigkeit, lobte an den »Essais« die »unschätzbar heiteren Wendungen«, als handele es sich bei Montaigne um einen Humoristen. Ein anderer von Illusionen mit Blindheit geschlagener Intellektueller, Heinrich Mann, ernannte Montaigne in seinem Roman »Henri Quatre« zum Berater des Königs von Navarra, eine respektvolle Übertreibung, die aus der Fehleinschätzung der eignen Rolle des Intellektuellen resultierte: der Intelligenzler als Eizesgeber von Herrschern, Geist und Macht Hand in Hand, und was der gespenstischen Einbildungen mehr sein mögen, die da, von jedem geschichtlichen Augenblick widerlegt, fruchtlose geistige Blüten getrieben haben.

Wie denn nun diesen Klassiker mit einer Kurzformel für den Alltagsgebrauch faßlich machen? Beispiele, meist abwertender Art, bieten sich gleich an: hemmungsloser Individualist, zersetzendes Element, Pessimist, Zyniker, Skeptiker, Außenseiter, Nestbeschmutzer, Dissident, Pinscher, Dekadenzler: was eben das gehobene Banausentum so an Titeln zu vergeben hat und was – höbe man diese Schablonen vom durch sie zugedeckten Untergrund ab – in Spiegelschrift tatsächlich nichts anderes besagt als: geistige Unabhängigkeit, undeformierte Persönlichkeit, revolutionäres Ferment, kritischer Analytiker, sensibler Mahner, Psychologe, unabsichtlich prophetischer Informant für folgende Generationen. Trotzdem träfe keine dieser positiv entschlüsselten Typisierungen ganz zu.

Nähert man sich der schattenhaften Gestalt ausschließlich von der Geschichte her, sitzt in unserm Blickfeld ein materiell unabhängiger Herr, zum Beamtenadel gehörig, ältestes von acht Geschwistern, der diesem biologischen Faktum sein Schlößchen, ein zu solchem vom Vater Montaigne umgebautes Gut, verdankt, damit er sich später dorthin zurückziehen kann, um sein Ideal, ach, nicht nur seines, zu verwirklichen: einzig dem Schreiben zu leben. Vordem freilich muß unser Egghead den neuerdings viel besprochenen Bruch in der Lebensmitte vollziehen, in seinem Falle eine »glänzende Karriere« als Parlamentsrat aufgeben, eine vielleicht dem heutigen Staatssekretär vergleichbare Position, die er bereits mit einundzwanzig Jahren begonnen hatte: Konsequenz und Nachweis eines sich selbst bewußten Talentes.

Die Literaturgeschichte enthält eine ganze Anzahl ähnlicher Aufkündigungen, hinter denen vermutlich eine hohe Dunkelziffer von aus Mangel an Pecunia nicht vollzogenen sich versteckt. Nach Abbruch seiner Laufbahn jedenfalls wendet sich der Beamte i. R. der Beschreibung jener Spezies zu, die er aus seinem Berufsleben nur allzugut kennt, und die ernst zu nehmen ihm ständig schwerer gefallen sein mag. Doch zur Menschenverachtung, dem Erfolgsgeheimnis und Aufstiegsrezept der Emporkömmlinge, besaß er trotz allem wenig Eignung. Im Gegenteil: die Entdeckung der Gattungsspezifika in der eigenen Haut hat ihn zu einem gemäßigten und nachsichtigen Geneigtsein den anderen gegenüber veranlaßt.

Und wenn er sich hinter seinen Schreibtisch setzt, ein Augenblick, mir ganz deutlich und fühlbar, durchs geöffnete Fenster nach draußen blickt, dort liegt die Welt, glücklicherweise nur schwache und somit kaum störende Geräusche hervorbringend, die frisch geschnittene Feder in die Tinte tunkt, da bedarf es keines Grübelns, worüber er denn und zu welchem Thema um Himmels willen er sich äußern solle, was der Verleger dazu sagen werde, die Zensur, das Publikum, die Rezensenten, die Nachwelt. Ihm genügt seine Person: ein Modell, das stets parat ist: nach dem Prinzip der Puppe in der Puppe konstruiert, Hülle um Hülle abhebbar, vorausgesetzt Sorgfalt und Aufrichtigkeit sind die Helfer, bis man an den allerinnersten Kern gelangt, der, wie der Schreibende feststellen muß, absolut inexistent ist: Im Zentrum des Menschen – und diese Entdeckung, obwohl wesentlicher als die des Columbus oder des Magellan, spricht sich leider keineswegs herum – befindet sich rein gar nichts. Daß ein Exemplar die ganze Gattung denunziert (oder: blamiert) ist möglicherweise den aufkommenden naturwissenschaftlichen Untersuchungsmethoden zu danken: das Bruchstück *Ich* erweist sich als Teil und Ergebnis von etwas Allgemeinerem und bezieht nur daher seine Wahrheit, die es jedoch mit der Intensität eines Blitzlichtes auf umfänglichere Korporationen rückstrahlt, um sie solchermaßen sichtbar zu machen. Ein Akt gegenseitiger Erhellung, der, weil er sich im Jahre 1580 begibt, eine Frage provoziert, deren Beantwortung nicht recht gelingen will: Warum nämlich diese durchdringende Helligkeit in den letzten paar hundert Jahren nicht erloschen ist? Wieso ist dieses Überbau-Produkt nicht mit seiner Basis verschwunden? Was bewirkt, daß ein längst vergilbtes Buch tut, was so viele druckfrische nicht vermögen: den Leser beunruhigen?! Was zeigt sich da ideologieresistent, korrosionsbeständig gegen Zeit und Zeitenwandel? Mit unserem Glauben an die Ewigkeit haben wir auch den an die »ewigen Wahrheiten« an der Garderobe des Theatrum mundi abgegeben, was zur Folge hat, daß wir zwar um eine Illusion ärmer, damit jedoch um keine Erkenntnis reicher geworden sind. Besitzen denn Literaten – wie Mönche ein geheimes Likör-Rezept – ein besonderes Mittel, welches ihre Werke über Generationen hinweg frisch hält, und das in Legenden geheimnisvoll »Stein der Weisen« genannt wird? Wodurch wird ein Werk »klassisch«, wodurch einer »Klassiker«? Doch nicht durch eine nationale Verschwörung, außer mit konsumbestimmten auch noch mit geistigen Fabrikaten sich hervortun zu müssen? Fragt man beim Fachmann nach, zum Beispiel bei Professor Jauß, woraus der erwähnte Umstand resultiere, erwidert der Befragte ohne jenes Zögern, welches immerhin die Antwort wahrscheinlicher werden ließe:

»In der geschichtlichen Überlieferung der Kunst überdauert ein vergangenes Werk weder durch ewige Fragen noch durch ewige Antworten, sondern durch das mehr oder weniger offene Spannungsverhältnis zwischen Frage und Antwort, Problem und Lösung, das ein neues Verstehen herausfordern und die Wiederaufnahme des Dialogs von der Gegenwart zur Vergangenheit implizieren kann.«

Der selbstsichere, apodiktische Ton umkleidet eine ähnliche Unbestimmtheit, wie sie der Befragte dem Kunstwerk als innere Notwendigkeit zuordnet. Hans Robert Jauß hat sich für *ein* Motiv des Überlebens von Kunstwerken entschieden, das glaubhaft klingt, durch seine Singularität jedoch sich selber fragwürdig macht: ein einziger Grund fürs Fortbestehen, wie »richtig« er auch scheint, erweist sich, sobald verabsolutiert, als unglaubwürdig, indem er andere, möglicherweise konträre Gründe ausschließt, statt sie dialektisch aufzunehmen. Einseitige und verengte Argumentation schafft Unbehagen. Die recht unterschwelligen Beziehungen zwischen Werk und Zeitgeist, obschon auch das nur eine mittelmäßige Hilfskonstruktion ist, sind bisher wenig aufgehellt, und die Ursachen des Nachlebens oder Wiederauferstehens von Kunstwerken kaum erforscht. Das ist der Literaturwissenschaft, der Literaturgeschichtsschreibung vorbehalten, deren offenliegendes Handikap ihr eigenes Geschichtsbild ist, ihr verborgenes hingegen ein mit Minderwertigkeitskomplexen beladenes Selbstverständnis, demzufolge sie sich ihrer Unwissenschaftlichkeit ziemlich gewiß ist. Sie pocht auf Chronologie und Progreß, und durch ihre Einstufung künstlerischer Phänomene ins Stufenschema, wo eins aus dem anderen hervorgeht, jedes aber immer weiter und besser und höher sich differenziere, bietet sie uns reinen Biologismus, übersetzt in einen Bereich, welcher der Biologie am fernsten ist. Montaigne entwirft das Gegenbild, und vielleicht ist gerade dies das Geheimnis seiner Dauer. Sein Buch ist (und war immer) widerborstig. Es sträubt sich einfach, Vergangenheit zu sein. Es drängt auf freundlich-ironische Weise, als werde man hilfreich, doch nachdrücklich am Ellbogen geführt, den Leser zu einem Standpunkt, von dem aus die Perspektive eine gänzlich andere ist: der Blick von hier aus auf die Historie verstört – irgend etwas hat sich in der gewohnten irdischen Landschaft grundlegend verändert. Liegt das an der besonderen Brille des Autors? Oder daran, daß der brave Katholik ein Beispiel totalen Unglaubens setzt, religiöse wie weltliche Transzendenz in Zweifel zieht und damit – wie einen kranken Zahn – aus seinem eigenen Denken und Schreiben auch das berüchtigte utopische Element extrahiert?

Montaigne hat keinen Schimmer von besserer Künftigkeit: er ist der Kolporteur der Aktualität alles Gestrigen und der Anachronistik alles Zeitgenössischen, und keine Hoffnung steht ihm bei, daß dieser Zustand jemals chiliastisch aufgelöst werde. Dabei spiegelt er sich (wie ich mich in ihm) in antiken Kollegen, deren Vorchristlichkeit die unheilvolle alleinseligmachende Finalität noch nicht erfunden hatte, von der her jedes Verbrechen sich fromm begründen ließ. Ihr längst zerfallener Mund bestätigt die Gültigkeit von Montaignes Selbsterfahrung. Tote Autoritäten pflichten uns bei. Die legitimierende Macht des Zitats zu nutzen, ist einer der Kunstgriffe, die Montaigne bis zur Collage-Technik beherrscht, so daß sogar manchmal angesichts solcher nahtlosen Einpassungen literarischer Zeugnisse Zweifel an der Echtheit der objets trouvé entsteht. Doch sind sie alle identifiziert und somit verifiziert.

Verstörung des Geschichtsbildes hieß es, aber weniger durch ausgeführte Gegenkonzeptionen als durch unbewußt-ahnungsvolles Beschreiben und Umschreiben von

Umständen, die historisch und unhistorisch zugleich erscheinen, als seien sie ewig und drei Tage alt, und welche die Leser, unter die ich mich zähle, zum Kopfschütteln veranlassen. Das Ergebnis derartigen Schüttelns ergibt – wie im Kaleidoskop das Zusammenfallen winziger, farbiger Splitter ein neues Muster – eine veränderte Kombination der Gedanken. Plötzlich sieht der bisherige Verlauf anders aus, die Struktur verwandelt. Schaut man näher hin, meint man zu erkennen, wie beschränkt die Anzahl geschichtlicher Gegenstände überhaupt ist, womit ihr Verhältnis zueinander ebenfalls nicht unendlich sein kann. Also müssen sich, trotz veränderter Bedingungen, bestimmte Konstellationen immer wiederholen, zumindest ähneln.

Unabweislich läßt Montaigne merken, daß wir die Dinge, unter die wir rettungslos gefallen sind, immer nur bis zu einem gewissen Grade neu arrangieren, bei diesen Arrangements uns jedoch nie ganz von früheren Varianten freimachen können. Welchen Sinn aber nun dieses Unternehmen »Weltgeschichte« enthält, darauf geht Montaigne gar nicht erst ein, und nur diese Neutralität gegenüber jeder Sinngebung (eine Novität seit der Renaissance) verleiht ihm die nüchterne Objektivität, die Vorurteilslosigkeit und Freiheit von der zeitgenössischen Ideologie, ein heruntergekommener Gottesglaube, der zur Erkenntnis nichts mehr beiträgt. Was viel später Marx spruchartig mit »Die Wahrheit ist konkret« bezeichnete, das exerziert unser französischer Freund uns auf jeder Seite seines Buches vor. Konkret sind Menschen und ihre Verhältnisse: erstere sind sichtlich schwach, speziell im Kopf, und letztere bekanntlich »nicht so«, auch damals schon nicht, im gerade eben noch Gewesenen, das uns anschaudert und anheimelt zugleich, durch Rückprojektion dessen, was durch die Bezeichnung »Heile Welt« eher verkannt als erkannt wird. Daß Montaignes Gegenwart keine Spur »heiler« war als unsere, sagt er uns, indem er eine Sprache gebraucht, in der wir verblüfft Wendungen und Definitionen wiedererkennen, als zusätzliche Belege, deren Gewicht unser letztamtliches Weltbild an zentraler Stelle zerreißt, damit durch den Riß das große Garnichts luge.

Vom Akt des Benennens als einem des Erkennens, welches zugleich Werten heißt, nahmen wir an, er sei erst spät, in unserem Jahrhundert etwa, in die Krise geraten und zum Anlaß kritischer Betrachtung geworden. Montaigne weiß es besser:

»Ich möchte wissen«, fragt er sich (rhetorisch) und uns (provokatorisch), »ob die schönen Tänzer, die ich kenne, le Paluel und Pompée, uns ihre Luftsprünge beibringen könnten, wenn wir nur zusähen, wie sie tanzen und dabei sitzen blieben; genauso wäre das, wenn unsere Schulmeister uns das Denken beibringen wollten, ohne es aktiv zu betätigen: oder wenn wir reiten, fechten, Laute spielen oder singen lernen wollten, ohne es selbst zu üben; so will man uns lehren, richtig zu urteilen und richtig zu sprechen, ohne uns Gelegenheit zu geben, unsere Sprechfähigkeit und unsere Urteilsfähigkeit zu üben.«

Was hier beschrieben wird, ist ein Exempel, für das im 16. Jahrhundert nur noch der Begriff fehlte, der hiermit nachgeliefert wird: »Manipulation«. Nichts anderes ist ja das Beibringen »richtigen« Sprechens und Urteilens, das richtig nur im Sinne des Schulmeisters sein kann, dessen Autorität, falls Sprechen und Urteilen bewußt gemacht würden, »geübt«, wie Montaigne es ausdrückt, in Frage gestellt wäre; weil die Vermittlung (die richtige ohne Gänsefüßchen) die Relativität der Position des Vermittlers einschließt. Sobald die »Übung« das Denken von den unterschiedlichsten Scheuklappen aus dem zähen Leder falschen Bewußtseins befreit hat, beginnt dieses Denken die engen Grenzen des zeitgebundenen Geisteszustandes zu überschreiten. Da gibt es kein Halten: in aller Unschuld demonstriert es Selbstbefreiung. Möglich, daß derartige Entfesselungskünste diese langanhaltende Faszination hervorrufen – Künste, welche wie Singen, Tanzen, Reiten des Vorbildes bedürfen. Nicht umsonst hat unser listiger Schreiber in einem Alter *seine* Klassiker studiert, Lateiner und Griechen, in welchem man heutzutage bereits vom Streß ergriffen zu sein pflegt: vom sechsten bis zum dreizehnten Lebensjahr. Diese Lektüre hat für die ohnehin versteinerte christliche Terminologie und Bildwelt keinen Platz in dem kahlen, sorgenvollen Kopf gelassen. Unter Beibehaltung der alleinseligmachenden Sicht und Sprache wäre dieser Tote mit seiner Epoche verstorben, anstatt durch unsere Tage zu geistern: ein recht munteres Gespenst, nicht mit Ketten, sondern mit den von Natur aus locker sitzenden Details des Homo sapiens rasselnd:

»Wir bestehen alle aus Stücken; und diese sind so uneinheitlich zusammengefügt, daß jeder einzelne Bestandteil, zu jeder Zeit wieder anders, seine Rolle für sich spielt; zwischen dem, was wir heute sind und dem, was wir ein andermal sind, ist der Unterschied eben so groß, wie der Unterschied zwischen uns und anderen Menschen . . .«

Die unseren Ahnen unterstellte Homogenität ihres Wesens: ein Irrglaube mehr, den wir irgendwann aufgeschnappt und blind verbreitet haben. Die Persönlichkeitsspaltung, vom sogenannten »Rollenverhalten«, der Teilung in öffentliches und privates Verhalten, bis hin zur echten Schizophrenie, in der ja die Unfähigkeit, die Ansprüche des Rollenverhaltens zu erfüllen, mündet: eine Krankheit der Gesellschaft, aber welcher denn eigentlich? Der modernen? Wie bei »Alice im Wunderland« wird der Spiegel, die Historie, darinnen wir uns stolz erblicken, unerwartet durchlässig. Zwei zeitlich getrennte Dimensionen scheinen stellenweise ineinander überzugehen – oder tun es auf science-fictionhafte Art wirklich. Montaigne fährt fort in seinem psychologischen Diskurs, der freundlich ignoriert, daß positive Eigenschaften und Handlungen immer das Ergebnis altruistischer Überzeugung, von erlernbarer Güte, von Nächstenliebe und Sozialempfinden zu sein haben:

»Ehrgeiz kann die Menschen dazu bringen, tapfer, freigiebig, sogar gerecht zu werden; Habsucht kann einem Kaufmannsjüngling, der in kleinen Verhältnissen tatenlos aufgewachsen ist, die Verwegenheit ins Herz pflanzen, daß er sich, fern von der Heimat, in einem zerbrechlichen Kahn, der Gewalt der Wogen und dem Zorn Neptuns aussetzt; Habsucht lehrt außerdem Zurückhaltung und Umsicht ... Da alles so ist, geziemt es sich für einen ruhigen Verstand nicht, uns Menschen einfach nach unseren äußerlich sichtbaren Handlungen zu beurteilen; man muß bis ins Innere hineinleuchten und zu sehen versuchen, von welcher seelischen Feder die Bewegung ausgelöst wird.«

Nichts von glaubensgebundener Determination oder von freier Willensentscheidung, diesen beiden Seiten ein und derselben, doch nun schon stark inflationierten Münze, sondern Fingerzeig auf die Blindheit unserer Antriebe. Und das »Hineinleuchten ins Innere« meint Montaigne in Übereinstimmung mit der Psychotherapie, deren Ambivalenz bereits in seiner Formulierung mitschwingt:

»Aber da das nun eben ein recht gefährliches und schweres Unternehmen ist«, wie Montaigne aus seinem Selbstversuch weiß; weil nichts näherliegt als die »Fehldiagnose« zum Schaden des »Patienten«, empfiehlt er sorglich: »daß nicht soviel Leute sich damit abgeben möchten«. Auf welchem ungewissen und dunklen Grunde selbst unsere Freuden sich vollziehen, und daß wir nicht geschaffen sind, Glück länger zu ertragen als im Aufleuchten einer Sekunde und in der verbleibenden Erinnerung, in der Brechung also, spricht ein nahezu Freudscher Satz aus:

»Selbst die Wonne ist in der Tiefe schmerzreich.«

Nach der »psychoanalytischen« Behauptung spricht Montaigne weiter – aktuell-bildhaftes Benennen vorwegnehmend:

»Die meisten Menschen vermieten sich; sie verwenden ihre Kräfte nicht für sich, sondern für die, von denen sie sich beherrschen lassen: nicht sie selber sind bei sich zu Hause, sondern ihre Mieter.« So wird der Gedanke schlagend: da er umschlägt vom Abstrakten ins Konkrete, ins Sinnlich-Eindrucksvolle: ins Bild, dem Kulminationspunkt in der Kette der Beweisführung. Das ganze, primär positiv besetzte Assoziationsfeld um »Haus«, »Wohnen«, »Daheimsein« wird umgestülpt ins Gegenteil, da es zum Indiz und Ausdrucksmittel für eine gesellschaftliche Tatsache sich anbietet. Vom diffusen, zerstückelten, seiner Selbst und seiner Motivationen ungewissen Ich, vom Hineinleuchten ins Innere fällt auch ein Schlaglicht auf die Umwelt, in der das Ich anstelle einer Heimstätte, einer Heimat, etwas ganz anderes vorfindet. Keinen Ort der

Vorbereitung auf spätere Erfüllung oder auf einen postmortalen Ausgleich gegenwärtiger Ungleichheit:

»Mein Vater hatte gelernt, daß man zugunsten seines Nächsten sich selbst vergessen solle; daß das Einzelschicksal dem Gesamtwohl gegenüber nicht in Betracht gezogen werden dürfe. Die meisten Regeln und Vorschriften, die man hört, gehen darauf aus, uns aus uns selbst zu vertreiben und auf den Markt zu jagen, wo wir im Dienste der Gesellschaft verbraucht werden.«

Die Vorstellung vom fremdbehausten Subjekt, manipuliert, indoktriniert, ist strikt beibehalten, die Situation jedoch schärfer dargelegt: Seinen Hausherrn wider Willen hat der Mieter vertrieben und zum Knecht gemacht. Und unser Erstaunen stammt nicht aus der Sache, von der wir längst wissen, sondern aus ihrer verbalen Vorführung: als hätte der Schloßherr des Vor-Barock sich über den Fachbereich Soziologie lustig machen wollen, indem er einiges sprachliches Erbgut zum ferneren Gebrauch wörtlich hinterlassen hat. Sein Marktbegriff ist absolut modern und steht in keinem Zusammenhang mit buntem Treiben, Kirchweih, Lust und Schau, Handel und Wandel, sondern bezeichnet bereits den Höllenplatz, wo die Verdammten dieser Erde, ohne je aufzuwachen, *verbraucht* werden, was ebenfalls ein höchst gängiger Terminus ist. Kein altfränkisch-rustikales Verbum, wie man es vom Damals erwartet, etwa »geknechtet«, »versklavt« oder »ausgenützt«, benutzt Herr Michel de Montaigne: wir werden verbraucht wie eine Sache, wie ein Gegenstand, und solchermaßen zielt der Text unabweislich, wenn auch mittelbar auf einen Zustand, wofür erst wir die Benennung besitzen: *Entfremdung.* Das Verbrauchtwerden hat sich schon vom Humanum des Bezeichneten emanzipiert und schließt die vorangegangene Verdinglichung, den schon verdinglichten Menschen mit ein: dieser berühmten Sache, von der man bisher annahm, sie sei eine Besonderheit des 19. Jahrhunderts, geht es ähnlich wie unseren prähistorischen Ahnen, deren Auftauchen ebenfalls fortwährend weiter in frühgeschichtliche Finsternis rückt. Diese Leute werden, der Archäologie zufolge, dauernd älter. Vermutlich haben wir, indem wir angestrengt unsere alten Irrtümer korrigierten, neue an ihre Stelle gesetzt, weil nichts leichter zu erwerben ist als Irrtümer: für den Einzelnen wie für Gemeinschaften. Das liegt wohl (unter anderem) daran, daß wir gebannt auf eine Fata Morgana starren, ohne zu bemerken, was im Grunde eigentlich vorgeht:

»Es sieht aus, als wenn es etwas recht Schönes wäre, uns von uns selber abzulenken und abzubringen, da doch jeder als selbstverständlich ansieht, daß wir eigentlich zu fest an uns hängen, und daß diese Bindung zu natürlich ist; alles mögliche ist für diesen Zweck vorgebracht worden; denn es ist nichts Neues, daß die Weisen die Dinge so darstellen, wie sie sein sollten, nicht wie sie sind.«

Ein einziges Mal darf man den wahrheitsliebenden Montaigne anzweifelnd beim falschen Wort nehmen, das sicherlich, man ahnt es, nur ein Behelf ist, am Rande der erlaubten Notlüge gefunden. Statt der »Weisen« lese man besser »Theologen« oder »Ideologen«, denn in vielen Partien der »Essais« wird nichts Erstrebenswerteres genannt als Weisheit oder Weisesein. Ob also in diesem Euphemismus Ironie oder Sicherheitsbedürfnis steckt, womöglich beides, dafür gibt der Essayist keinen, nicht einmal einen verborgenen Hinweis. Stattdessen wiederholt er seine polemischen Einsprüche gegen die »zweckdienliche« Abkehr vom eigenen Ich, und sei es nur in beiläufigen Redewendungen wie: ». . . wenn man verbietet, von sich zu sprechen, ergibt sich von selbst, daß man damit erst recht verbietet, an sich zu denken.« Und an die Adresse anonymer Angreifer:

»Wenn die Leute mir vorwerfen, daß ich zuviel von mir spreche, so werfe ich ihnen vor, daß sie überhaupt nicht über sich selber nachdenken!« Eine Retourkutsche, die nichts an Aktualität eingebüßt hat und – optimistisch geschätzt – für die nächsten vierhundert Jahre gültig bleiben wird, vorausgesetzt die Borniertheit hat die Welt nicht bis dahin völlig zugrunde gerichtet.

Ein Exorzismus besondrer Art, da die Austreibung keine Teufel betrifft, vielmehr das Individuum seiner wesentlichsten Inhalte, so vorhanden, beraubt, und einen armen Teufel zurückläßt, mit dem man, dem jeweiligen Nutzen entsprechend, ungehindert schalten und walten kann: so entstehen Befehlsempfänger, Sonderbeauftragte, Schreibtischmörder, Überwachungsbeamte; zu jeder Untat bereite Figuren, von denen Selbsterkenntnis und Selbstbezichtigung kaum zu erwarten ist:

»Die öffentliche Verderbnis wurde beschönigt, und die Verbrechen wurden, wie zur Entschuldigung, mit neuen, unverfänglichen Bezeichnungen benannt; man war nicht ehrlich und nicht hart genug, die Dinge beim richtigen Namen zu nennen: und doch soll es, sagt man, darum gehen, unser Gewissen und unseren Glauben zu reformieren! ›Es klingt besser so!‹«

Wem fiele nicht automatisch das »Wörterbuch des Unmenschen« ein oder Victor Klemperers »LTI«, die »Sprache des Dritten Reiches«: Wörter wie Endlösung, Umsiedlung, Umerziehung, Aufenthaltsbeschränkung, oder ehemals rein technische Vokabeln wie *Ausschaltung* und

Liquidierung, von denen wir heutzutage weder das Verlöschen des Lichtes noch den Verkauf festgelegter Vermögenswerte erwarten. Die »felsenfeste Überzeugung«, alles verdrehende und beschönigende Sprechen sei primär an unsere Epoche gebunden, widerlegt jener altfranzösische Vorläufer nie endender und nichts bewirkender Aufklärung, und seine »Meldungen aus dem Reich« der peinlich präsenten Vergangenheit bedrängen uns anhaltend, darin besteht ihr Wert und ihre Aufgabe, der Maßstab jeder Literatur.

Lauter weithin bekannte und durch Gewöhnung unkenntlich gewordene Beziehungen und Verhaltensweisen erzeugen ein Beharrungsvermögen des Gesamtsystems, daß Montaigne darüber sich nur wundern kann. Im Gefolge Heinrichs III. in Paris hat er die Herrschaftsmechanismen nackt gesehen und durchschaut. Den schwächsten Punkt bemerkt er sofort:

»Wenn meine Untertanen nichts Böses gegen mich unternehmen, so bezeugt das noch keineswegs ihre freundliche Gesinnung. Warum sollte ich es so auffassen, da sie mir nichts antun dürfen, selbst wenn sie es wollten? Keiner ist mir deshalb gehorsam, weil uns eine gegenseitige Freundschaft verbindet; denn Freundschaft kann nicht geknüpft werden, wo die Gleichheit in den Voraussetzungen für den geistigen Austausch fehlt. Durch meine hohe Stellung bin ich vom üblichen Umgang mit den Menschen ausgeschlossen; die Kluft ist zu tief, das Mißverhältnis zu groß. Sie gehen mit mir, weil es sich so gehört und weil es so hergebracht ist, oder eigentlich weniger mit mir, als mit meiner Macht, um etwas dabei zu gewinnen. Alles, was sie mir gegenüber sprechen und tun, ist nichts als Maske, da ihre Freiheit durch die Gewalt, die ich über sie habe, ausgeschaltet ist. Ich kann nicht klar sehen, was um mich ist: alles ist für mich verdeckt und verkleidet . . .«

Dieser blinde Fleck schafft die Hybris: Mangel an Information oder ein Übermaß an falscher Information, frisierte Nachrichten aus den Provinzen, Zum-Munde-Reden der Höflinge bilden die Gefahren; dazu übertüchtige Hilfsgenossen, die, indem sie die Macht zu stützen meinen, durch die angewandten brachialen Mittel nicht der Stabilisierung, sondern dem Sturz Vorschub leisten; ein Spiel, das in Verletzung der Regeln besteht und sich im Wechsel des prinzipiell Unveränderten kundtut, eine historische Konstante und ein durch Offenkundigkeit verheimlichtes Gesetz, durch das Herrschaft Fortsetzung erfährt: eine individualpsychologische Dominante, die weitgehend unterschätzt ist. Einzig nach größeren gesellschaftlichen Katastrophen wird die Frage nach den tieferen Ursachen gestellt. Ist der Schleier gefallen, zeigt sich in den Taten eines Führers unerwartet das psychopathische Element, das, zwar strukturbedingt und aus dem transpersonalen Bewußtsein verdrängt, nun hervortritt, das aber wiederum nur um den Preis völliger Personalisierung. Die allgemeine Schizophrenie wird »geheilt«, indem der Einzelne einfach auf den bisherigen Leithammel und jetzigen Sündenbock die eigene »schlechtere Hälfte«, seinen eigenen Anteil am Geschehen überträgt.

Aber auch eine historisch-materialistische Analyse mit Ausschließlichkeitsanspruch ökonomisch-wirtschaftlicher Einflüsse erhellt das Phänomen nur zum Teil. Umfangreicheres bleibt verdunkelt, da Aufhellung zugleich Licht auf die eigenen Abhängigkeiten vom Ungewußten und Unzuwissenden würfe: das relativierte den eignen Standpunkt, in dessen rigider und aggressiver Behauptung Vernunft nahezu als ihr eigener Kontrast sich gibt. Die Position des Aufklärers, der seine Bedingtheit leugnet, muß sich von Montaigne Unglaubwürdigkeit attestieren lassen. Wie denn präventive Schlußfolgerungen aus Vorgängen für alle Zukünfte gewinnen, wenn die Untersuchungsmethoden ihre eigene Untersuchung methodisch abweisen? Was, wenn Erkenntnis sich erkenntniskritisch taub stellt? Verkäme sie nicht zur Glaubenssache, die, wie andere auch, ihre umfassende Verbindlichkeit verloren hat?

Das psychogene Moment der Herrschaft von Menschen über Menschen ist, weil ein Moment von Entblößung, zum Teil noch immer durch unbezweifelt gültige Schamhaftigkeit gedeckt. Eine weitere Ursache drückt sich in dem aus, was man jetzt »allgemeine Verunsicherung« nennen würde: die tiefgreifende Krise des 16. Jahrhunderts, der Zerfall des verbindlichen mittelalterlichen Weltbildes, begleitet vom Auseinanderbrechen der umfassenden geistigen Autorität, der Kirche, in zwei Autoritäten, setzte jedes Wissen und Denken dem Zweifel aus. Nicht nur Treu und Glauben, sondern auch, was einschneidender war, die ethischen Normen des menschlichen Zusammenlebens, kodifizierte wie ungeschriebene, wurden fragwürdig. Schwarz wurde weiß und weiß schwarz. Die unaufhörliche Auseinandersetzung um die Vorherrschaft von Zentralmacht oder Regionalmacht, Katholizismus oder Protestantismus, spaltete Frankreich in zwei feindliche Lager. Gegenwärtige Mitteleuropäer, durch gewisse Ereignisse und Konflikte zu Sachverständigen in diesem Problemkreis avanciert, können Montaigne auf Anhieb verstehen, wenn er erklärt:

»Bei uns, hier in Frankreich, habe ich beobachten können, daß Handlungen, die früher Kapitalverbrechen waren, später als erlaubt angesehen wurden; und ebenso kann es uns gehen, wenn das unsichere Kriegsgeschick es will, daß wir eines Tages als Verbrecher gegen die irdische und die göttliche Majestät dastehen; denn was bei uns Recht war, muß sich dann zu Unrecht fügen, und es wird nach Jahren der Besitzergreifung ins Gegenteil umgedeutet . . . Was sagt die Philosophie zu diesem Zwang? ›Wir sollen die Gesetze unseres Landes befolgen.‹ Soll das heißen: wir sollten uns dem schwankenden Meer von Meinungen eines Volkes oder eines Fürsten anschließen, die mir die Gerechtigkeit so vielfarbig malen und so vielgestaltig umdeuten, wie sie von wechselnden Leidenschaften beherrscht werden? Ich kann mich in meinem Urteil nicht so biegen. Was ist an einer Sache dran, wenn man gestern hat an sie glauben können und wenn sie morgen nicht mehr gilt? Und wenn sie zum Verbrechen wird, sobald ich über einen Fluß fahre? Was an der Wahrheit, die nur bis zum Gebirge gilt und die für die Menschen auf der anderen Seite zur Lüge wird . . .?«

Die Erfahrung mit »Zwei Wahrheiten« muß im Zeitalter noch nicht perfektionierter Persönlichkeitsspaltung, noch nicht alltäglicher Schizoidät, über die Maßen verwirrend und beängstigend gewesen sein. Nur Philosophen und Zyniker bewältigen klar die Situation: der eine akzeptierte sie als »Natur der Gattung«, darüber reflektierend, der andere beutete sie nüchtern und gründlich aus, indes die Unschuld, die Naivität verzweifeln oder vor der Alternative zweier Religionen annehmen mußte, was Heine einstmals über einen Glaubensstreit dichtete: »Daß beide stinken!«

Sicher ist, daß auch Montaigne nicht alles ausspricht, was er weiß oder zu wissen meint. Angesichts seiner Bibliothek, die ihn seelenwärmend umgibt, gesteht er mit einem Bonmot:

»Durch Bücher hat mein sprachlicher Ausdruck gewonnen, mein Mut kaum.« Das ist wahr: die papiernen Helden, wie immer unsere Sympathie erweckend, unsere Mimesis anregend, agieren im Schutz der Fiktion, in der sie, dead or alive, gerettet, nämlich aufgehoben sind, während wir, jedem mißgelaunten Polizisten ausgeliefert, machtlos vor jedem subalternen Beamten, von den großen und edlen Vorbildern verlassen stehen wie von allen guten Geistern. So verbleibt Montaigne bei bestimmten Themen im Allgemeinen und stellt dem Leser die Deduktion anheim:

»Wie es kommt, daß Staaten sich halten, ist mit Hilfe unseres Verstandes nicht zu erklären«, heißt es einmal satirisch, »ein politisches Gebilde ist ein mächtiges Ding, das sich schwer in seine Bestandteile zerlegen läßt, wie Plato sagt; es hält sich oft trotz aller Krankheiten und Zwistigkeiten, trotz ungerechter Gesetze, trotz Gewaltherrschaft, trotz der Übergriffe und der Unzulänglichkeit der Beamten, trotz der Aufstände zuchtloser Massen . . .« – doch wodurch es Bestand erhält, was diese unfaßliche Adhäsion bewirkt, mag der Leser sich selber ausmalen. Zu genau und zu gut weiß Montaigne: Die Ursachen sind nie summierbar, nie ganz überschaubar, sind teils uralt und bereits versteinert, teils aktuell und Resultat frischer Faktoren: ihren Index aufzustellen verbietet die praktische Vernunft. Einerseits auch entstünde Historiographie statt anthropozentrischen Philosophierens und Räsonnierens und fände somit bestenfalls ein fachliches Interesse;

andererseits hätte die ungeschützte Benennung mit Sicherheit den Konflikt mit jenen Mächten hervorgerufen, welche die »Essais« nur durch Assoziation und Anspielung in den Hirnen Montaignischer Zeitgenossen kenntlich und deutlich hervorriefen. Denn trotz der materiellen Unabhängigkeit und der privilegierten Stellung als Nobilität des 16. Jahrhunderts, vermeidet Montaigne doch die offene Auseinandersetzung. Aber die Andeutungen sind nicht zu überlesen, brechen aus anderen Textzusammenhängen hervor und beziehen sich auf eine seinerzeit noch ungewöhnliche Leidenschaft des Autors, die inzwischen epidemisch geworden ist, so daß die Passion mitempfunden und ihre Antriebe verstanden werden können. Obgleich unsere Gegenwart dem Syndrom ein ganz neues Element hinzugefügt hat: die Sehnsucht, mit der bis zum Überdruß gewohnten Umgebung auch die eigene Haut, aus der man so gerne führe, hinter sich zu lassen; durch Ortsveränderung seiner selbst los und ledig zu werden:

»Warum reise ich so gern? Wenn man mich danach fragt, so sage ich gewöhnlich: ich weiß, wovor ich flüchte, aber nicht, was mich erwartet. Und wenn man mir sagt, in anderen Ländern herrsche vielleicht ebensoviel Verderbnis und ihre Sitten seien auch nicht mehr wert als unsere, so antworte ich erstens: das ist schwer zu sagen: ›Das Böse sieht so verschieden aus‹; zweitens: es ist immer ein Gewinn, einen sicher schlechten Zustand in einen unsicheren einzutauschen; außerdem tun uns die Schmerzen anderer nicht so weh wie unsere eigenen ... Es ist mir peinlich, wenn ich sehe, wie meine Landsleute die törichte Gewohnheit haben, scheu zu werden vor Gebräuchen, die anders sind als die eigenen: sie fühlen sich nicht mehr in ihrem Element, sobald sie nicht mehr in ihrem Dorf sind ... unterwegs sind sie ablehnend und zugeknöpft, sie sind zu vorsichtig, um zu reden und sich mitzuteilen; es ist, als ob sie sich gegen die Ansteckung durch eine unbekannte Luft schützen müßten ... Ja, ich gestehe, ich sehe nichts, auch nicht in meinen Träumen und meinen Wünschen, womit ich mich dauernd zufrieden geben könnte; nur der Wechsel ist lohnend und die Möglichkeit, mich so oder so zu entscheiden (wenn sich überhaupt etwas lohnt). Was mich beim Reisen belebt, ist, daß ich ohne bestimmten Zweck irgendwo anhalten und, was sich dort bietet, behaglich genießen kann. Gott, wie schwer würde es mir werden, das zu ertragen, was so viele jetzt aushalten müssen: sie dürfen die wichtigsten Städte und Höfe nicht besuchen, dürfen die Verkehrswege, die doch für alle bestimmt sind, nicht benutzen, weil sie in Gegensatz geraten sind zu Gesetzen, die bei uns gelten. Wenn die Gesetze, denen ich hier untertan bin, mir irgendwie bedrohlich schienen, würde ich sofort weggehen, dahin, wo andere gelten, irgendwohin. In der jetzigen Zeit der inneren Spaltung verwende ich mein bißchen Klugheit, das mir zur Verfügung steht, darauf, alles zu vermeiden, wodurch meine Bewegungsfreiheit eingeschränkt wird.«

Nicht immer hängt das von dem »bißchen Klugheit« des Einzelnen ab. Im 20. Jahrhundert, dem der gigantesken Dummheiten, ist der Rahmen für die Entscheidungsfreiheit des Subjekts auf ein Maß zusammengeschrumpft, das seiner Konfektionsgröße entspricht: mehr als den gerade noch passenden Anzug kann er nicht wählen.

Die Stimme, die über die Zeit hinweg zu uns spricht, als wäre diese aufgehoben und nie gewesen, so daß wir uns verwundert die Augen reiben und Umschau halten, wo wir uns denn eigentlich befinden, läßt uns an der persönlichen Zeitgenossenschaft irre werden. Diese Stimme, auf deren Frequenz wir empfänglich reagieren, vermittelt uns, außer erstaunlichen Neuigkeiten aus einer fernen Gegend, indirekt Denkansätze, verwendbar nach den jeweiligen individuellen Möglichkeiten. Einer sei hier hervorgehoben, zur Klassiker-»Rezeption«. Erst wenn wir uns in das Studium der Klassiker vertiefen, nicht beruflich, fallen unsere Vorurteile, wandelt sich unser anfangs vielleicht antiquarisches Interesse in lebendige Anteilnahme, vorausgesetzt, wir selber sind lebendig genug geblieben und unseres Menschentums noch nicht gänzlich verlustig gegangen. Die Intensität des Verstehens steigt und sinkt mit historischer Ebbe und Flut.

Montaigne, tot wie alle Vorläufer, besitzt die wunderbare Eigenschaft, alle paar hundert Jahre aufzuerstehen und aus der Vergangenheit wie aus einer Höhle herauszutreten, mitten unter die Nachgeborenen. Ein Geist, an dem sich die Geister scheiden. Bedeutet dem Leser solch eine bemerkenswerte Epiphanie mehr als ein intellektuelles Schauspiel unter zahllosen anderen Vorführungen, und enthalten die »Essais« wirklich etwas über den Verblüffungseffekt Hinausweisendes? Einen greifbaren Gebrauchswert? Anzeichen, wie der Leser sein Leben oder sein Schicksal bewältigen könne? Montaigne vermittelt dem Leser, ihn erneut in einen aktuellen Bezug versetzend, einen sonderbaren Trost:

»In gewöhnlichen und ruhigen Zeiten ist man gewappnet gegen Schicksalsschläge von geringem Ausmaß und gewöhnlicher Art; aber in dem Durcheinander, das bei uns seit dreißig Jahren herrscht, sieht jeder Franzose, in seinem Privatleben wie in der allgemeinen Politik, sich zu jeder Stunde vor die Möglichkeit gestellt, daß sein Schicksal vollständig umschlägt; um so mehr braucht er kräftige, haltbare moralische Stützen für seine Widerstandskraft. Eigentlich sollten wir dem Schicksal dankbar sein, daß wir nicht in eine weiche, schlaffe, faule Zeit hineingeboren sind; jetzt kann mancher Mensch durch sein Unglück eine gewisse Bedeutung erlangen, dem das auf andere Weise nie gelungen wäre.« Dem ist kein Kommentar hinzuzufügen.

Heinrich von Kleist – Ein Modell

Vor wenigen Wochen saß ich mit Wolfgang Hildesheimer zusammen, dessen Mozart-Buch gerade erschienen war, und wir sprachen über die Schwierigkeiten im Umgang mit verstorbener Prominenz. Sobald man das mehr oder weniger unbewußt akzeptierte Klischee vom »Genius« hinter sich gelassen und sich durch den Hirsebreiberg der Dokumente und interpretierenden Darstellungen gefressen hat, bis zum Überdruß, dann tritt der eigentümliche Umstand ein, daß mit zunehmender Annäherung an die Gestalt, von der man meint, man packe sie gleich am Rockärmel, diese zunehmend diffuser wird.

Ist das die Strafe für die Übertretung des biblischen Verbotes: Du sollst dir kein Bild machen? Benutzen wir vielleicht nur das falsche Instrumentarium, vergleichbar einer Lupe, welche uns zwingt, uns unserem Objekt so weit zu nähern, daß wir zwar minuziöse Details erkennen, das Ganze aber nicht mehr wahrnehmbar ist? Oder erleben wir sogar in unerwarteter Übereinstimmung mit der Naturwissenschaft die Heisenbergsche Unschärfe-Relation, die besagt, daß die subtilere Forschung durch ihre Methodik, Versuchsanordnungen und Geräte auf den untersuchten Gegenstand derart einwirkt, daß er objektiv ohnehin unfaßbar bleibt?

Hildesheimer meinte in seiner liebenswürdig-apodiktischen Art: »Wir kommen zwar dem Rätsel näher, aber nicht der Lösung!« Mir fiel dazu keine Antwort ein. Schlagfertigkeit ist meine Sache nicht, aber es mag dieser Mangel den Vorzug haben, daß man wie durch einen Dorn, den man sich eingerissen hat, über einen längeren Zeitraum hinweg die ständige Reizung verspürt, die Antwort doch noch nachzuliefern, selbst wenn sie den anderen gar nicht mehr erreicht. So wird auf den Mund Gefallenen ihre Not zur Tugend.

Damit bin ich schon mitten im Antworten und außerdem bei unserer Hauptperson, von der wir wissen, daß sie auch nicht besonders eloquent gewesen ist.[1] Ein freundlicher Stammler und Stotterer, bei dem die Entstehung der Gedanken beim Reden keineswegs so synchron erfolgte, wie er es selber in einem Aufsatz behauptet hat. Nur wenn er Französisch parlierte, liefen ihm die Sätze ungehemmt aus dem Munde, ein Vorgang, der beweist, wie sehr die Sprache für uns denkt, falls wir uns ihr vertrauensvoll überlassen. Aber die Hingabe ans gesprochene Deutsch scheint Kleist unmöglich gewesen zu sein. Da haderte er wohl während des Redens mit dem Geist der Sprache, welcher sich vermutlich gegen die ungewöhnliche und vertrackte Denkweise des Dichters sträubte. Und doch hat ihn Kleist gebannt – mit dem geschriebenen Wort. Daher ist in allen seinen Texten, wenn man genau hinhört, immer auch ein Unterton von Beschwörung.

Durch solch bodenloses Unterfangen, dessen verkrampfte Anstrengung manchmal merkbar ist, zwingt Kleist der Sprache ihr Geheimnis ab: mehr zu sein als ein allgemeinverbindlicher Code der Kommunikation und Information. Und nur in dieser Sprache, in ihrer Diktion, ihrem Tonfall, ihrer sprunghaft schleichenden Syntax, ihrer beunruhigenden Hervorkehrung des gewöhnlichen Schreckens, ihrer tastenden und plötzlich zugreifenden Erzählweise wird Kleist immer aufs neue kenntlich und vorstellbar – nicht in den Porträts, nicht in jenen bekannten Miniaturen oder dem unbeholfenen Bildchen eines Mitgefangenen in Fort de Joux, die uns meist nur einen stupsnasig heiteren

Putto präsentieren, die Stirntolle sorgfältig gekämmt: ein Knabe, der eher Eichendorffisch wirkt und den ich nie mit dem wahren Kleist zu identifizieren vermochte. Alle zeitgenössischen Beschreibungen sind nichtssagend. Keiner, so scheint es, hat ihn recht gekannt. In dieser vor-psychologischen Ära standen Erscheinung und Wesen noch ziemlich unverbunden nebeneinander, so daß keines das andere erhellte und darum jedes für sich, keiner übergreifenden Bedeutung unterworfen, überliefert wurde.

Aber es ist ja nicht der Habitus Kleists, der dieses neuerliche Interesse, ein über die Maßen ungewöhnliches, hervorruft. Es betrifft, wie wir merken, sogar weniger das Werk selber als überwiegend den Lebenslauf und teilweise auch die Verhältnisse, welche ersterem die abschüssige Bahn lieferten. Von den Normen seiner Epoche weicht Kleists Schicksal ab; er war ein Sonderfall. Wo aber die Regeln eines streng geordneten gesellschaftlichen Zusammenlebens bereits zerfallen oder nicht länger bindend sind, wie in unserer Gegenwart, da verwandeln sich die Absonderlichkeiten der Kleistschen Vita zu Verhaltensweisen, welche, wenn wir sie nun psychologisch entschlüsseln, uns fast normal vorkommen. Jetzt bietet sein Schicksal auf einmal etwas, das wie ein Spiegel wirkt, in dem wir eigene Wesenszüge, eigenes Leiden, durch Geschichtlichkeit verfremdet und zugleich betont, wiedererkennen. Und gerade dieses Wiedererkennen über den zeitlichen Abstand hinweg schafft den Schock und muß uns verstören, weil plötzlich die Tatsache unabweislich wird, wie wenig zweihundert Jahre wirklich bedeuten. Wie weit wir – befangen in der Überheblichkeit einer bombastischen Wissenschaftsidolatrie – uns über die Vergangenheit hinausgelangt gesehen haben.

Freilich, unter uns sind genügend, die mit Aufbietung ihrer schwachen reflektorischen und stark autosuggestiven Kräfte sich dem Wiedererkennen verweigern. Drei aktuelle Meinungen zum Präzedenzfall Kleist möchte ich doch zitieren, gerade weil sich in deren defensiver Heftigkeit, in einer nahezu polemischen Schärfe der Zurückweisung dessen, was uns Kleist offeriert, die geheime und unbewußte Bestätigung meiner These kundgibt.

Zuerst – Ladies first – Frau Hortense von Heppe, die zur von Eric Rohmer verfilmten »Die Marquise von O . . .« und damit zu Kleist Stellung nimmt:

»Was bleibt von der Frauengestalt, die der Öffentlichkeit so mutig und stolz entgegentritt? Was von der scheinbar gelungenen Emanzipation in Kleists Erzählung, die Rohmer nicht ohne Seitenblick auf die derzeitige Frauenbewegung dem Publikum schmackhaft macht?. . . Es darf nicht übersehen werden, wie das männliche Frauenbild vom heroischen Schwan, das Rohmer in ungebrochener Kontinuität übernimmt, zu einer neuen Norm weiblicher Verpuppung wird; die Vorstellung von Frauenschönheit, durch Spuren ernstlicher Anstrengung erhöht, findet gerade gegenwärtig neue kunstgewerbliche und modische Verpackung . . . Eine neuartige Verkleidung mit scheinemanzipatorischen Zügen. Nach wie vor werden Frauen von der bürgerlichen Gesellschaft mißbraucht, Allegorien ihrer nicht zu verwirklichenden Ideale vorzustellen . . .«

Unser Kleist erscheint hier als Prä-Sexist, befallen vom Männlichkeitswahn, dem eine üble politische Absicht unterstellt wird, nämlich die, keine echte Emanzipation, sondern nur eine scheinhafte dargestellt zu haben. Was aber die Erzählung ausmacht, die Bewältigung einer tiefen seelischen Verletzung, verursacht durch Vergewaltigung, ein Verbrechen, das heute an der Tagesordnung ist, wird allerdings allergisch vermieden. Dem Beispiel für das Fertigwerden mit einer negativen Erfahrung gegenübergestellt, muß jemand, der mit eigenen Problemen nicht zurechtkam, defensiv reagieren; die Wahl, entweder im Text das Gleichnis und im Gleichnis sich selber zu finden oder es zu ignorieren und damit auch die persönliche Problematik, fällt meist nicht schwer: solche ideologische Interpretation stammt aus der Berührungsangst – aus der Angst vor der Berührung, vor dem Angerührtsein des eigenen Ichs, das sich der fragwürdigen Alternative: »Besser als Gerührtsein ist: sich rühren«, gedankenlos unterwirft.

Ein anderer hinwieder, sogar ein Kollege von Kleist und mir, der Dramatiker Hartmut Lange, erklärt in einem Interview:

»Kleist wurde mit den Anforderungen seiner Zeit nicht fertig, und das macht seine Biographie heute, in einer Zeit, die ähnliche Anforderungen stellt, wieder interessant . . . Kleist war . . . nicht in der Lage, die gesellschaftlichen und persönlichen Bedingungen seiner Produktion zu erkennen und sich danach einzurichten . . . Ich sehe seinen Selbstmord als letzten, absoluten Protest gegen sich selbst . . . Aber daß Kleist außerdem in Mode kommt bei Leuten, die weder an Selbstzweifel noch an Erfolglosigkeit, sondern an Orientierungsschwäche leiden, finde ich absurd, eben nur modisch . . .«

Leider unterläßt es Lange, die erwähnten Anforderungen, mit denen Kleist nicht fertig wurde, zu definieren, wie auch die Anforderungen der Gegenwart. Die Phrase von den »Anforderungen der Zeit« verfestigt das Dogma vom Dichter als Zweckdiener, der auf Zeitanforderungen mit Werken zu reagieren hat wie ein Automat auf den Einwurf einer Münze. Nicht allein, daß sich in solcher Überlegung ein mechanistisches Literaturverständnis zeigt, fern jeder Dialektik, es entzieht auch der Literatur ihr allerwesentlichstes Moment: das antizipatorische, für welches die Zeitanforderungen (und die Anforderer) keinen Bedarf zu haben pflegen. Aber gerade dieses Moment als eines von neuartiger Welt- und Menschensicht ist vielen Kleistschen Texten eigen, und der Vorwurf fehlender Reaktionsbereitschaft enthält das aktuelle Verlangen nach Erfüllung von Übereinkünften, zwar anderen als zu Beginn des 19. Jahrhunderts, doch immerhin: Übereinkünften. In der abschätzenden Wertung Kleists steckt als Ausgangsbasis eine Konzeption, deren Versagen geschichtlich bewiesen ist.

Neben diesen beiden bundesrepublikanischen »Statements« soll zur Wahrung der Proportionen auch eines aus der DDR stehen. Professor Hans-Georg Werner resümiert in einem Gedenkartikel Kleists Schaffen mit zwei kurzen Sätzen:

»Kleist trieb die Konflikte seiner Dichtung und die Eigenarten seiner Figuren immer wieder auf die Spitze. Das bietet kaum Ansatzpunkte für Identifizierung.«

Auch hier ein Gegenkonzept, das gleich zwei Grundirrtümer enthält. Einerseits den, Konflikte und Eigenarten dürften nicht ihre maximale Darstellung erfahren; eine Ansicht, die ihre Herkunft von der berüchtigten Theorie der Konfliktlosigkeit und zugleich ein Unbehagen am geistig Außerordentlichen erkennen läßt; andererseits jenen Irrtum, der auf einer Wirklichkeitsfremdheit basiert, die sich durch scheinbare Wirklichkeitsnähe auszeichnet, indem er die Identifizierung sozial und psychologisch limitiert und die nachschaffende Fantasie dispensiert. Identifizierung ist so eindeutig nicht. Daß eigenartigerweise gerade das Extreme, das ganz und gar Gegensätzliche von besonderer Anziehungskraft ist, scheint dem unsterblichen deutschen Professor nach wie vor unbekannt zu sein. Dabei erlebt man täglich in DDR-Buchhandlungen den Gegenbeweis, wo man nach bestimmten Klassikern der Weltliteratur, etwa Balzac, vergeblich Ausschau hält, obwohl in deren Büchern Konflikte und personifizierte Eigenarten, durch die Exotik des fremden Ursprungs, dem Leser völlig gleichgültig sein müßten. Vielleicht liegen die Ansatzpunkte für diese »Identifizierung« auch anderswo.

Ein emotional beteiligtes Begreifen, selbst wenn einem niemals Unrecht widerfuhr, der Figur des Michael Kohlhaas dürfte wohl kaum schwierig sein; ebenso des Konfliktes von Befehl und Ungehorsam im »Prinzen« oder der Vorgang der Rechtsbeugung im »Zerbrochenen Krug«.

Doch ich will die Polemik nicht ausdehnen: diese drei Zitate dienten nur der Demonstration, daß eben das Modellhafte unseres Gegenstandes uns auffordert und verlockt, ihm zu entsprechen oder zu widersprechen, wobei wir unsere eigenen Intentionen offenlegen müssen. Das ergibt hier und da einen Offenbarungseid.

Im Besitz einer geringeren Anzahl von theoretisch fundierten Vorurteilen und Irrtümern, also unbelasteter und somit bereiter zur Aufnahme und Annahme auch jener Wahrheiten, die unserem Weltbild, unserem Weltverständnis entgegengesetzt sind, befähigt uns ferner das Modell Kleist, das umfassendere Modell einer allgemeineren und längst bestehenden Struktur zwischenmenschlicher Beziehungen und Abhängigkeiten zu erkennen, in deren Folge wir von Blindheit und Haß befallen wurden, welche, so oder so, vernichtend wirken.

Rufen wir uns noch einmal die Dreh- und Angelpunkte des Kleistschen Geschicks ins Gedächtnis. Wie nach einem unbeeinflußbaren Mechanismus läuft immer derselbe Vorgang ab: Auf eine Fluchtbewegung folgt eine Rückwendung zur bürgerlichen Ordnung, vor der, falls sie in der Tat erreicht wird, sich die Abwendung wiederholt. Ein immer kürzerer Pendelschlag bis zum Stillstand. So steht gleich am Anfang der Austritt aus der Armee, die Aufgabe der Offizierslaufbahn. Der Pendelschlag in die andere Richtung führt zur Universität. Kleist nimmt das Studium auf, um es, getreu dem besagten Mechanismus, nach drei Jahren abzubrechen. Getrieben von materieller Not dient er sich dem französischen Invasionsheer an, doch aus der Eroberung Englands und damit aus Kleists Militärdienst wird nichts. Auf dem Rückweg von dieser mißlungenen Exkursion will er in Koblenz Tischler werden, verwirklicht diesen Plan jedoch nicht einmal ansatzweise. Wieder in Preußen, erhält er einen Posten im Zivildienst als Diätar der Domänenkammer, den er bald wieder kündigt. Dabei mangelt es ihm nicht an Energie oder Ausdauer; beides beweist er beim Schreiben, beim unaufhörlichen Überarbeiten seiner Texte. Was ihm fehlt, ist die Autoritätshörigkeit, der Glaube an die Notwendigkeit seines Tuns. Kein guter Beamter schriebe wie Kleist:

»Ich soll tun, was der Staat von mir verlangt ... Zu seinen unbekannten Zwecken soll ich ein Werkzeug sein – ich kann es nicht. Ein eigener Zweck steht mir vor Augen, nach ihm würde ich handeln *müssen* und wenn der Staat es anders will, dem Staate nicht gehorchen *dürfen*.«

Und kein guter Offizier würde erklären:

»Die größten Wunder militärischer Disziplin, die der Gegenstand des Erstaunens aller Kenner waren, wurden der Gegenstand meiner herzlichen Verachtung; die Offiziere hielt ich für so viele Exerziermeister, die Soldaten für so viele Sklaven und wenn das ganze Regiment seine Künste machte, schien es mir als ein lebendiges Monument der Tyrannei.«

Überzeugungen eines Radikalen, der sich damit jede Berufsaussicht zunichte macht.

Wir erinnern uns, daß er danach sich mit Adam Müller als Herausgeber des »Phöbus« betätigte, jener Literaturzeitschrift, in deren Exemplaren er einen umfänglichen Teil seiner Stücke und Novellen veröffentlicht, bis die Zeitschrift nicht mehr zu halten ist. In Berlin dann gibt er die »Berliner Abendblätter« heraus, als Zeitung fast eine Vorläuferin der Sensationspresse durch ihre sich auszahlende Spekulation auf den angenehmen Schauder des Lesers beim Studium der Meldungen über Mord und Totschlag. Nachdem jedoch per Zensur und Intrige die Zeitung zum Eingehen gezwungen wurde, funktioniert auch der Mechanismus der Kleistschen Existenz nicht mehr. Er sucht verzweifelt einen Job, Aussichten zerschlagen sich, ihm scheinen es die letzten, und so kommt er auf den einen, ihn zeit seines Lebens faszinierenden Gedanken zurück, möglicherweise bestärkt von einer kleinen Notiz, die er selber für eine Ausgabe der »Abendblätter« redigiert und durch Überarbeitung seinem Gesamtwerk zugeschlagen hat:

»Das Journal de la Côte d'Or enthält Details über den Selbstmord jener beiden jungen Liebenden, die sich, wegen verweigerter Einwilligung ihrer Eltern, einander zu heiraten, im Gehölz zu Gilly erschossen haben. Es ergibt sich daraus, daß der Gedanke dazu zuerst in dem Hirn des jungen Mädchens entsprang, und der junge Mann, ihr Liebhaber, lange Zeit diesen Entschluß in ihr zu bekämpfen suchte. Auch hat die gerichtliche Untersuchung, die über diesen sonderbaren Vorfall angestellt worden ist, mit ziemlicher Wahrscheinlichkeit erwiesen, daß das junge Mädchen die erste gewesen ist, die sich die Kugel durch das Hirn gejagt.«

Stammt von hier der Einfall? Oder wählt die Vorahnung aus dem Nachrichtenangebot diese eine, weil sie sich angesprochen fühlt? Enthält die Notiz die trostlose Bestätigung des eigenen Gedankenspiels? Jede Spekulation darüber ist müßig.

Im Hin und Her zwischen Aufkündigung bürgerlicher Existenz und durch Not erzwungener Rückkehr zum verachteten Beruf, zwischen individuellem Aufstand und vergeblicher Unterwerfung bewegt sich durchaus auch unser Dasein, falls wir nicht von Anfang an zu Untertanen ausgeartet sind. Der ungeliebte Stand, die verhaßte Anstellung, abhängig und fern jeder Möglichkeit zur Freiheit, zur Selbstverwirklichung, gehört zu den zentralen Erfahrungen, die in unserer Zeit massenhaft geworden und die Basis latenter Depression sind. Wer hätte nicht wenigstens einmal versucht, auszubrechen, seinen Alltag anders zu gestalten, um sich, da man erneut irgendwo an einem Futterplatz unterschlüpfen mußte, tief beschämt und minderwertig vorzukommen. Wie nach einer Kapitulation. Man hat es nicht geschafft, seinen Wünschen, seiner Bestimmung als Mensch entsprechend zu leben. Der Schmerz solcher Niederlage ist ein langanhaltender, das Darandenken selbstzerstörerisch. Wie sehr muß sich ein sensibler Dichter gekränkt haben, da er immer wieder seine Inspirationen und Aspirationen einiger Taler zuliebe zurückstellen, vielleicht ganz vergessen sollte. Unsere mildere Melancholie, durch keine Gewißheit unserer Genialität vertieft, ahnt etwas von der Kleistschen Schwermut, nicht viel, doch genügend, um die Reaktionen dieses deutschen Klassikers, unselig wie die meisten seiner Sorte, zu begreifen, weil auch die unseren naheliegend und eben nur von schwächlicherer Konsequenz sind.

Vor allem eine Analogie ist von deutlicher Aktualität: der Schwund kritischer Wirklichkeitssicht durch Suche nach einem geistigen Halt, nach Stabilisierung unseres disparaten und durch die Verhältnisse zersplitterten Ichs. Wir, immer anlehnungsbedürftig an Ideale, an höhere Prinzipien, haben am eigenen Leibe, am eigenen Kopfe erfahren, welche Folgen eine ideologische Fixation und Abhängigkeit zeigt. Auch dafür liefert uns Kleist eine erstaunliche Parallele. Wir haben gehört, mit welchen Argumenten, aus der Einsicht in die Unnatur des preußischen Militarismus gewonnen, er den Heeresdienst aufkündigte. Hier spricht jemand treffend von einer Sache, die er aus eigener Anschauung kennt und klarsichtig beurteilt. Dann bricht Preußen 1806 zusammen, was Kleist noch nicht weiter zu berühren scheint; doch im Verlaufe der französischen Herrschaft in und über Europa verliert der Dichter mit einer wachsenden und manischen Hinneigung zu seiner Idee von Deutschland jede Fähigkeit, die Realität zu erkennen, sobald sie diesen Bereich der Einbildung berührt.

Das Ergebnis ist teils erschreckend, nämlich da, wo es sich dichterisch artikuliert und blinden Blutdurst predigt, teils grotesk dort, wo es zur konkreten Aktion wird. So sehen wir Kleist mit seinem Freunde Dahlmann im Jahre 1809, nachdem die Österreicher bei Aspern Napoleons Truppen geschlagen haben, im Mietwagen aufs Schlachtfeld kutschieren, wo der Dichter vor versammelter Mannschaft seine herzlich schlechten, patriotischen Verse vorzulesen versucht. Unerwartet sind für den Antimilitaristen die Sklaven in Uniform, die verprügelten, unterdrückten und zufällig überlebenden Muschkoten zu Streitern für die heilige Sache geworden. Ihr Anblick hat sich gewandelt. Zwischen die triste Realität und Kleist hat sich ein Verzerrer geschoben, ein Filter, ein Produkt des unbewußten Wollens, nur zu sehen, was man sehen möchte. Überblicken wir unser eigenes Leben, dann stoßen wir, falls wir ehrlich sind, darin auf Phasen gleichartiger Verblendung. Wo wir negative Erscheinungen, die mit unserem ideellen Weltbild kollidierten, einfach übersahen, hat es sich wahrhaftig um den bekannten blinden Fleck gehandelt und keineswegs um zynische Verleugnung unangenehmer Fakten. Damit entschuldige ich uns nicht, so wenig ich Kleist für unverantwortlich an seinen unsäglichen Reimereien erklären will.

Bloß sollte uns der Fall Kleist aufmerksam machen, wie ein feinempfindender Mensch, ein Autor, gewohnt jedes Wort mehrfach zu prüfen, es kalkuliert und sorgfältig zu verwenden, unerwartet roh und fühllos zu Grausamkeiten auffordert, seinen Gerechtigkeitssinn vergißt, indem ihm alles Französische zum undifferenzierten Feind wird, und er in logischer Folge davon auch das Gefühl für die Sprache verliert. Aus »Germania an ihre Kinder« ein Beispiel:

»Alle Triften, alle Stätten
Färbt mit ihren Knochen weiß;
Welchen Rab' und Fuchs verschmähten,
Gebet ihn den Fischen preis;
Dämmt den Rhein mit ihren Leichen;
Laßt, gestäuft von ihrem Bein,
Schäumend um die Pfalz ihn weichen,
Und ihn dann die Grenze sein!«

Oder jene berüchtigte Aufforderung: »Schlagt ihn tot! Das Weltgericht/ Fragt euch nach den Gründen nicht!«

Ein Signal zum Pogrom. Daß Kleist überhaupt nicht gemerkt hat, was er da schrieb, geht aus einem Brief an den österreichischen Dichter Collin hervor, wo es heißt:

»Ich wollte, ich hätte eine Stimme von Erz, und könnte sie vom Harz herab, den Deutschen absingen!« In dieser martialischen Hymne wie im »Katechismus der Deutschen« oder der »Hermannsschlacht« ist, was später nach Erreichung der nationalen Einheit zum mörderischen Alpdruck mutiert, wörtlich vorweggenommen.

Auf dem Schlachtfeld von Aspern aber wirkt sich die ideologische Verblendung nur einseitig aus; für die Soldaten gilt nicht Kleists falsches Bewußtsein, und so kommt es, daß sie den begeisterten Rezitator beinahe verprügeln, sich gegen seine unqualifizierte Einmischung, nämlich die eines Zivilisten ins Geschäft des Kriegführens, verwahren, was kaum auf »glühenden Patriotismus«, viel mehr auf Widerwillen gegen eine Lobpreisung des Tötens schließen läßt. Kleist wird von Offizieren verhaftet, zum Stab gebracht und bald entlassen. Über Kleists Reaktion auf das unfreiwillig komische, doch blutig grundierte Mißverständnis haben wir keine

Nachricht. Gewiß war das Ergebnis eine weitere tiefe Enttäuschung. Erneut war er, der reinen Herzens und besten Willens sein Teil leisten wollte, zurückgewiesen und abgelehnt, ja, verhöhnt worden. Ein wichtiger Posten in der Sammlung aller bisher erlebten Kränkungen, an welchem, im Gegensatz zu anderen, unschuldig erlittenen, der eigene Anteil nicht wahrgenommen wird. Eine Enttäuschung ähnlicher Art hatte ihn bereits vorher betroffen, die ebenfalls im Zusammenstoß einer Illusion mit den Tatsachen bestand; ich meine seinen Paris-Besuch. Nach der Reise in die Hauptstadt der Revolution, der neuen Menschlichkeit, wo weder diese noch jene aufzufinden waren, schreibt er erbittert:

»Man geht kalt aneinander vorüber; man windet sich in den Straßen durch einen Haufen von Menschen, denen nichts gleichgültiger ist, als ihresgleichen; ehe man eine Erscheinung gefaßt hat, ist sie von zehn andern verdrängt . . .«

Statt Freiheit, Gleichheit, Brüderlichkeit, deren sichtbare Auswirkungen Kleist sowohl ersehnt wie erwartet hatte, nur der Großstadt-Effekt, der, indem er einen menschenfeindlichen Eindruck hervorruft, zugleich das erträumte Idealbild zersetzt und an dessen Stelle ebenfalls das Gefühl des Getäuschtwordenseins hinterläßt.

Das lebensnotwendige Bedürfnis nach einem inneren Halt, nach innerer Sicherheit verleitet dazu, Ideen bevorzugt anzunehmen, die weder durch Realität gedeckt noch widerlegt sind. Unter solchem Aspekt wird eine Idee leicht zu einer Krücke; daß man mit solcher auch um sich schlagen kann, hat man häufig erlebt: aktiv wie passiv. Deutschland, Inkarnation verschwommener Sehnsüchte, wurde nach dem Wegfall anderer Ideale, die vor der

Wirklichkeit nicht standgehalten hatten, zu einem zentralen Ideologem für Kleist.

Doch war für die Bedeutung des Phantoms noch ein weiteres Motiv wirksam, diesmal jedoch eines, dessen Entstehung objektive Ursachen hatte. Bis zur Aufklärung besaßen unsere Leiden und Versagungen im unbezweifelten Versprechen jenseitiger Äquivalente ihr Gegengewicht. Unsere ganze irdische Unseligkeit war noch geheiligt durch einen höheren Sinn und Zweck, an die Kleist schon nicht mehr glauben konnte und wir heute erst recht nicht. Unser Jenseits ist inzwischen zur Zukunft verweltlicht worden, ohne uns damit aber einen Meter näher gerückt zu sein. Die metaphysische Ferne des himmlischen Jerusalem (von dem her unsere Duldsamkeit und unsere Verbrechen legitimiert sind) ist zu einer zeitlichen Ferne geworden, was einen gewaltigen Unterschied macht, da er die Transzendenz aufgelöst hat. Unsere alltäglichen Niederlagen, gerade weil kein Kontext sie trostbringend umdeutet, wuchern dadurch ins Maßlose. Und weil wir diese Sinnlosigkeit nicht zu ertragen imstande sind, versuchen wir sie, wenn schon nicht mittels einer göttlichen, so doch mittels einer weltlichen glaubwürdigen Idee aufzuheben. Für Kleist heißt sie: Deutschland, für andere »Fortschritt« oder »Glück der Menschheit«, von dem wir, unter wechselnden, beziehungsweise schwankenden Definitionen, glauben möchten, daß die zunehmenden Einschränkungen unserer individuellen Entfaltungsmöglichkeiten dem zugute kommen. Dieser unser Aberglaube wird um so stärker sein, je abgelegener die in der Idee gemeinte Praxis, je abstrakter ihre ethische Zielrichtung ist. Preußen zwischen 1806 und 1812, gemessen an seinem Deutschland-Traum, mußte Kleist wie ein

Sumpf aus Stagnation und Leisetreterei vorkommen. Je dunkler die Nacht, desto heller das Licht, doch es handelte sich um ein Irrlicht, unter dessen Geflacker Kleist den schwächeren Teil seines Werkes schuf.

Aber dieses Sich-Anklammern an den Strohhalm Deutschland zeigt nur die eine Seite der Verzweiflung, die positiv ausgerichtete; die andere Seite definiert sich negativ: aus ihr bildet sich das Objekt für den Haß, Napoleon und die Franzosen, an denen sich sprachlich entlädt, was im Pendelschritt des Enttäuschtwerdens sich angestaut hat. Wie gesagt: In der Wortwerdung dieser Aggressivität verflacht sofort die intellektuelle Begabung zu Barbarei und Dummheit, so wie auch wir dort barbarisch und dumm agieren, wo uns die Kontrolle über unsere Vernunft, über unser besseres Wissen entgleitet oder entzogen wird, und zwar im Bemühen, unserer Ichbezogenheit die Stütze, das Ideal, zu erhalten oder zumindest nutzbare Reste davon. Dauernd innerlich von Auflösung und Aufspaltung bedroht, fressen wir den geschmacksarmen Gips der höheren Werte in uns hinein und sind bereit, nicht nur Kritiker solchen zweifelhaften Genusses, sondern sogar jeden abzulehnen, der an dieser unserer Tafel nicht Platz nehmen und unser Zwangsgast sein möchte. Im Haß und im blinden Glauben sind wir alle eingeschlossen wie in einen Käfig, aus dem uns niemand befreien wird, weil diese beiden einander bedingenden Erzeugnisse gesellschaftlicher Entwürdigung und Erniedrigung in der menschlichen Psyche die Prämisse bilden, um ausgerechnet das zu reproduzieren, wogegen sie zu revoltieren scheinen: Entwürdigung und Erniedrigung nämlich. Ein Teufelskreis, in dem wir unseren Kleist gefangen sehen und durch ihn uns selber.

Kleists seelisches Gleichgewicht ist im Verlaufe aller ihn betreffenden Ereignisse ständig labiler geworden, die Anstrengungen, den Zusammenbruch aufzuhalten, größer. Dann, im Jahre 1811, geben ihm zwei Geschehnisse den Rest. Zwei Schläge, von denen er dermaßen getroffen wird, daß seine Widerstandskraft damit paralysiert ist. Zuerst der Ruin der »Berliner Abendblätter«, in denen Kleist seinem Hang zum Terror und Horror frönen konnte, was für ihn, auf einer Linie mit den niedergeschriebenen antifranzösischen Exzessen, vermutlich den Wert einer Selbsttherapie hatte. Durchlebte er bei der redaktionellen Beschäftigung mit dem Verbrechen etwas wie eine Katharsis – nur stärker als die des heutigen Kriminalromanlesers oder Fernsehzuschauers von Gangsterfilmen? Mit augenscheinlicher Faszination berichtet er mehrere Ausgaben hindurch vom Auftreten einer Brandstifterbande in der Mark oder, im Stile urtümlicher Legenden, von der Schlachtung eines Kindes durch Spielkameraden beim Metzgerspiel. Freilich: er mischt sich auch in die Politik ein, in die Kollaboration der preußischen Regierung mit Napoleon, wobei ihn sicherlich die Absicht treibt, das Volk aus der Lethargie aufzurütteln. Jedenfalls stört er das Stillhalteabkommen zwischen dem Sieger und den Besiegten. Nie kann er sein persönliches Beteiligtsein verhehlen, und selbst da, wo er nur referiert oder zu referieren meint, überwältigt ihn die Verallgemeinerungsfähigkeit seiner Erkenntnisse. So wird ihm unter der Hand ein Artikel wie der »Über die Aufhebung des laßbäuerlichen Verhältnisses« zum Anlaß, Wahrheiten zu verkünden wie diese:

»Jede Beschränkung der Freiheit hat die notwendige Folge, daß der Beschränkte dadurch in eine Art von

Unmündigkeit tritt. Wer seine Kräfte nicht gebrauchen darf, verliert das Vermögen, sie zu gebrauchen, und zwar, wenn es geistige Kräfte sind, noch rascher und sicherer, als wenn die Beschränkung sich auf bloß körperliche Kräfte erstreckt.«

Derart renitente Formulierungen bewirken bei jenen, die legislativ und exekutiv für die Landeslähmung verantwortlich sind, keine besonderen Sympathien. Daher entzieht man den »Abendblättern« einfach die ökonomische Grundlage, indem Polizeipräsident Gruner der Redaktion die Verbrechens- und Unfallmeldungen sperrt. Fortwährende Zensurmaßnahmen kommen hinzu, das Blatt verarmt unter den erschwerten Publikationsbedingungen und geht schließlich ein.

Kleist, die blanke Not vor Augen, kommt um eine Pension ein, die ihm, wie er glaubt, von der Königin versprochen worden ist, doch Hardenberg, was Wunder, versagt ihm die Unterstützung. In diesem Augenblick entgleiten Kleist die Zügel, mit denen er seine zu lange unterdrückte Angriffslust gegen erdichtete Abbilder unerreichbarer Personen gelenkt hatte, so daß sie sich nun erstmals gänzlich untransformiert gegen einen real vorhandenen Gegner richtet: Kleist fordert Ransner, einen Untergebenen des Staatskanzlers, zum Zweikampf auf. Mit Mühe kann das Duell verhindert werden. Kleist läßt sich noch einmal beruhigen, doch die verlorene Selbstkontrolle ist nicht wiederherstellbar. Auf Veranlassung anderer bewirbt er sich um den Redakteursposten des »Kurmärkischen Amtsblattes«. Da der monarchische Zentralismus keine Gewalten- und Verwaltungsteilung kennt, antwortet ihm natürlich niemand anders als Hardenberg selber, und zwar hinhaltend. Die Gelegenheit der

Rache an diesem aufmuckenden Offizier außer Diensten, der es gewagt hat, den Staatskanzler höchstselbst derart herauszufordern, ist gekommen, und Hardenberg läßt sie sich auch keineswegs entgehen. Wenig später kostet er sie erneut aus, als Kleist, vom König empfangen und mit einer unpräzisen Zusage für eine Anstellung im Militärdienst entlassen, diesmal um ein Darlehen für die Offiziersausrüstung einkommt. Hardenberg, Mischung aus Amtsschimmel und gekränktem Halbgott, die bekannte Sorte preußisch-deutscher Kentaur, betreibt wiederum Verzögerungstaktik. Obwohl ihm die Notlage des Antragstellers bekannt gewesen ist, genießt er es wahrscheinlich, sie durch sein Schweigen zu verschärfen. Über die Einstellung eines höheren deutschen Verwaltungsbeamten zur Kunst gibt eine Aktennotiz schamlos Auskunft: nach dem Selbstmord des Antragstellers schreibt Hardenberg an den Rand der Bittschrift: »Zu den Akten!«

Triumph des Bürokraten über seinen Antagonisten, dessen Untergang die eigene Selbstgerechtigkeit bestätigt. Auch das hat in der deutschen Geschichte, von der sich keiner per Dekret emanzipieren kann, häufig genug seine Wiederholung gefunden. Im Lande der Dichter und Denker bestand schon immer amtlicherseits eine vertuschte Aversion gegen eben diese Vertreter geistiger Tätigkeit – zumindest solange sie am Leben sind. Erst nach ihrem Exitus, manchmal aktiv, manchmal passiv gefördert, können Dichter und Denker ungeschmälerter Zuneigung sicher sein, da ihre rücksichtslose Entschiedenheit des Dichtens und Denkens weder sich selber mehr noch sonst etwas auf die Spitze zu treiben vermag. Die Toten werden restlos unschädlich gemacht durch Falschinterpretation, und irgendeiner ihrer beiläufigen Sätze wird zu ihrem Credo erhoben und damit zur Rechtfertigung des jeweils Bestehenden verbraucht. So sterben wir späterhin ein zweites Mal und wissen es schon vorher. Denn wie heißt es bei Walter Benjamin in den »Geschichtsphilosophischen Thesen«?

»Auch die Toten werden vor dem Feind, wenn er siegt, nicht sicher sein. Und dieser Feind hat zu siegen nicht aufgehört.«

Nach der Einstellung der »Abendblätter« unternimmt die Cousine Marie von Kleist einen letzten Hilfsversuch. Ein Exemplar des »Prinzen von Homburg«, mit einer Zueignung des Autors für Prinzessin Wilhelmine, die von den Homburgern abstammt, lanciert die gute Frau an den königlichen Hof, in der Hoffnung, auf dieses »patriotische Schauspiel« hin werde sich nun alles, alles wenden. Die preußische Adelige, überzeugt vom Edelmut der königlichen Familie, wird in die Kleistsche Enttäuschung miteinbezogen, da zu ihrer betrüblichen Verwunderung geschieht, was jeder, der nicht hohes Amt mit hohem Sinn gleichsetzt, erwartet haben würde.

Der »Prinz von Homburg« wird mit kühlem Schweigen übergangen, was einer klaren Ablehnung gleichkommt. Es heißt, die Erwartungen des Hofes seien nicht erfüllt worden, aber was für Erwartungen müssen das gewesen sein, die dazu führten, daß das Schauspiel zwar im sechsten Jahr nach Kleists Tod auf die Bühne kam, aber nur, um auf der Stelle verboten zu werden, mit dem ausdrücklichen Befehl, es niemals wieder aufzuführen. Obgleich nirgendwann eindeutig eingestanden, entnahm man dem Stück nichts weiter als die Aufforderung zur Insubordination, das schlimmste Vergehen, dessen sich ein preußisch-deutscher Autor schuldig machen konnte.

Denn der Absolutismus, insbesondere der in den deutschen Teilstaaten so vielfältig wuchernde, beurteilte Kunst auf Grund seiner Eigengesetzlichkeit nur unter einem Aspekt: dem seiner Legitimität. Ob Kunst diese repräsentativ zum Ausdruck brachte oder anzweifelte, das wurde zum einzigen Kriterium. Und der Prinz von Homburg, der sich über die Order des Großen Kurfürsten hinwegsetzt, selbst wenn er für seinen Herrn siegt, verletzte dieses Legitimitätsprinzip, demzufolge der dazu Legitimierte absolut herrscht. Es ist ein Kennzeichen des deutschen, historisch verspäteten Absolutismus, daß er sich seiner Legitimität nie ganz sicher war und aus dieser Unsicherheit heraus stets brutal reagierte. Seine ziemlich unbedarften Vertreter besaßen niemals genügend Souveränität, über ihre engen Machtinteressen hinaus oder gar von diesen abzusehen, und waren daher stets bestrebt, unter dem Anschein der Kunstpflege, die Kunst in Zucht zu nehmen, ihr Aufgaben zu stellen, die ihrem Wesen widersprachen. Unter dem letzten Hohenzoller kulminierte diese Kunstauffassung, die dann unter Hitler nur eine unfreiwillig parodistische Kopie aller vorangegangenen Mißverständnisse darstellte.

Otto von Bismarck sprach wohl stellvertretend für alle Politiker aus, was den Gegensatz von Geist und Macht ganz genau charakterisiert: Dieser Prinz von Homburg wäre doch bloß ein schwaches Rohr – mit seiner Todesfurcht. Ein schwaches Stück, nur weil es den Großen Kurfürsten behandele, wirke es überhaupt! Das heißt im Klartext: Der Gegenstand allein macht das Werk aus. Keine Widersprüche, keine Konflikte, Heroik und Pathos haben die didaktisch angelegte Handlung zu bestimmen, und Affirmation ist der einzig zulässige Zweck der Sache.

In solcher Kurzfassung ließe sich dieses Rezept für die Herstellung von Kunstwerken ausdrücken, das vom mittelalterlichen Heldenepos inspiriert und dadurch reaktionär geworden ist, weil es das Ende des Mittelalters sowie die Entstehung der Psychologie verpaßt hat.

Beide Desaster – mit den »Abendblättern« wie mit dem Schauspiel – hoben Kleist, merkbar an der Duellforderung, gänzlich aus den Angeln. Der im hektischen Fortgang seines Lebens entstandene »Leidensdruck«, durch Umwandlung ins Wort nicht mehr abzutragen, gehemmt durch preußische Disziplin, sich anders als in konventionellen Formen Luft zu schaffen, wie etwa im Duell, in der Feldschlacht, richtete sich schließlich gegen die eigene Person. In Zeiten geringerer Sittenstrenge, aber bei ähnlichem gesellschaftlichem Stillstand würde unser Kleist zum gewalttätigen Aktionisten, der mit der Brandfackel Erleuchtung zu verbreiten meint – der schmerzliche Weg, den das Individuum bis zur Tat geht, zeigt sich voller Vorausgriffe und Anspielungen auf unsere Gegenwart, in der auch wir, wie Generationen vor uns, die indirekte Mitverantwortung für den Amoklauf verstörter Individuen nicht einzusehen vermögen. Und auch uns ist am wohlsten, wenn wir uns damit nicht länger zu befassen brauchen und den Fall abschließen können: »Zu den Akten!«

Doch wie immer und überall erweist sich auch für den Suizid Kleists nicht ein einziges, isoliertes Motiv, eben jene sich umkehrende Aggression, als ausreichend, die Selbstauslöschung zu veranlassen. Neben der destruktiven scheint mir eine konstruktive Komponente wirksam, damit die Tat ihre innere Logik erhalte, um vor einer angenommenen Instanz, Nachwelt oder göttlichem Gesetz, gerechtfertigt zu erscheinen. Diese »positive Komponente«, falls man bei einem Selbstmord davon reden kann, stellt Henriette Vogel dar, das heißt: Kleists Verhältnis zu ihr. Daß sie Kleist ins Grab folgte, hat man für den romantischen Zug zweier schwärmerischer Seelen gehalten, weil die Klischees »Dichter« und »romantische Seele« längst gängig waren und automatisch zueinander drängten. Unbeachtet blieb dabei Kleists Gesamtverhältnis zu Frauen, das bestimmt war von derselben Ambivalenz, von Hinneigung und Abstoßung, wie das seines glaubhaftesten Nachfahren, Franz Kafka. Hier wie dort der fortwährende Anlauf, zu einer Frau oder einem Mädchen beständige Bindungen herzustellen, wobei das jedesmalige Abbrechen im Augenblick der Aussicht auf deren Dauerhaftigkeit rätselhaft wirkt und wie vorbestimmt. Felice Bauer oder Wilhelmine von Zenge, die sich beide in einer Hoffnung wiegen, die nie zur Erfüllung führt; Geschöpfe, die aus dem Blickfeld der Dichter in eine fremde Alltäglichkeit verschwinden, um ihnen den Stachel einer unaufklärbaren Schuld zu hinterlassen. Häufig ist der Verzicht auf Ehe und Vaterschaft als Einsicht in die persönliche wirtschaftliche Misere ausgelegt worden, aber das ist wohl eher die Rationalisierung einer versteckteren und geheimeren Hemmung. Mir scheint, Dichter wie Kleist hatten einen ganz sicheren Instinkt, eine virtuelle Kenntnis von den subjektiven Voraussetzungen ihrer Kreativität, zu der völlige Hingabe ans Werk gehörte, was den totalen Egozentrismus sowohl benötigt wie hervorruft. Solche Fesselung ans Werk tritt asozial und beziehungshindernd auf, und was sich an sozialer Solidarität, an evoziertem Gemeinschaftsgeist im Werke selber verkündet, resultiert aus dem heftigen Verlangen nach dem Vermißten, das, indem es sich in der Kunst verwirklicht, im Leben keiner Realisierung mehr bedarf, ja, die Realisierung sogar vereitelt. Weil es ersatzweise im Werk befriedigt wird, bleibt für die gelebte Dualität nichts mehr übrig. Auch wo diese Bestimmung geleugnet und auf äußere Schaffensantriebe verwiesen wird, auf Menschen- und Menschheitsliebe, auf »Anforderungen der Zeit« etwa, wissen wir doch ganz genau, wie im Akt des Schreibens ein Bestandteil der Welt sich zu einem Bestandteil des Einzelnen verwandelt – selbst wenn keine Zeile das klar ausspricht.

Alles, was die schreibende Hand berührt, erstarrt zu Literatur: die Sage vom König Midas ist das Palimpsest aller Künstlerbiographien. Die Berufung, welche den Betroffenen verurteilt, sich selber und seine Beziehungen als Vorlage und Material betrachten und verwerten zu müssen, wird als Verfluchung entlarvt.

Als tragendes Element aber bleibt die Sehnsucht bestehen; und daß Kleist nach allen mißlungenen Bindungsversuchen sich im Tode einer Frau für immer verknüpft, gibt unleugbar eine Wandlung, ich bin geneigt zu sagen: eine Erlösung zu erkennen. Die endgültige Abkehr von der Sisyphosaufgabe, hin zu dem künftig unzerstörbaren Verhältnis zu einer »ewigen Braut«, bedeutet eine rückwärtsgewandte Korrektur des bisherigen, der dehumanisierenden Tendenz des Schreibens unterworfenen Daseins; ein unwiderrufliches Gelingen in einer Sphäre von Mitmenschlichkeit, aus der Kleist schon früh vertrieben worden ist. Zugleich unterbleibt, was Kleists Bild von der idealen Partnerschaft vermutlich immer gestört hat: die Sexualität.

Verstehen wir Kleists Selbstmord richtig, wenn wir ihn

nicht ausschließlich als eine Verzweiflungstat, eine Selbstaggression hinnehmen, als den Absprung ins Nichts, sondern wenn wir auch ein Element darin zu erblicken wagen, das dem Anschein, dem erschreckenden Anblick der Erschossenen entgegengesetzt ist?

Zwei mögliche Beweise will ich anführen; als erstes einen Sachverständigen in Sachen Selbstmord, den Essayisten Jean Améry, der in seinem »Diskurs über den Freitod« überzeugend schreibt:

»Was alle Freitodvorhaben, solche, die zum Ende gelangten, gleich denen, wo man den Abtretenden zurückrief, begrifflich einigt, ist nicht der Hilferuf, sondern die Botschaft. Diese, die nicht hingeschrieben, nicht hinausgeschrien, durch keinerlei Zeichen bestimmt werden muß, vielmehr auch im schweigenden Akt auf den Weg gegeben wird, bedeutet, daß wir selbst im Moment des Übertritts, wo wir der Lebenslogik und der Seinsforderung schon Absage getan haben, mit einem Teil unserer Person noch immer und bis zum letzten Aufflackern des Bewußtseins es mit dem Anderen zu tun haben . . .«

Ein zweiter Beweis steckt unleugbar in den Aussagen der letzten Augenzeugen, die das sterbenswillige Paar am Kleinen Wannsee noch gesehen und gesprochen haben. Sie alle geben gleichermaßen zu Protokoll die Heiterkeit der beiden Menschen, ihre Gelöstheit, fast Kindlichkeit, die staunend betont wird. In dieser sichtlichen Zufriedenheit des allerletzten Augenblicks steckt, was ich etwas ungenau »rückwärtsgewandte Korrektur« nannte und »unwiderrufliches Gelingen«, eben die Botschaft, die Kleists Freitod über die Zeiten hinwegträgt und die der Mühe des Dechiffrierens bedarf. Besagt sie etwa, daß wir nur im selbstgewählten Tode Herren über unser Geschick sein können? Heißt es, daß nicht vom Anfang, sondern erst vom Ende her sich alles wieder richtet, geraderichtet, was krumm und schlecht gewesen ist? Ja, ist solche Botschaft überhaupt objektivierbar, als eine Botschaft, von der wir generell und unmißverständlich betroffen sind, oder handelt es sich nicht eher um eine Botschaft, die für jeden in seiner individuellen Entschlüsselung eine andere Nachricht enthält?

Einen Tag später, als Hildesheimer schon fort war und ich auch, fiel mir ein, was ich hätte entgegnen sollen, nämlich daß wir selbstverständlich auch Lösungen gewinnen, nur daß eben deren Gültigkeit nicht vorhält. Ob die Zusammenrechnung sämtlicher erreichbarer Lösungen die definitive Lösung erbringt, ist recht zweifelhaft. Wozu dann also diese fruchtlose Beschäftigung mit diesen niemals ganz ergründbaren Themen? Warum dies nicht alles den Fachwissenschaftlern überlassen? Warum die ganze Mühe? Unseretwegen natürlich.

Die Aufklärung ist bis in die letzten Winkel und an ihr Ende gelangt, ohne daß wir selber über uns aufgeklärt genug wären, uns bessere Schicksale zu bereiten. Aber vielleicht regt sich eine winzige Hoffnung drin, daß durch eine Gestalt wie Kleist sich der bunte Wust der Vergangenheit, der erbärmliche Fundus des Gewesenen vor unseren neugierigen Augen zu einem Muster ordnet, nach dem wir selber unsere Kreise ziehen. Daß wir, erschüttert über dessen unwürdiges Alter, über seine elende Verschlissenheit, dieses Musters ganz einfach überdrüssig würden – das mag eine geringfügige Chance sein. Nicht im Entwurf neuer Grundsätze und Prinzipien oder neuer Modelle, welche auf der Basis verdeckt vorhandener diesen doch nur aufs neue anheimfielen, allein in der Abweichung von Muster und Modell, wozu die Sichtbarmachung ihrer tristen Zwecke gehört, besteht ein Schimmer von Rettung, ein ganz minimaler. Wir müßten von einem anderen Baum der Erkenntnis essen, um in den Stand der Unschuld zurückzufallen, aus dem heraus für uns anschaulich würde, wie wir wirklich sind. Aber solche Unschuld, die Substantielleres ist als die Gleichsetzung mit Naivität, trägt den Glanz der Auserwähltheit, einer, die keineswegs etwas Erfreuliches bezeichnet. Das wissen wir seit biblischen Tagen. Es ist die Auserwähltheit als Prüfstein, vor dem die jeweilige Weltordnung die Prüfung nicht besteht.

Versammelt zum Gedenken an Kleists einstige Anwesenheit, das kein besonders befriedigendes sein kann, sollten wir uns in dieses Gedenken miteinschließen, denn was uns mit Kleist verbindet, ist so grundsätzlich und typisch geworden, daß es die Distanz zwischen Gestern und Heute zusammenbrechen läßt, eben jene Barrikade, hinter der wir uns in unserer Gegenwart vor der Vergangenheit sicher glaubten. Aber sie holt uns immer ein, wobei sie Gestalten wie Kleist als ihre Emissäre vorausschickt.

Goethe, verfremdet

Keiner von all jenen Autoren, die wir mit der Bezeichnung »Klassiker« zu brandmarken und somit dem allgemeinen Desinteresse anheimzugeben pflegen, ist vielen Gegenwärtigen so fremd wie unser berühmtester: Johann Wolfgang von Goethe. Eine Fremdheit, unter der ich ein psychologisches Nichtbegreifen verstehe. Unser literaturzugewandtes Bewußtsein ist eher von Gestalten wie Büchner und Kleist affiziert, deren Schicksal uns, selber nicht gerade vom Schicksal Verwöhnte, nähergeht.

Darin, in dieser mentalen Reserve, drückt sich kein kritischer Sinn aus, kein Neid auf ein »gelungenes« Dasein, auf das das Wort »Vollkommenheit« wohl zutrifft. Aber die Schwierigkeit, sich lesend diesem deutschesten aller deutschen Dichter auch emotional anzupassen, veranlaßt unüberhörbar die Frage, woher solche Schwierigkeit kommen mag. Ich bezweifle, daß es allein von der nicht zu unterdrückenden Aversion gegen die »Willfährigkeit« des Dichters herrührt, jedem politischen System auf deutschem Boden textlich dienstbar zu sein, indem er unfreiwillig (und aus hier nicht näher zu untersuchenden Gründen) legitimierende Zitate für jede noch so trostlose Gelegenheit liefert.

Der Dichter selber hat den Abstand geschaffen, zu seiner Zeitgenossenschaft und damit auch zu einer Nachwelt, die etwas hilflos vor einer Haltung steht, ohne entscheiden zu können, was daran Pose, was wirkliche Gefühlsschwäche und Egomanie sein mag. Seine Selbststilisierung, seine Selbstinszenierung hat jedenfalls mit dazu beigetragen, das Bild des »Olympiers« weit über Deutschland hinaus zu verbreiten. Aber war diese nahezu artifizielle Geschlossenheit der Person wirklich eine Leistung selbstauferlegter Disziplin? Und wenn: Hat diese Selbstdisziplin nicht vielleicht Wesentlicheres, nämlich Sensibilität und Fantasie, beschädigt? Hat sie ihn nicht gar abgestumpft gegen mitmenschliches Leid, gegen die Verzweiflung anderer?

Ich will hier nicht auf sein Verhältnis zum armen Lenz eingehen, schon gar nicht auf sein selbstgerecht-philiströses Unverständnis für Kleist, sondern nur eine kleine Episode in Erinnerung rufen, die der Leser dieses Riesenwerkes, nahezu blind vor der Fülle des Dargebotenen, überlesen oder möglicherweise zu hastig oder auch zu ehrfürchtig gelesen hat. In der »Italienischen Reise« beschreibt Goethe unter dem Datum vom 13. Mai 1787 die Überfahrt von Messina nach Neapel, die sich zu einer Beinahe-Katastrophe entwickelt. Der Wind schläft ein, das Schiff gerät in einen tödlichen Sog. Unser Reisender erkundigt sich nach der Ursache der Unruhe unter den Passagieren, weil er sich das ob der herrschenden Windstille nicht erklären kann. »Wir befinden uns«, gibt man ihm zur Auskunft, »schon in der Strömung, die sich um die Insel bewegt und durch einen sonderbaren Wellenschlag so langsam als unwiderstehlich nach dem schroffen Felsen hinzieht, wo uns auch nicht ein Fußbreit Vorsprung oder Bucht zur Rettung gegeben ist.«

Was Wunder, daß die Passagiere in Angst und Schrecken geraten und lautstark Kapitän wie Steuermann beschuldigen, sie in dieses Dilemma geführt zu haben.

Und Goethe?

Mit einer einleitenden Maxime, die weniger die panische Konfusion der Menschen im Auge hat, als daß sie eine Idiosynkrasie erkennen läßt, begründet er sein Eingreifen:

»Mir aber, dem von Jugend auf Anarchie verdrießlicher gewesen als der Tod selbst, war es unmöglich, länger zu schweigen.« Abgesehen davon, daß diese erwähnte Alternative eine rein rhetorische ist und von keinerlei Erfahrung bestätigt, wie denn auch, beschreibt der Dichter nun sein Agieren als handele es sich um einen Bühnenauftritt, um außerdem seine Worte als Zitat, nämlich in Anführungszeichen, wiederzugeben:

»Was euch betrifft, kehrt in euch selbst zurück und dann wendet euer brünstiges Gebet zur Mutter Gottes, auf die es ganz allein ankommt, ob sie sich bei ihrem Sohne verwenden mag, daß er für euch tue, was er damals für seine Apostel getan, als auf dem stürmischen See Tiberias die Wellen schon in das Schiff schlugen, der Herr aber schlief, der jedoch, als ihn die Trost- und Hülflosen aufweckten, sogleich dem Winde zu ruhen gebot, wie er jetzt der Luft gebieten kann, sich zu regen, wenn es anders sein heiliger Wille ist.«

Mir scheint, daß jemand, der sich später seiner Worte im Moment höchster Lebensgefahr derart präzise erinnert, nicht so sehr die Gefahr an sich als vielmehr die eigene Präsentation bewußt erlebt hat.

Denn Augenblicke wie dieser erzeugen zwar eine außerordentliche Luzidität für die Situation, die alles Geschehen überdeutlich und unvergeßlich macht, da das Gehirn mechanisch seine Aufmerksamkeit maximiert auf der Suche nach einem Ausweg, nach Rettung, aber zugleich ist dieser Augenblick auch einer des absoluten Außersichseins. Daß unser Dichter in dieser Lage mit der gleichen Intensität die eigenen Sätze registriert, läßt auf einen mangelhaften Instinkt für die Bedrohung schließen. Die natur- und lebensnotwendige Extroversion wird durch ein unerschütterliches Beisichsein gehemmt. Die Ichbezogenheit ist unüberwindbar, die Intransigenz verblüffend.

Und während das Schiff sich immer mehr der Brandung nähert, bestätigt die folgende, unverhohlen eingestandene Reaktion unsere Vermutung:

»Meine durch alles dieses wiederkehrende Seekrankheit drängte mir den Entschluß auf, hinab in die Kajüte zu steigen. Ich legte mich halbbetäubt auf meine Matratze, doch aber mit einer gewissen angenehmen Empfindung, die sich vom See Tiberias herzuschreiben schien: denn ganz deutlich schwebte mir das Bild aus Merians Kupferbibel vor Augen. Und so bewährt sich die Kraft aller sinnlich-sittlichen Eindrücke jedesmal am stärksten, wenn der Mensch ganz auf sich selbst zurückgewiesen ist.«

Die Assoziation ist nicht ganz abzuweisen, der Dichter probiere neugierig eine Mimesis aus, für die er vorher das Signal gesetzt hat: Christus während des Sturmes in der Kabine schlafend. Der Versucher naht in Gestalt einer ähnlich verzweifelten Situation.

Wirkt nicht die Formulierung von der »gewissen angenehmen Empfindung, die sich vom See Tiberias herzuschreiben schien«, als handele es sich um eine Wiederholung? Hier verrät sich etwas Blasphemisches, aber sofort zurückgenommen, indem rasch der Bezug zum »Bild aus Merians Kupferbibel« hergestellt wird.

Doch was die »Kraft aller sinnlich-sittlichen Eindrücke« betrifft sowie »den Menschen«, den sie sedierend beeinflußt, so bedeuten beide weiter nichts als ein subjektives, im Grunde kunsttheoretisches Resümee, dessen Verallgemeinerungswert gleich Null ist, was viele von uns, mehr oder weniger Überlebende weitaus schlimmerer Umstände, erfahren mußten. Ja: Gerade dieses Werten und Urteilen, dem so vieles Menschliche so fremd ist, errichtet vor dem Leser, der natürlich nur ich bin, eine Barriere, unüberwindlich für jede Zuneigung.

Abschied und Angst

Zu Lenaus 175. Geburtstage

»Lieblich war die Maiennacht« – so hebt eines seiner bekanntesten Gedichte an, dessen erste Zeile zum geflügelten Wort und damit zum Bestandteil von Büchmanns Zitatensammlung geworden ist. Ihre Lieblichkeit jedoch hält nicht vor, löst nicht ihr anfängliches Versprechen ein. Im Fortgang des Gedichts zieht Düsternis auf. Die Fahrt mit der Postkutsche durch jene Maiennacht führt zum Halt an einem Friedhof, wo der Vorgänger unseres Postkutschers ruht, dem nun der Nachfolger auf dem Horn einen wehmütigen Abschiedsgruß erklingen läßt. In diesen balladesken Versen erschafft die Grundstimmung aller Gedichte dieses Lyrikers, also Abschied und Verzicht, das bittere Nimmermehr und Niewieder, sogar noch ein tautologisches Bild: eine weitere Steigerung scheint kaum möglich. Nikolaus Niembsch Edler von Strehlenau, der aus seinem Namen ein erkennbares Pseudonym herauskürzte, ist sein ganzes Leben hindurch bewußt gestorben, seines literarischen Nachlebens nicht ganz sicher, wie ich fürchte. Die berüchtigten Klischees haben ihn ereilt: »Spätromantiker« das eine, Vertreter des »Weltschmerzes« ein weiteres, dem auch noch das fatale Adjektiv »modisch« hinzugefügt wird, um die Diskriminierung zu vervollständigen, und in der ich die Restbestände einer überlieferten und verselbständigten Rache an meinem armen Bruder im Wort sehen muß. Das übliche Bild, biedermeierlich gerahmt, von einem, der ständig eine tote Geliebte bedichtet und herbstliche Wälder, was etwas zu gradlinig als traumatische Folgeerscheinung mißglückter zwischenmenschlicher Beziehungen erklärt wird, ist nicht bloß einseitig: es stößt auch den Dichter ins Abseits einer uninteressanten Privatheit und bringt ihn um die Bedeutung innerhalb eines gesellschaftlichen Geflechts. Auf diese Weise haben wir Lenau fast verloren und ihn absinken lassen in Halb-, gar Dreiviertelvergessenheit, ohne seiner beispielhaften Existenz gewahr zu werden. Zugegeben: er gehört nicht zu den größten Dichtern seiner Zeit. Heine hat sich über die »Schwäbische Dichterschule«, zu der Lenaus Freunde gehörten, lustig gemacht, und ganz sicher ist Lenau alles andere als ein ausgesprochen politischer Dichter gewesen. Aber er hat wohl wie niemand sonst den Zeitgeist ausgedrückt, und das allein hat ausgereicht, den Konflikt auszulösen. Sein Eckermann, Max von Löwenthal, zugleich der Gatte von Lenaus Seelenfreundin Sophie, gibt über diesen Konflikt einer Nachwelt Kenntnis, die alle Vergangenheit für vergangen hält. Unter dem Datum des 14. 11. 1838 notiert er in sein Tagebuch:

»Die Polizeibehörde wird nicht müde, Niembsch, obwohl er ihr mit aller Geradheit seines edlen Charakters entgegengetreten und sie damit, so hätte man meinen sollen, entwaffnet hat, durch Verhöre zu plagen. Sie hat es vielleicht darauf abgesehen, ihn aus dem Lande zu treiben, ihn, den Deutschland mit fast ungeteilter Verehrung nennt. Österreich will ihn strafen, weil er drei Auflagen seiner Gedichte, weil er seinen Faust und Savonarola drucken ließ, ohne die österreichische Zensurbehörde um ihre Bewilligung zu bitten, welche sie ihm ja doch nimmermehr erteilt hätte. Jeder deutsche Staat, der obskuranteste und obskurste vielleicht, würde stolz darauf sein, Lenau zu besitzen, und sein Vaterland will ihn dafür bestrafen, daß er Lenau geworden ist.«

Das klingt weder biedermeierlich noch spitzweghaft, sondern höchst ungemütlich und aktuell. Lenaus »Krankheit zum Tode«, diagnostizierbar an seinen Gedichten, ist die Krankheit der Epoche, ihr Name ist Resignation. Symptom ist jene Melancholie, deren Latenz auf Lenaus Verse reagiert und zum Ausbruch drängt.

Und, um beim medizinischen Wortschatz zu bleiben, ihr Erreger heißt Restauration. Lenau ist noch ein Kind, als Metternich und die »Heilige Allianz« die alte Ordnung in Europa wiederherstellen. Es ist die Ordnung des Friedhofes, und wer das spürt, dem wird eben der Friedhof zur dichterischen Chiffre.

Mußte da nicht mitten in der allgemeinen Tristesse vielen mehr oder weniger von Trübsal und Trübsinn befallenen Lesern Lenaus das schweigende und nur flüsternde Schilf, die starren und entlaubten Wälder, das Nahen der Nacht, die Anrufung des Todes wie eine Allegorie ihres eigenen Seins vorkommen?

Der Erfolg belegt, wie intensiv ein Nerv berührt wurde. Aus der Verzweiflung gibt es kein Entkommen. Lenau hat es versucht, fuhr nach Amerika, dessen weltweite Anziehungskraft gerade einsetzte, und investierte fast sein gesamtes kleines Vermögen in ein Stück Urwald – ein hilfloser, sinnloser Befreiungsversuch des unpraktischen, illusionsbefangenen Intellektuellen, der sich selber nicht zu entfliehen vermochte. Auch auf der anderen Seite des Erdballes: Immer dieselben Ignoranten. Einmal sagt er zu Löwenthal:

»Es ist doch keine Vernunft in der Menschheit, und die Optimisten haben eigentlich gar kein Gefühl für den Jammer der Menschheit. Ein zufriedener Österreicher aber, der unaufhörlich in der dicksten Atmosphäre dieses

Jammers weilt und ihn über Strauß und Lanner vergessen kann, ist eo ipso ein schlechter Kerl. In unseren Leuten ist ja doch kein Funke Gefühls für Selbständigkeit, Würde und Recht des Menschen.«

Aber das Leiden an der Blindheit und Borniertheit der Optimisten gehört noch zu den geringeren Übeln. Das größere war die Angst, die im Laufe von 140 Jahren weder geschrumpft, geschweige denn verschwunden, vielmehr allgemeinverbindlicher geworden ist: zu einem Element unseres Tagesablaufs. Die Anzahl der Optimisten hat ganz sicher abgenommen, kaum jedoch die Umstände, die einen Dichter das Fürchten lehren können. Lenau sagt:

»Wie schrecklich ist es, in einem Lande unter einer Regierung zu leben, wo ich keinen Augenblick sicher bin, daß man mich nicht überfalle und mir meine Manuskripte wegnehme. Münch, Wolf, Heusenstamm versichern mich einstimmig, daß, wenn meine Albigenser im Druck erschienen sind, ich durchaus nicht mehr in Österreich werde leben können.«

Freilich, ein Wandel ist nicht zu erwarten, eine Liberalisierung der Verhältnisse nicht in Aussicht, die Lenau – der die Schuld dafür dem Nationalcharakter der Deutschen zuschiebt – zu dem bissigen Kommentar veranlaßt:

»Alle das Gerede von Nationalkraft und Einigkeit der Deutschen ist fabelhaft. Man sehe nur, wie sich die Bevölkerungen der vielen Landesabteilungen untereinander hassen ... Der Deutsche hat die Idee der Freiheit durch und durch ergründet, aber er rührt keinen Finger dafür. Das ist ein Volk von Schulmeistern. Wenn man sich einem Seehafen nähert, erscheint alsbald ein Boot voll mit

Lotsen, die einem den Weg zeigen. Über solche Lotsenschaft haben es die Deutschen nie hinausgebracht.«

Und um die unbegreifliche nationale Misere zu verstehen, denkt er sich einen Grund für sie aus: »All das Geschrei von Einheit Deutschlands ist hohl und nichtig. Die Welt strebt nach Vereinzelung, nicht nach Einigung. Die Aufgabe der Menschheit ist so groß, daß sie nur in Parzellen geteilt hoffen kann, ihrer Meister zu werden.« Angesichts der nationalen Parzellierung Afrikas, Asiens und umliegender Grundstücke würde Lenau wohl kaum dieses sein Postulat aufrechterhalten können: Über die Parzellierung ist längst verlorengegangen, was der Dichter als immerhin undefinierte Aufgabe der Menschheit bezeichnet. Er besitzt keine Konzeption, keinen Schimmer möglicher Differenzierung und Gewaltminderung im Prozesse ihres Fortschreitens. Er ist, ich weiß es ja und werfe es ihm nicht vor, keiner, der historisch-begrifflich denkt. Er ist ein Dichter, ein im Heimatland unverstandener und zurückgestoßner Prophet, der nichts weiter will als seine Menschheit »veredeln«, aber selbst diesen sanften Ansatz nimmt man ihm krumm. Exakt beschreibt Löwenthal den Widerstand des offiziellen Österreichs gegen seinen Dichter:

»Es hat hieran wohl auch das instinktartige Gefühl teil, daß bei Staatstendenzen, Unterrichtsanstalten und Polizeibevormundungen, wie die unsrigen sind, eine literarisch oder artistisch bedeutende Erscheinung auf dem heimatlichen Boden als etwas Abnormes angesehen und mit einigem Mißtrauen behandelt werden müsse, bis nicht die Länder sie gelten lassen, wo Geist und Intelligenz der Untertanen immer ein freies, von der Staatsgewalt nicht mit Verhauen, Gräben und Wällen durchschnittenes Feld ihrer Tätigkeit gefunden haben.«

Die Staatsgewalt in ihrem Mißtrauen und ihrer Selbstgerechtigkeit entzog sich dem Dialog mit der von ihr usurpierten Gesellschaft und reduzierte ihre eigene Kenntnisnahme auf den engen Kanal ihres Spitzelwesens. Sie, die allen den Mund verbot, mußte schließlich ihr Ohr an Wände legen, um etwas zu erfahren. So schreibt Lenau in einem Brief an Sophie von Löwenthal über seine Begegnung mit einem Meinungsgegner:

»Ich konnte das Gespräch nicht abbrechen und meinen Gegner verlassen, weil dieser es als Zeichen meines Geschlagenseins genommen hätte. Ich mußte bleiben. Ich wußte überdies, daß meine Worte gegen ihn weitern Orts referiert werden, und ich ergriff die Gelegenheit, der hiesigen katholischen Partei zu erklären, wessen sie sich gegen mich versehen habe.«

Doppelte Naivität, die einerseits meint, »weitern Orts« herrschende Irrtümer über die eigene Person aufklären zu können, Signale eines »Good will« zu bekunden, indem sie sich dieser obskuren Vermittlungsmethode und der Ehrlichkeit des Lauschers, die Meldung über Lenau werde im Sinne Lenaus verfaßt, ausliefert, andrerseits voraussetzt, es existiere überhaupt das allergeringste Interesse, die geheimpolizeiliche Ansicht über den Dichter zu revidieren. Das Prinzip der Verkennung ihrer Objekte gehört doch zum System solcher Herrschaft, die ihre Legitimation daraus zieht, daß sie die von ihr überwachten Personen für »Subjekte« halten kann. Ihre Berechtigung zur Machtausübung verflöge vor ihr selbst im gleichen Moment, wo sie ihren Blickwinkel korrigierte und aus den »Subjekten« ganz einfach Menschen, noch dazu außerordentliche, würden. Derartige Korrekturen erbrächten eine kritische Einstellung gegenüber den eigenen Maßnahmen, was wiederum ihre Wirksamkeit beeinträchtigte. So verharrt sie in anonymer Allmacht, unerreichbar, verborgen, drohend, unbeeinflußbar, und bekommt dadurch den Schein des Irrationalen, Unwirklichen, ohne daß die Angst vor ihr an spürbarer Wirklichkeit verlöre. Seltsam, wie doch zweckgerichtete, kalkulierte Unterdrückung unter dem Aspekt einer menschlicheren Vernunft den Schimmer des unerklärlich Bösen annimmt. Am 28. November 1837, in einem Brief an Sophie, heißt es daher entgegen aller konkreten Kenntnis des ihm Widerfahrenen:

»Aber dieses heimlich heranschleichende Ungeheuer, das ich fürchte, verlegt mir jeden Schritt und erfüllt mir das Herz mit Gram und Entsetzen.« Diese tiefe Beängstigung bildet die semantische Untiefe seines Schreibens. Zwar sind in den Polenliedern, in der Darstellung andernorts ausgefochtener Kämpfe und erlittener Niederlagen die persönlichen eingeschlossen, auch er schreibt sein »In Tyrannos«, ohne jedoch vorsichtshalber Adressaten zu nennen. Aber immer bleibt die Sterbenssehnsucht, der Tod als einziger Ausweg vor äußeren Bedrängungen die Basis der Inspiration. Ein Gedicht mit dem bezeichnenden Titel »Zuflucht«, hebt mit der Zeile an: »Tut man Kindern was zuleide . . .« und endet mit: »Fliehn sie bang und immer bänger,/ Bis sie hinterm Leichentuche/ Sich verbergen ihrem Dränger.« Selbstaussage von erschütternder Eindeutigkeit: Ein Selbst, das sich als wehrloses Kind brachialen aber unbenannten Gewalten ausgesetzt weiß, gegen die es keinen Widerstand gibt, nur den Freitod als Ultima ratio. Mir ist, als ahne dieses Gedicht etwas vom späteren Schrecken, der hundert Jahre nach solcher Niederschrift sich auf eine Weise manifestiert, vor welcher Lenaus Fluchtweg noch der annehmbarere scheint.

Trotz ihrer für uns heute schwer zu akzeptierenden Sprache und ihrer tränenreichen Gefühligkeit, steckt doch in diesen Gedichten auch die Kraft der Negation. Mit Konsequenz, sogar unter Verweis auf die letzte Konsequenz, verweigert sich das lyrische Ich einer Welt, die von Dunkelmännern, seelenlosen Kleinbürgern und machtbesessenen Amtsträgern geprägt und damit unerträglich gemacht wird. Gerade aus dem Umstand, daß die Gedichte nicht unmittelbar aussprechen, was sie enthalten, beziehen sie ihre Stärke.

An einer peripheren Stelle der »Dialektik der Aufklärung« schreibt Adorno beiläufig und fast versteckt unter den überanstrengten Formulierungen angestrengten Denkens über eine aus der Praxis des Schreibens gewonnene Erfahrung. Nämlich wie das, was ungesagt bleibt und doch zum Ausdruck drängt, umgesetzt wird in Dynamik, welche dem Text seine Eindringlichkeit verleiht, als lade eine verborgene Hochspannung die Sätze auf und mache sie gefährlich. Am Beispiel Lenaus, den keine Obrigkeit auf paragraphierte Delikte festnageln konnte, obschon sie es wiederholt probierte, wird dieses tragende Element der Kunst ganz deutlich: »Lieblich war die Maiennacht«, aber was ihr folgte, erwies sich nicht als klarer Morgen, in dessen Licht die überdimensionale Furcht verging.

Der Logos der Lenauschen Gedichte verlängerte die Nacht so weit, daß sie nur ein Dasein als Schlafwandler gestattete und das Erwachen nur eines zum Tode war. Aufwachen und Tod sind identisch. Wer die Umfangenheit abschüttelt, muß sterben. Das ist das Gesetz des

Ungeistes der Epoche, dessen Menschenfeindlichkeit wir in allen Gedichten Lenaus wiederfinden, sobald wir uns einmal daranmachen, den Staub von ihnen wegzublasen.

Stockholmer Rede 1978

Nachdem das erste Motto unseres Zusammentreffens, nämlich »Writer in disguise«, Schriftsteller in Verkleidung, vom PEN-Sekretariat als Irrtum widerrufen und durch »Literature in disguise« ersetzt wurde, kann ich eine gewisse Enttäuschung nicht verhehlen. Meine Maskierungspläne sind damit hinfällig geworden. Und ich wäre so gern als Klassiker gekommen. Immerhin finde ich einen Trost darin, wenigstens über Verkleidung und Verstellung sprechen zu können, teils verkappt und teils entlarvend. Zwar gehöre ich nicht zu den Fachkundlern auf diesem Gebiet und verstehe weder etwas von Kosmetik noch von Haute Couture, dafür lebe ich jedoch in einer Gesellschaft, wo das besagte Phänomen ein ganz wesentliches Moment der kulturellen Szenerie darstellt. Maskieren und Demaskieren – so ließe sich dieser dialektische Vorgang auf den Kürzestnenner bringen, wollte man bezeichnen, was immer wieder zwischen Kulturpolitikern und Kulturschaffenden stattfindet oder von Zeit zu Zeit ausbricht.

Bereits in den benutzten Formulierungen, eher Formeln, kündet der Widerspruch von sich selber. Zwischen dem Verlangen nach »Aufdeckung der Schönheit unseres Lebens«, welches die Verdeckung des »Unschönen« stillschweigend impliziert, und der metierbedingten Selbstverständlichkeit, am eigenen Leibe erfahrene Wirklichkeit zu reflektieren, ganz gleich ob dies parabelhaft oder »naturgetreu« geschieht, zwischen diesen aus unterschiedlichen Funktionen und Intentionen stammenden Gegensätzen entstehen und entladen sich – wie bei dem Elektrisierapparat unserer Schulzeit – die Spannungen. Manchmal sind die Funken weithin sichtbar.

Anders ausgedrückt: Zwischen der Skylla heuchlerischer Forderungen, die das Gegenteil ihrer Wörtlichkeit bedeuten, und der Charybdis des inneren Zwanges zur Wahrheitsfindung und Selbstverwirklichung, paddelt der Autor ziellos dahin, von häufig sich überschlagenden ideologischen Wellen kräftig gebeutelt. Wie dem Odysseus hilft ihm nur List, will er da durchkommen und dem Zorn der Götter entgehen, deren Anzahl und Macht hinter den olympischen keineswegs zurücksteht. Glücklich, wer da manchmal etwas wie eine Athene zur Seite hat, die ja gleichfalls, wie wir wissen, eine Verhüllungskünstlerin gewesen ist und den göttlichen Dulder mit der benötigten Mimikry ausstattete.

Aber – so wird der die größere Direktheit im Beschreiben von Realität gewohnte Leser fragen – handelt es sich bei dem, wovon ich andeutungsweise rede, nicht um Sonderprobleme spezieller Länder und Völker? Und weiterhin: Muß denn der Akt des Verkleidens von Wahrheit, deren Nacktheit wegen des frostigen Klimas in den Ländern des realen Puritanismus der Gesundheitsdienst nicht duldet, diese Wahrheit nicht selber verändern und beschädigen? Kleider machen bekanntlich Leute, und was bleibt von der Wahrheit übrig, sobald sie in ein freundlich geblümtes Kleid gesteckt wird? Ahnt man nicht bestenfalls nur noch ihre konkrete Gestalt, während sie selber, ihr Eigentliches, nahezu eliminiert ist?

Dieser Hypothese mich anzuschließen, zögere ich, und zwar kaum allein aus defensiven Gründen oder um die Voraussetzungen meiner Arbeit als begrüßenswerte Normalität zu deklarieren, sondern einfach darum, weil seit paradiesischen Tagen, etwa ab Erfindung des Feigenblattes, bekannt ist, daß Bekleidung enthüllender sein kann, provozierender und anregender als die schiere Entblößung. Weil über alle meist mittelmäßigen Faktoren und Tatsachen hinaus ihre Vorstellbarkeit die Phantasie mächtiger anregt und das Vorgestellte, Imaginierte, ahnungsvoll Vermutete gewaltig potenziert. Keine Religion existierte oder wäre auf uns gekommen, wäre sie bereits in den Anfängen in der Lage gewesen, ihre zentralen Glaubensinhalte authentisch zu belegen, Gott auftreten zu lassen, Engel und gefallene Engel vorzuführen und aus den Gefilden der Seligen touristische Attraktionen machen zu können, derer man durch Befolgung der Gebote teilhaftig würde. Oder mit einem mehr literarischen Vergleich gesprochen: Ohne Swifts »Gulliver« hätten wir geringere Ahnung, daß wir nach dem Erwachen, also einem Bewußtwerden, uns sogleich gefesselt wiederfänden, in den Händen von eindeutig als solchen bezeichneten Liliputanern, denen wir dienstbar sein sollen, nur um unseres Lebenserhalts willen, und an deren Auseinandersetzungen teilzunehmen unsere Lage uns zwingt.

Oder wüßten wir mehr von unserer Gegenwart und was uns in ihr lebenslang erwartet, wenn Kafka unter dem Titel »Das Schloß« eine Analyse der Bürokratie im Spätstadium der Donaumonarchie und außerdem in Balzacscher Manier verfaßt hätte? Das man mich nicht mißverstehe: Ich rede nicht der Parabel Brechtscher Machart das Wort, deren Erfolg aus dem Umstand resultiert, daß sie Gewußtes bestätigt, aber nicht das bis dato Ungesagte, Unsagbare, Unsägliche durch sprachliche Einkleidung überhaupt erst sichtbar werden läßt, sondern vielmehr »komplexe« Tatbestände in Vereinfachungen übersetzte, wodurch sie scheinbar verständlicher wurden. Ich sage: scheinbar, weil uns diese großen und einfallsreichen Vereinfachungen, Folgeerscheinung ebenfalls großer und einfallsreicher theoretischer Vereinfachungen, die Irrationalität, in der wir und unsere Mitmenschen objektiv gefangen sind, nicht restlos zu erklären vermögen. Dieser überwältigenden Irrationalität erwehren sich vielfältig kolorierte Rationalisten durch Tragen einer Brille, deren Gläser durch Pappscheiben ersetzt worden sind.

Wirklich beunruhigt jedoch sind wir erst von solcher Verkleidung, welche in jener nicht aufgeht: Parabel, Allegorie, Symbol – wo wir sie hundertprozentig erschließen, stellt sich sogleich Zufriedenheit über die Leistung unseres Intellektes ein, so daß wir darüber vergessen, was wir denn eigentlich entschlüsselt haben. Der gänzlich bekanntgewordene Gegenstand verschwindet in uns auf Nimmerwiederdenken. Wo etwas vom Rätsel anhält, das, weil es eben eines ist, sich nicht definieren läßt, aber in osmotischer Verbindung zur erwähnten Irrationalität steht, da hält auch unser Interesse an, unsere Neugier, unser Aufgestörtsein. So bleiben die Fragen offen, auf die es zwar nie Antworten gibt, wobei jedoch die ergebnislose Suche nach ihnen zu ganz anderen Antworten und zugleich auch anderen neuen Fragen führt.

Daß wir von Literatur mehr erwarten als eine aufgehende Gleichung und daß zwei mal zwei vier sei, beweist, daß wir sogar im krudesten Naturalismus, in der krassesten Realistik insgeheim eine verborgene oder übergeordnete Bedeutung suchen, einen existenziellen Fingerzeig, etwas wie Sinngebung, weil wir uns mit der Abwesenheit eines verbindlichen Telos nicht abzufinden vermögen. Gewöhnlich entdecken wir dann auch durch einfache Interpolation, getreu dem Bibelspruch, »Suchet, so werdet ihr finden«, woran es uns gefehlt hat. Dieser Vorgang zeigt jedenfalls deutlich, daß wir jede Form von Literatur, jede Darstellungsweise von Wirklichkeit für eine Art Verkleidung halten, hinter der sich etwas befinden müsse, was wir nebulos »Lebensweisheit«, »Sinn«, »Transzendenz«, »Philosophie« oder »ethischen Imperativ« genannt haben wollen. Über das wörtlich Bekundete hinaus erwarten wir eine geheime Botschaft vom Autor, die sich nicht in Klartext fassen ließ. Und wenn wir um alle diese Worthoffnungen betrogen sind, dann möchten wir doch zumindest in der »Struktur« des Werkes die »Struktur« der Epoche, der verwandtschaftlichen Verhältnisse oder die von allgemeinen Mechanismen reproduziert sehen. Ein manischer Zug, der im Berufsleben leicht zur chronischen Hermeneutik ausarten kann.

Freilich ist die hier gemeinte Verkleidung höherer Art und näher dem Begriff der Einkleidung – »in Worte kleiden« heißt die treffende Wendung – als etwa jener bekannten Tarnung gegenüber der ängstlichen Aufmerksamkeit des Zensors, der ausschließlich für die gröberen Muster zuständig bleibt. Gemeint ist auch nicht Sklavensprache, die wohl augenzwinkernde Solidarität mit Gleichsituierten zu schaffen vermag, aber zugleich, in negativer Symmetric, doch nur dem herrschenden Schema verhaftet ist wie jene Literatur, die dieses Schema zum ständig neu variierten Schematismus ausgebaut hat.

Für das, wovon ich rede, bietet sich als bildhafte Erklärung ein grundlegendes Moment in der Verfilmung von H. G. Well's »The Invisible Man« an. Der Unsichtbare dieser Geschichte kann nur sichtbar werden, wenn man seine ganze Figur mit Binden umwickelt – dieses technische Hilfsmittel gegen das Leiden des Unsichtbarseins zeigt exakt die Arbeit des Schriftstellers. Jede Wirklichkeit, wie ausschnitthaft, begrenzt oder umfassend immer, kann nur sichtbar und erkennbar werden, falls wir sie mit den Bändern, Fäden und Gurten der Sprache umwinden. Das mag in den Ohren von Historikern, Soziologen, Gesellschaftswissenschaftlern, Ideologen und Liliputanern vermessen klingen, da sie selber den gleichen Anspruch erheben, doch was hingegen sie darbieten – um den Vergleich vom »Invisible Man« fortzuspinnen –, sind nichts als dieses Unsichtbaren Spuren, Indizien seiner Taten und Untaten, von denen sie auf seine Existenzweise schlußfolgern. Literatur jedoch bringt diese obskure Gestalt selber zum Erscheinen. Es ist, wie könnte es anders sein, eine schwankende Erscheinung, schwankend durch die Mittel und Methoden des jeweiligen schriftstellernden Subjektes, das sich zum Medium des Auftretens herleiht.

Dieser naturnotwendige Modus des Einkleidens schafft gleichermaßen Konflikt, und zwar einen latenten und unlösbaren. Das Erscheinen von Wirklichkeit im Gewand der Sprache des Autors, die mit seinem individuellen Denken und Empfinden identisch ist, muß dort Widerstand hervorrufen, wo Sprache dem Privatbesitz entzogen und zu etwas Offiziellem wurde, das, wie auch materielle Produktionsmittel, der Verwaltung unterliegt. Die angestrebte Allgemeinverbindlichkeit des Redens führt jedoch automatisch zur Uniformität und, durch imperative Prägung, zum monologischen Gestus, wodurch Gleichartigkeit des Denkens einerseits erhofft, andrerseits befürchtet wird, sobald die sprachliche Gewohnheit nur weit genug gediehen wäre. Unter solchen Umständen muß die mehr oder weniger individuelle Ausdrucksweise, abwertend »subjektivistisch« genannt, die sich der Termini der Übereinstimmung und fiktiver Harmonie enthält, als entgegengesetztes Prinzip empfunden werden. Dieses Empfinden, das ein Empfinden von Amts wegen ist, ist somit absolut richtig.

Soll aber Literatur glaubwürdig sein, wozu sie ihrem ureigenen Grundgesetz folgen muß, dann entspricht sie nicht mehr dem dekreditierten Porträt von Wirklichkeit, welche durch das besitzanzeigende Fürwort »unsere« wie durch einen Besitztitel oder Patentschutz monopolisiert wird; dann fördert sie ein eher gespenstisches und deprimierendes Geschöpf zutage, dessen Anblick, ein kritisches Memento, möglicherweise noch bestehende Illusionen, die »Schönheit« des gemeinschaftlichen Lebens institutionalisiert zu haben, öffentlich widerlegte. Beide zueinander sich extrem verhaltenden Positionen schließen einander nahezu aus. Das einzig vermittelnde Element wäre die Toleranz. Ist man zu dieser nicht bereit oder nicht fähig, heißt die Alternative: Entweder wird der Schönheitsanspruch aufgegeben oder der Wahrheitsanspruch, einer muß weichen, und wer vermutlich weichen muß, ist im trüben Lichte jüngster Erfahrungen ziemlich klar.

Durch die Ausschließlichkeit des einen Anspruches und durch den administrativen Ausschluß des anderen wird sehr leicht das geistige Gleichgewicht einer Gesellschaft gestört; ein Gleichgewicht, das immer nur ein relatives, ein Fließgleichgewicht sein kann. Man braucht kein Ökologe zu sein, um zu wissen, daß anhaltende und fortgesetzte Störungen solchen labilen Gleichgewichtes ein »Umkippen«, ein Umschlagen bewirken können, wonach keine Regeneration mehr stattfindet, die Fantasie unaufhaltsam ab- und ausstirbt, die Vorstellungskraft der Intoxikation erliegt. Damit wäre Literatur sogar in ihrer konkreten Erscheinungsweise als Päckchen abstrakter

Zeichen überhaupt betroffen, denn die Zeichen würden im Gehirn des Lesers schwerer und schwerer eine ihn sensibilisierende und humanisierende Verbildlichung erleben.

Unkenrufe! Ist das hier einer?!

Möglich, daß ich zu schwarz sehe, doch sind leider stets die Schwarzseher, die in Deutschland einem bekannten Zitat zufolge kein Monarch duldete, im nachhinein meist bestätigt worden, auch wenn das weder ihnen noch sonstwem genutzt hat. Bei klarem Bewußtsein dieser Nutzlosigkeit habe ich mich zu dieser genauso nutzlosen Rede aufgerafft, analog dem Credo quia absurdum, nämlich daß das, was nicht Nutzen stiftet, Zwecken anheimfällt, dienlich ist, dienstbar und verwertbar, schon die letzten Möglichkeiten zum Freisein, zur Freiheit, obwohl einer denaturierten, präsentiert und repräsentiert. Damit wäre ich am Schluß, den das folgende Resümee bildet: Verhüllen, um zu zeigen. Verkleiden, um dem Körperlosen Gestalt zu geben, es »zu gestalten«. Und für uns Autoren selber bei diesem Geschäft: Sich maskieren, um das Gesicht nicht zu verlieren.

Blitzlicht

Sich zu seiner Sache, der Lyrik, erklären zu müssen, setzt jeden Lyriker in ein unterschiedliches Maß von Verlegenheit. Was soll er behaupten oder bekennen? Daß die Erscheinungsweise seiner Worte semantisch bestimmt ist? Eine Banalität. Oder daß er fest und innig an irgend etwas glaubt, zum Beispiel an ein gemächliches Fortschreiten der Menschheit ins Ungemütliche; an *Das Leben* (was das auch sein mag); an die Musen (wenn sie ihn lieben); an Götter (wenn sie ihn nur in Ruhe lassen) oder an die Vorurteile seiner Epoche wie alle Leute? Was immer man von ihm erwartet, was immer er meint, meinen zu müssen – stets wird er seinen geheimen Triumph verbergen, der Letzte zu sein, der eine nicht entfremdete Arbeit vollbringt. Also: ein lebendes Fossil. Und: erscheint er nicht auch vielen als unzeitgemäßer Zeitgenosse? Einer, der auf Versammlungen keine »richtungsweisenden« Reden hält; der weder in der Herstellung noch im Erwerb eines aus Blech und allerlei anderen Materialien zusammengepreßten Gegenstandes ein ethisches Ziel zu erkennen und der in keiner Karriere aufzugehen vermag. Von derart anachronistischen Gestalten ist darum nichts zu erwarten als etwas gänzlich Überflüssiges: Gedichte natürlich!

Immerhin besteht noch der überlieferte Konsens, solche Erzeugnisse dienten zwar keinem praktischen Zweck, nützten aber der nationalen oder ethnischen Reputation, und aus eben diesem und sonst keinem Grunde (falls wir den Mut zu dieser Einsicht haben) gestattet man den Lyrikern ihre abartige Existenz. Von ihrer einstigen Spitzenposition als Seher und Künder, Inhaber von urtümlicher Weisheit, Sprachrohr ihres Volkes, *Stifter des Bleibenden,* sind sie auf die letzten Plätze abgerutscht, in die Nähe von Clochards, weltfremden Spinnern und Nörglern und ans Perpetuum Mobile fixierten Erfindern. Ein Absturz ohnegleichen. Zumindest in den Augen der Gesellschaft. Sänke die Welt der Heineschen Prophezeiung zufolge ins Analphabetentum zurück, man würde die überflüssigen »Kulturrepräsentanten« zum Straßenfegen abkommandieren, und das wäre noch nicht das schlimmste.

Aber noch sind wir da. Und sogar unter Naturschutz. Wie der Tapir oder das große Murmeltier, die, weil Zoologie und Verhaltensforschung ihrer als Studienobjekte bedurften, sich nützlicher erwiesen als wir, obschon unser Dasein ein durchaus erforschenswertes paradigmatisches Element enthält. Doch keine Gegenwart ist darauf aus, durch vergleichende Schlußfolgerungen ihrer eigenen destruktiven Zusammensetzung gewahr zu werden. Jede dieser Gegenwarten (die sich zu künftigen Lawinen potenzieren) könnte nämlich an dem Vorgang, den man gemeinhin »Gedichtemachen« nennt, klar ablesen, wie weit sie vom eigenen Ideal entfernt ist: dem der menschlichen Selbstverwirklichung. Denn nicht mehr und nicht weniger bedeutet das Schreiben von Gedichten – wie überhaupt mehr oder minder bewußte Kreativität. Doch um was für eine Art von Selbstverwirklichung es dabei geht, werden wir noch zu hören bekommen, nachdem, da wir uns schon im Rahmen von Analogieverweisen bewegen, einige Worte zum Wortemachen im Gedicht gesagt worden sind. Die Erfahrung mit diesem Wortemachen ähnelt der mit dem eigenen Ich, vermutlich aus Gründen teilweiser Deckungsgleichheit. Je länger ich lebe, desto fraglicher wird nur, wer oder was dieses Ich ist, zu dessen

Inhaber ich ungefragt geworden bin. Und je länger ich Gedichte schreibe, desto klarer und unklarer bin ich mir über diese obskuren Erzeugnisse. Das klingt nach Widerspruch und ist auch einer. Eine Zunahme an Einsicht in das Phänomen »Gedicht«, dieser Mixtur aus Unbewußtheit, Intellektualität, privater wie sozialer Situation, Alter, Geschlecht etc., wird begleitet von einer Abnahme an Klarheit darüber, was das Gedicht (an sich) eigentlich sei.

Ein Vorgang, der merkwürdigerweise seine Entsprechung im naturwissenschaftlichen Bereich besitzt, wo ebenfalls Erscheinungen in Wirkungsweise und Zusammensetzung bekannt und beschrieben, als Sache selber jedoch ungeklärt sind. Was ist Elektrizität? Was Gravitation? Scheinbar längst geklärte Fragen, an denen die besseren Köpfe in der Wissenschaft zerbrochen werden.

Doch im Gegensatz zu diesem weiten Feld der Forschung mag es sein, daß in meinem minderen Falle nicht das Wissen über den Gegenstand, sondern bloß die einstige Überzeugung vom Vorhandensein sicheren Wissens sich verringerte. Fast möchte ich sagen: zu meinem Glück.

Je näher das Gedicht mir steht, was bedeutet: je vollständiger ich darin mein sonst ziemlich abwesendes Ich unerwartet vorhanden finde, desto fremder eigentlich erscheint mir das Gedicht selber. Plötzlich erblickt man einen Unbekannten, zu dem man wann bloß geworden ist, dem man so nie vordem begegnete. Das ist keinesfalls die »Stunde der Wahrheit« – nur eine ihrer Sekunden. Als habe man sich lange durch ein dunkles Zimmer getastet, indes auf einmal draußen ein Blitz niederfährt, und man in diesem geringfügigen Zeitbruchteil sich selber, von unfaßlichem Interieur umgeben, in einem irgendwo aufgehängten Spiegel erblickt. Mehr als ein flüchtiger, befremdlicher Eindruck war nicht zu gewinnen, und zu mehr ist man möglicherweise auch niemals in der Lage. In solchem Innern und unter solchen bestimmten Witterungsbedingungen, den Voraussetzungen für knappste Erleuchtungen, sich aufzuhalten, ist ein seltenes Unternehmen von recht kurzer Dauer. Nennt man das: *Selbstverwirklichung*?

Abhängig von unspezifischen Umständen, scheint das Ereignis der Selbstverwirklichung im Gedicht ein wirkliches Ereignis zu sein, und ich betone das Wörtchen »scheint«, weil sie sogleich sich selber widerlegt. Nämlich weil sie statt im konkreten Sein, im Abstraktum der Sprache sich vollzieht: diese ist der Lebensraum der Dichter, in dem man nicht leben kann. Wer sich dort ansiedelt, gibt Lebens- und Wohnrecht andernorts auf. Und es ist alles andere als ein Olymp, wo man fernerhin zu hausen gezwungen ist.

Über Lyrik reden? Daran, daß ihre Hersteller sofort bei diesem Thema ins Abschweifige und Metaphorische verfallen (wie eben ich), wird kenntlich, worum es sich im Grunde handelt: um eine gänzlich unbeschreibliche Angelegenheit, denn sobald die Beschreibung ihr nahetritt, verfliegt ihre archaische Kraft, die schneidende Irrationalität der Welt in nuce, ihre fragwürdige Abgründigkeit – also: sie selber. Was übrigbleibt, ist ein Balg.

Gemischte Gefühle – zu einem Museumsstück aus dem Hause Ullstein

»Das Menschliche«, über dessen zeitgenössische Erscheinungsweise und Inflationierung sich Kurt Tucholsky entsprechend mokierte – ehemals lieferte es die »geistige« Grundlage für eine Monatsschrift, von der jetzt eine Reprint-Auswahl vorliegt und die den vom Ullsteinschen Wappentier abgeleiteten Namen »Uhu« trug. Sie bildete – neben »Querschnitt«, »Koralle«, »Woche«, »Scherls Magazin«, »Stachelschwein«, »Kriminal-Magazin« und »Revue« – einen wichtigen Teil meiner Kindheitslektüre. Die Neuausgabe dagegen spekuliert in ihrer ästhetisch angehobenen Zusammenstellung auf ein Bedürfnis, das mit dem Begriff »Nostalgie« eher verdeckt denn erklärt wird.

Was unter diesem Begriff rumort, ist ja keineswegs die simple Sehnsucht nach dem »besseren« Gestern, vielmehr handelt es sich um ein fragwürdiges, unbewußtes Suchen nach verlorener geschichtlicher Identität; um eine dumpf empfundene und sich selber noch ungewisse Entfremdung, die am Beton der Gegenwart sich wundgestoßen hat: Hochkonjunktur für alle Kopien originärer Vergangenheiten, für erfüllungsvortäuschende Versprechen eines Sichwiederfindens in gesicherten und bezeugten historischen Zusammenhängen.

Niemals, das gestehe ich ein, habe ich selber aufgehört, den umfangreichen Stapel des »echten« UHU, den ich besitze, zu lesen und durchzublättern: wahrscheinlich aus den oben erwähnten Gründen. Und vielleicht sogar aus anderen noch, die im Verlaufe der Besprechung kenntlich werden mögen.

Vorab: Dem nur zur Unterhaltung geneigten Leser

wird das Magazin harmlos-bürgerlich erscheinen, einem kritischeren Blick sentimental-neckisch, für den jedoch, der willens ist, sich einer archäologischen Perspektive zu bedienen, präsentiert es sich als Dokument, aus dem vielerlei ablesbar wird, auf das hier nur andeutungsweise eingegangen werden kann.

Signalhaft, daß zum Beispiel die Beiträge namhafter Satiriker unschärfer sind, verbindlicher, weniger aggressiv als üblich. Die zeitweiligen Mitarbeiter haben sich der von redaktioneller Seite konsequent durchgehaltenen Methode gefügt, die man generell als »Harmonisierung« bezeichnen könnte – was übrigens in dem wenig instruktiven Nachwort (es existiert noch ein genauso verwaschenes Vorwort und zusätzlich eine Gebrauchsanweisung: drei Produkte des schlechten Herausgebergewissens vermutlich!) noch einmal als besondere Leistung betont wird: »Gut neun Zehntel in jedem Heft trugen unverkennbar das Signum der Redaktion. Das geschah nicht, indem man nach der erst später in Amerika geübten Umschreib-Masche strickte. Vielmehr, auch Gelehrte, Architekten oder Anwälte wurden sanft, doch energisch überredet so zu schreiben, daß das Leseverständnis für jedermann gesichert war – und Lesevergnügen anfiel.«

Dem bedauerlichen Mangel an Hinweisen auf zeitgeschichtliche Bezüge der in Bild und Wort vorgeführten Persönlichkeiten und Personen (man beschied sich mit einem »Dank an Autoren, Verlage und Agenturen« und vermerkte zu den Fotos summarisch: »Die Fotos entstammen dem Ullstein Bilderdienst . . .«) korrespondiert die rückwärtsgewandte, kosmetische Verschönerung: Soviele große Namen wie auf diesen 335 Seiten kamen in gleicher Massierung in den veröffentlichten 111 Heften wohl kaum vor. Es dominierte das Durchschnittliche und Banale, und das zurückgedrängt zu haben, bedeutet – dessen bin ich ganz sicher – einen Verlust: eben an historischen Indizien.

Das »Leseverständnis« für einen heutigen »Jedermann« hätte gesichert werden müssen, und unter Leseverständnis verstehe ich mehr als nur Amüsement über »Mein liebstes Chanson – mit Beiträgen und Fotos der Interpreten: Wilhelm Bendow, Ilse Bois, Blandine Ebinger, Kurt Gerron, Max Hansen, Trude Hesterberg, Kate Kühl, Margo Lion«. Selbst wenn der Herausgeber in der »Gebrauchsanweisung für geneigte Leser« behauptet, die Auswahl sei keine Dokumentation, er kann das Dokumentarische seines Materials nicht mit einem Federstrich beseitigen: »Aman Ullah, Herrscher im Orient (vorübergehend) okzidental gepanzert« – und darunter das Foto des damaligen afghanischen Monarchen in einem Panzerwagen, ist ein Dokument und bedarf der Erläuterung, denn ohne jeglichen Zusatz ist es weder unterhaltend noch amüsant.

Trotz allem: es bleiben Beiträge, die, auch in ihrer Aufbereitung, Interessantes bieten: die Reportage von George F. Salmony aus dem Jahre 1927: »Mit 50 Pfennig in der Tasche durch Berlin«, wo man erfährt, unter welchen Umständen Arbeitslose lebten und überlebten, oder der Bericht von Walter Gropius über Wolkenkratzerbau in New York; was Thomas Mann über seinen Sohn Klaus und dieser wiederum über seinen Vater dachte; welche zwölf Bücher Prominente auf eine einsame Insel mitnehmen würden oder warum Blondinen bevorzugt werden. Und in den Zeichnungen von Charles Girod, seinem Namen zum Trotz ein Ostpreuße, spukt die Angst des

Alltags, hingegen in denen Walter Triers die – inzwischen suspekt gewordene – Idylle.

Banalitäten, hieß es, und ich erinnere mich, daß insbesondere sie dazu beitrugen, mir einen intensiven Eindruck von der so abrupt beendeten Epoche zu vermitteln, und zwar in solchem Maße, daß mir, der ich die Zwanziger Jahre ja gar nicht kennen konnte, heute noch vorkommt, ich hätte sie tatsächlich erlebt, wenn auch nur als Beobachter, dessen Sicht durch Schleier verhangen und der aktiv beteiligt zu sein nicht in der Lage gewesen war. Was ich noch nicht ahnte und jetzt nur zu gut weiß: Die Banalität ist der unverhohlene Ausdruck jeden Geschichtsabschnittes, denn gerade sie ist das ganz Einmalige und Unwiederholbare, von keiner Kunstbemühung bewahrt, historisch fragil und keinem Hegelschen Aufheben zugänglich.

Was dem Betrachter unserer Tage anachronistisch und komisch erscheint, etwa Rudolfo Valentino, sehnenden Auges in unendliche Fernen starrend, frisch ondulierte Schönheiten unter dem Titel »Blond als Seelenzustand«, oder die extrem verkrampften Figuren des beginnenden Sportenthusiasmus', der dämonische Meyrink, der gentlemanlike Albert Bassermann, die Interviews, Umfragen, Gedichte, Filmbilder, Werbung, stellt doch nichts anderes dar als das Spiegelbild eines verschwundenen Zeitgenossen, von dem nur das Vorwort glaubt, es sei »Jedermann«, während es sich für uns zu einer Gestalt verdichtet, die wir als Kurt Tucholskys »Herr Wendriner« wiederzuerkennen meinen.

Ohne mich auf metaphysische Hypothesen einzulassen: Diese Zeitschrift (wie übrigens alle ihrer Art) ist das abgezogene Negativ ihres einstigen Lesers. Wie das Porträt des Neandertalers sich allein durch ein Stück Jochbein und ein paar Zähne rekonstruieren läßt, so auch der UHU-Leser, zumindest sein Selbstverständnis und Weltverständnis – seine Sehnsüchte und Befürchtungen. Unleugbar entstammte er (jedenfalls zu bestimmenden Teilen) dem jüdisch-liberalen Kleinbürgertum. Seine Autoritäten siedelten auf olympischen Höhen, in Kunst und Literatur, schlimmstenfalls in Hollywood und Babelsberg, weniger aber im politischen Bereich, dem gegenüber Skepsis angebracht war. Solche Skepsis, eine nahezu urtümliche und weitaus ältere als die nach dem ersten Weltkrieg gängige, drückt sich in der Form von Ironie aus und schafft die innere Beziehung zu allem Gleichgearteten in der Literatur. Dieses Lesers Domäne war das Feuilleton: er hatte es durch seine Existenz erst ermöglicht und erkannte sich auf zweierlei Weise darin wieder: als Gegenstand der Betrachtung und seine eigene Haltung als Modus des Betrachtens.

Ironie, verstanden als Brechung, als Distanz zwischen Vermitteltem und Vermittler, die »kritisch« zu nennen überflüssig ist, weil Distanz immer der Blindheit des Unmittelbaren entbehrt, resultiert wahrscheinlich aus dem Verfall der Bindungen an jüdische Traditionen und der Schwierigkeit, in einem Lande wie Deutschland, das in Zweifelsfällen stets seinem bornierten Nationalismus erlag, die vorgefundenen Konventionen wie etwas Selbstverständliches aufzunehmen. Den Vorbehalt der Nation gegen eine kulturell unerwartet aktive Minderheit reflektiert eben letztere durch ein Hervortreten einer ihrer unfreiwillig erworbenen Eigenarten. Die Außenseiterrolle war in den zwanziger Jahren nur scheinbar überwunden, die Emanzipation eine Selbsttäuschung: Das haben die dreißiger und erst recht die vierziger Jahre bewiesen. Und

Außenseiter, das gesellt sich der Ironie als weitere Begründung bei, besitzen eine außerordentliche Schärfe des Blickes auf die Gesellschaft und ihre Vertreter, denen sie die Außenseiterposition »verdanken«. Nicht zufällig beginnt, wovon ich überzeugt bin, das Feuilleton bei Montaigne, dem seine Herkunft, trotz seiner glänzenden Karriere und seines Katholizismus, die Stellung des kritischen Betrachters nahelegte. In seinen »Essais« tritt in Vollendung auf, was für die Gattung kennzeichnend wird: der satirisch übersteigerte Vergleich, die treffend-witzige Formulierung, hypersensibles Geschichtsbewußtsein, das am Übermaß vorhandener Gleichsetzungen leidet, ein Hang zur Karikatur, der gern aus Personen Typen macht, sowie eben jene ironische Betrachtungsweise, vor der die Tragik zur Groteske wird und diese wiederum zur ewigen Reprise auf dem Welttheater. Und selbst noch Marxens grobschlächtiger Spott, seine derben Späße entspringen dieser Quelle: der so häufig verschrienen und denunziatorisch mißdeuteten »wurzellosen« Intellektualität – als wurzele nicht gerade der Intellekt in sichereren Böden als denen einer jeweils akuten Nationalität.

Was Wunder, daß nach 1933, da in Deutschland die Symbiose zwischen einem besonderen Publikum und einer besonderen Autorenschaft zerstört wurde, auch der UHU verenden mußte, obschon er weder avantgardistisch noch gar gesellschaftskritisch eingestellt, sondern als Ullstein-Produkt ein reiner Konsumartikel gewesen ist. Doch allein seine betont ironische Note, als substantieller Grundbestandteil vieler Beiträge, hätte ihm nicht erlaubt, neben dem blutigen Ernst einer blutrünstigen »Lehre« fortzubestehen.

Nehmen wir uns seiner in erwähnter altertumskundlicher Weise an, entdecken wir außer dem Schatten des ehemaligen Lesers zusätzlich eine Sprache, die wie untergegangen klingt. Ihre Bemühung gilt, mit mehr oder weniger Erfolg, dem Objekt, das sie sichtbar werden lassen will; sie meidet das Abstrakte, um der Sache willen, die sie beschreibt, wobei die Sache hier nicht zur Debatte steht. Selbst Walter Benjamins Prosastück, wahrscheinlich sich schwer abgerungen, über eine Nichtigkeit wie das Ostereiersuchen, ein beliebtes Thema derartiger Periodika, ist von ungewohnter und erstaunlicher Leichtigkeit: Eine Miniatur zur Psychologie des Versteckens, unter dem Zwang des Gattungsgesetzes und trostloser Geldknappheit verfaßt: Anlaß zur Überlegung, was im Verlaufe nur eines Generationswechsels mit der Sprache geschehen ist.

Aus den Selbstbekundungen der damals berühmten Satiriker und Feuilletonisten ist bekannt, daß ihr Ideal die Leichtigkeit und Biegsamkeit der Sprache gewesen ist – wir indessen sind längst der gegensätzlichen Tendenz erlegen. Es mag unter anderem am Verschwinden jenes Publikums und seiner Autoren liegen, zwischen denen ja eine ungewöhnliche sprachliche Übereinstimmung bestand, während heutzutage, sobald wir den Mund aufmachen, oft die unvorsichtig heruntergeschluckten, verbalen Wackersteine wieder herauskollern. Aber das kann der alleinige Grund sprachlicher Versteinerung nicht sein.

Es hängt mit der Absicht zusammen. Wenn diese nicht mehr das möglichst exakte Benennen von Wirklichkeit ist, sondern die sprachliche Überwältigung, einerseits eben dieser Wirklichkeit und andererseits desjenigen, dem über sie Mitteilung gemacht werden sollte, dann bestätigt sich der Verdacht, daß solche Sprache ideologisiert und terminologisiert sei. Daß Kunstsprache wie Alltagssprache niemals frei von Ideologie sind, behauptet ja niemand, doch es handelte sich immer um eine Ideologie »dahinter«: um die des jeweils Sprechenden, nicht um eine des allgemeinen Sprachgebrauchs. Aus dem politischen wie aus dem wissenschaftlichen Bereich sind außer dem Vokabular auch Methoden in die sprachliche Behandlung der Realität geraten, vor denen sie zum beliebigen Objekt wird, während sie vordem das allumfassende Subjekt gewesen ist, das »zu Worte kommen lassen« die Anstrengung galt. Ein Akt, der bloß noch in der Literatur uneingeschränkt sich vollzieht. Gegenwärtiger Sprachgebrauch – stets dabei, sich der Wirklichkeit zu bemächtigen, also ihr Gewalt anzutun – hat sich notwendigerweise weithin der ironischen Elemente entledigen müssen, weil es sich justament um solche der Relativierung und Reflexion handelt, die weder »Wissenschaftlichkeit« noch Wissenschaftlichkeit ihren Mitteln anzupassen vermöchten, ohne sich selber in Frage zu stellen. Diese Resistenz der Ironie schützt übrigens das bessere Feuilleton gegen amtlichen Mißbrauch. Das wird beim Lesen des Reprints verständlich. Und noch etwas macht sich bemerkbar: Eine Trivialität, von der sogar in diesem chemisch gereinigten Zustand etwas enorm Anrührendes ausgeht: Vermittlung von Humanem, dessen unwiederbringliches Vorbei auch darum bedauerlich ist, weil es sich so unverhohlen menschlich gerierte.

Tucholskys Utopia

Jenseits aller literarischen Kostümierung, jenseits aller äußeren und scheinbaren Objektivität, die der Beschreibung von Menschen, Umständen und Orten verbunden ist, enthält das jeweils Beschriebene immer, obgleich dem Autor selten genug bewußt, dessen geheimen Wünsche und Ängste – und nur ihnen eignet Objektivität, nicht dem Bilde, das sie zu ihrem Erscheinen benötigen.

»Schloß Gripsholm« habe ich zu einer Zeit gelesen, da der Name des Autors in deutschen Landen fast vergessen war: nach 1945. Ich besaß die schönen alten Rowohlt-Ausgaben von »Lerne lachen, ohne zu weinen«, »Mit 5 PS«, »Das Lächeln der Mona Lisa« und sogar das von Heartfields Montagen und Collagen begleitete »Deutschland, Deutschland über alles . . .«. In einem winzigen Antiquariat unter der Bahnunterführung des Bahnhofes Friedrichstraße erstand man damals für zwei Reichsmark »Fromme Gesänge« von Peter Panther, ladenneu und von einem mindestens fünfzig Exemplare enthaltenden Stapel: Ein Schatz, auf ungeklärte Weise der Vernichtung entgangen und blind verhökert. Für den Gegenwert von zwei amerikanischen Zigaretten bekam man »Abrechnung folgt« und »Das Gesicht der herrschenden Klasse« von George Grosz, ebenfalls nahezu druckfrisch – das nur zur Illustration eines Zustandes, der, in Hinblick auf auf die Kultur, zu Recht »Stunde Null« heißt.

Damals schien die politische Aktualität Tucholskys passé. Aktuell geblieben war der Spott über den Spießer, die durchaus sentimentale Ironie des Großstädters, des Berliners; der Glanz sprachlicher Prägnanz und die Genauigkeit des Chronisten. Diese Aufsätze, Glossen, Anekdoten und Marginalien las man als Geschichtsunterricht, überzeugt, was da aufgespießt und dingfest gemacht sei, wäre ab jetzt Historie.

Wenig später erhielt ich »Rheinsberg«, mit den Illustrationen von Kurt Szafranski, die Tucholsky selber gelobt hatte, und die mir kitschig erschienen, was meinte: noch mehr als der Text des verehrten Satirikers, und danach »Schloß Gripsholm«, das mir – unter dem Aspekt der Nachkriegsjahre – wie ein altbackener Spritzkuchen vorkam: ungenießbar. Akzeptieren ließ sich nur der diesem Bändchen vorangestellte fiktive Briefwechsel mit Rowohlt – und zwar als Alibi. Während anderes sich unauslöschlich einprägte, registrierte das Gedächtnis in diesem Falle eine rührselige, mäßig witzige Geschichte und daß sich darin eine erotische Dreiecksgeschichte begab, die im Kontext damaliger Lesestoffe nahezu sensationell wirkte.

Nach weit über dreißig Jahren hat sich »Schloß Gripsholm« in zweierlei Hinsicht für mich verändert. Es hat nicht an literarischer, wohl aber bemerkenswert an menschlicher Substanz gewonnen, und das auf eine Weise, die einem jungen, zum ästhetischen Rigorismus neigenden Leser leicht zu entgehen vermag.

Vielleicht betont auch die gegenwärtige Ertaubung, der Verlust akustischer Differenzierungsfähigkeit ganz besonders Tucholskys unglaubliches Talent, gesprochene Sprache, Alltagssprache, Dialekt oder auch nur eine individuelle Diktion exakt zu erfassen und schriftlich wiederzugeben. Mehr als das: mittels dieser Wiedergabe eine Figur, einen Typ mit wenigen von ihr verlautbarten Sätzen vorstellbar und lebendig zu machen. Man meint, Tucholsky habe so etwas wie das »absolute Gehör« für Sprache gehabt. Es funktioniert stets und nutzt selbst minimale Details zur Charakterisierung, ja, Dekuvrierung. Wie während des Besuches in jener obskuren Gemälde-Ausstellung auf dem Wege nach Gripsholm, wo ein Deutsch-Balte die dilettantischen Werke seines verstorbenen Freundes, auf denen viele gewappnete nackte Jünglinge umherspringen, erklärt, und damit auch seine Person: »Was Sie hier sehn, ist der völlich verjäistichte Militarrismus!« Dahinter wird eine Welt und eine Weltanschauung sichtbar, die am Rande des Irrwitzes blüht. Diese spezifische Begabung setzt Tucholsky instand, seine weibliche Hauptfigur Lydia, die »Prinzessin«, mit einer Sprache auszustatten, die nicht nur als Kontrast der drohenden Kitschnähe entgegenarbeitet, sondern sie erschafft überhaupt erst diese Frauengestalt, von der optisch kaum etwas einprägsam dargestellt wird. Denn Tucholsky ist kein Erzähler, und wenn es von der Herzdame heißt, »Sie hatte so verläßliche Hände«, bleibt das eine Behauptung, die der Leser glauben kann oder nicht: Nichts zwingt ihn, diese Formulierung (und viele andere) für ein unvergeßliches Wesensmerkmal dieser »Prinzessin« zu halten.

Durch ihr Sprechen jedoch bildet Lydia sich zu einer Vorstellung im Leser aus: Ein sportiver, nicht mehr ganz junger, fraulicher Typ, vom Leben leicht enttäuscht, selbständig, maßvoll emanzipiert, von beherrschter Emotionalität – und das bewirkt nichts anderes als ein auf Hochdeutsch poliertes Platt, das »Missingsch«, das dieser Frau aus Rostock einen festen Rahmen verleiht, der zugleich ihre Kontur herstellt. Das Nüchtern-Trockene, Ironisch-Distanzierte, mit dem sich die Liebe Lydias zu ihrem zeitweiligen Gefährten ausdrückt, gibt ihr die innere Spannung zwischen Gefühlsaufschwung und verbaler

Zurückhaltung. Zugegeben: Dieses Spannungsfeld ist klein, aber es reicht aus, einen Papierschnitt zu beleben.

Das schreibende oder beschreibende Ich tritt dahinter zurück. Nicht zuletzt aus der Hemmung des Moralisten, aufzudecken, was er für menschliche Schattenseiten hält: der Preis ist eine gewisse Blässe. Gleichzeitig – und das mag weniger der besonderen Sichtweise des Moralisten als einer maskulinen entspringen – erweist sich Lydia als das Porträt der Idealfrau. Keine Spur vom »Lottchen«, nur höchst *gediegene* Eigenschaften, aus denen sie besteht: ohne Schwächen, ohne Scharten und Untiefen. Nicht zuletzt, und darin gipfelt ihre »Idealität«, kommt sie dem Wunsch ihres Gefährten nach sexueller Libertinage, nach dem Spiel mit der eigenen Freundin, zuvor, bevor er noch Wort wird, indem sie die Gelegenheit selbst herbeiführt. Eine geradezu klassische »Männerfantasie«, der die Wirklichkeit nur leider selten günstig ist.

Und wie die »Prinzessin« eindeutig die Wunschvorstellung ist, so das Kind – das man, um allzuvieles Licht durch etwas Schatten zu ergänzen, aus einem gefängnisähnlichen Kinderheim befreit – der Anti-Wunsch, die pure Idiosynkrasie. Dieses kleine Mädchen, dessen Leid als Kontrapunkt zur sonstigen »Sommerseligkeit« gedacht ist, wird dementsprechend zum bloßen Gegenstand und sogar wörtlich, wenn auch in Anführungsstrichen, so bezeichnet. Und das Kinderheim steht stellvertretend und in abgewandelter Form für ein Objekt, mit dem sich der Satiriker häufig befaßt hat: die Kaserne, die Zuchtanstalt der Nation. Die Heimleiterin, übrigens keine Schwedin, sondern Deutsche, um ihre kontrapunktische Bösartigkeit in der friedlichen, friedfertigen Umgebung des Mälar-Sees hervorzuheben, gibt sich als Mischung aus Hexe und weiblichem Hitler, die ihre Lust in der Unterdrückung ihrer Zöglinge findet.

Und so wie beim genaueren Hinschauen hinter den freundlichen Farben des Buches ein Mensch mit ziemlich allgemeingültigen Sehnsüchten, Trieben und Blindstellen kenntlich und uns dadurch vertrauter und sympathischer wird – eben weil dieses schwächere Werk, liest man es nur auf rechte Art, Annäherung bewirkt – zeichnet der Text von der ersten bis zur letzten Seite etwas auf, das man die Utopie des deutschen Kleinbürgers nennen könnte, zu dessen Verwandtschaft wir mehr oder weniger alle, Tucholsky eingeschlossen, zählen. Ohne in sich selber Züge dessen zu wissen, hätte er ihn kaum derart treffend attackieren können.

Utopie – und damit meine ich den eingangs erwähnten zweiten Aspekt – ganz im Sinne vorangegangener Entwürfe. Konflikte existieren nicht oder werden, wo sie entstehen, wie im Falle des Kinderheims, zur Zufriedenheit gelöst. Die Projektion ins Exotische ist mit dem seinerzeit unbekannten Marifred gegeben. Und die guten Schweden (am Rande) sind wie die guten Wilden von einst. Doch unterscheidet sich die Tucholskysche Utopie von wirklichen Gesellschaftsutopien durch das Fehlen einer ethischen Voraussetzung, der Pflicht zur Arbeit, was vermutlich den großen Erfolg des kleinen Büchleins mitbestimmt hat: Mein Taschenbuch-Exemplar vom Februar 1978 vermerkt das 713. Tausend.

Im »Schloß Gripsholm«, dem absoluten Gegensatz zu einem anderen, weniger populären »Schloß«, geht es hedonistisch zu. Man ißt gut und trinkt gut, man liebt sich und freut sich, man ruht aus und in sich selber und ist aller Lasten ledig. Freunde tauchen auf und Freundinnen, ohne daß Verpflichtungen oder Komplikationen entstehen, und sogar die schon zitierte Liebelei zu dritt löst sich auf wie im Märchen: ohne bleibenden Eindruck, ohne Bodensatz.

Alles, was man im Jahre 1931, dem Erscheinungsjahr des Buches, sorgenvoll vermißte, auf dem fernen schwedischen Eiland schien es nur darauf zu warten, in Besitz genommen zu werden: die persönliche Idylle. Und mehr als eine subjektive Verheißung stellt es auch nicht dar. Sein Versprechen – und insofern ist das unleugbar Utopische daran kleinbürgerlich – avisiert lebenswertes Dasein nicht als einen der Allgemeinheit erreichbaren Zustand, daran glaubte Tucholsky gewiß nicht mehr, wohl aber als Möglichkeit eines privaten Paradieses auf Zeit. Die Erreichbarkeit scheint glaubhaft, da ein großer Satiriker, wenn auch mit einem Augenzwinkern, dafür bürgt. Und wie die mächtigen und späterhin menschenverschlingenden Utopien ihre Attraktionen aus der theoretisch fundierten Zusage einer generellen Versöhnung beziehen, bestätigt die kleine Utopie, es ließe sich versöhnlich miteinander auskommen. Aber während die großen Utopien unter Schmerzen erlöschen, wärmt das Flämmchen ihres subjektiven Gegenpols auch weiterhin. Für die Stunden des Lesens teilt sich das Versöhnliche und Harmonische der freundlichen Vorgänge dem Leser mit, der eigentlich nach nichts anderem verlangt, als an ihnen teilzuhaben statt an den täglichen Katastrophen seiner engeren und ferneren Umwelt. Darum hat nach dem Wiederlesen der »Sommergeschichte« der Text eine Dimension angenommen, die mir vordem entgangen war. Gewiß: Solche Überlegungen gehen weit über den Anlaß hinaus, aber bestätigt das nicht die Tatsache, daß Unterhaltungsliteratur, jedenfalls ab einer bestimmten Qualität, mehr über den Hoffnungs-Horizont seiner Leser mitteilt als »große« Literatur, die ja von ihnen weitaus unabhängiger ist? Es werden solcherart die latenten Sehnsüchte, durch das Medium des Autors zum bildhaften Niederschlag geronnen, zu Warntafeln, daß, wer ihnen auch nur den Schein von Realisierung verspräche, sie als dynamische Kraft für seine Pläne verwerten könnte. Denn, so sagt ein russisches Sprichwort: Die Völker werden nicht an ihren Lastern in den Untergang geführt, sondern an ihren Tugenden, und die Sehnsucht nach Harmonie gehört nachweislich zu den gefährlichsten.

Tucholsky hat am Schauplatz seines Buches, man könnte es so entziffern, dieses durch seine Selbsttötung widerlegt. Und ohne Vorahnung den Friedhof beschrieben, auf dem er selbst ruht:

»Es war ein alter Friedhof; man sah das an den verwitterten, ein wenig zerfallenen Gräbern auf der einen Seite. Auf der andern standen die Gräber hübsch ordentlich in Reih und Glied ... gut gepflegt. Es war ganz still; wir waren die einzigen, die die Toten heute nachmittag besuchten – die wen besuchten? Man besucht ja nur sich selber, wenn man zu den Toten geht.«

Das stimmt nicht ganz, zumindest nicht in dieser aphoristischen Wendung, denn die Toten sind zu einem Bestandteil unserer selbst geworden, und wo wir sie aufsuchen, stärken wir sie in uns.

Vor zwei Jahren habe ich selber dort gestanden, vor dem Grab, auf dem eine Granitplatte mit einer Inschrift liegt, über die Tucholsky sich geärgert haben würde: »Alles Vergängliche ist nur ein Gleichnis.« Hier irrt Goethe! Alles Vergängliche weist nicht über sich hinaus, sondern immer nur auf sich zurück als auf das ewig Uneingelöste.

Wer Marifred mit eigenen Augen sieht, das Schloß und den Mälar-See, die felsige Einöde, das Grau des Himmels und des Wassers, die Verlassenheit eines Provinznestes, dem wird klar, wie dieser Flecken, vergeblich zum »Buen retiro« erhoben, zur letzten Station absinken mußte. Ein Weltmann, wie krank und verzweifelt auch immer, hat am Ende der Welt nichts zu suchen. Und was den spielerischen, leicht hingeworfenen Roman atmosphärisch durchzieht, das glückliche Einverständnis mit dem Exterieur, mußte sich zwangsläufig ins Gegenteil verkehren. Jede Idylle ist unbewohnbar, auch wenn sie künstlerisch darüber hinwegtäuscht. Als Topos der Geborgenheit verbleibt sie im Niemandsland der Unbetretbarkeit – selber unerlöst.

Begegnung mit einem toten Dichter

Erich Mühsam zum hundertsten Geburtstag

Eine scheinbar eindeutige Gestalt und doch kaum zu fassen, trotz aller Bemühungen der Vorstellungskraft. Gerade bei der Beschäftigung mit unbezweifelt individuellen Persönlichkeiten wundert uns häufig, daß es nicht gelingen will, unter der Schale ihres Ruhmes, ihrer gesicherten und unbestrittenen Popularität den Kern ihres wahren Wesens zu entdecken. Der forschende Blick trifft nur Einzelzüge und Merkmale, die manchmal einander widersprechen.

Auch Erich Mühsam, vor hundert Jahren in einer relativ humaneren Ära geboren und als Sechsundfünfzigjähriger im KZ Oranienburg umgebracht, ist durch sein Schicksal fast zu einem Klischee seiner selbst erstarrt und hinter dem Panzer der versteinerten Doktrin nahezu unerreichbar. Ist eine Person erst einmal identisch geworden mit der zugeordneten oder tatsächlich gespielten Rolle, wird das Paradigmatische maskenhaft, wird es zur Facies hippocratica, hinter der das wahre Gesicht verschwindet.

In Kürzestfassung und schematisch vereinfacht wissen wir von Mühsam, daß er, nach Schulbesuch in Lübeck, nach einer Apothekerlehre, sich jung zum Schreiben berufen fühlend, in der Berliner und Münchener Boheme auftaucht, in die er sich teilhabend einfügt und von deren Prägung er nie mehr frei wird.

Bei aller dezidierten politischen Stellungnahme und Aktivität, die ihm als Mitglied der Münchener Räteregierung eine Verurteilung zu fünfzehn Jahren Festungshaft einträgt, von denen er fünf absitzen muß, bleibt ihm der bohemienhafte Zug, kenntlich an seiner Neigung zum Anarchismus und seinem Verhältnis zur Kommunistischen Partei, die ihm bis heute seine Disziplinlosigkeit und seine Vorbehalte nicht verziehen hat – was im Nachwort der »Ausgewählten Werke in Einzelausgaben«, herausgegeben von der Deutschen Akademie der Künste, Verlag Volk und Welt, noch 1961 nachzulesen ist: statt historischer Gerechtigkeit die übliche heuchlerische Besserwisserei, die dem Ermordeten vorwirft: »Seinem Bekenntnis zur Diktatur des Proletariats fehlt nämlich das Wichtigste, die unzweideutige Anerkennung der führenden Rolle der marxistischen Kampfpartei.«

Freilich, dieses »unfehlbare« Urteil über ein Stück Literatur erreicht den »Liedermacher« Mühsam nicht im geringsten und macht von der Eigentümlichkeit dieses Mannes, der zwischen den Polen politischer Praxis und dichterischen Idealismus nicht zu sich selber fand, selbstverständlich nichts kenntlich.

Die frühen Gedichte seiner Sammlungen, wie etwa in dem Band »Wüste – Krater – Wolken« (1914 bei Bruno Cassirer), bieten einen Anschauungsunterricht für die literarischen Tendenzen und Stilmittel der Epoche: Expressionismus und Dekadenz, soziales Engagement, Verfallshymnus, Bürgerschreck, anachronistische Romantik, kabarettistischer Hohn auf den Spießer stehen innerlich unverbunden nebeneinander, als hätten verschiedene Autoren die Texte verfaßt. Auch das berühmte »Revoluzzer«-Lied ist bereits gedruckt, dem Ernst Busch einst zu einem hohen Bekanntheitsgrad verhalf und das eher Mühsams Nachruhm bewirkt hat als seine anderen lyrischen Arbeiten.

Zwei Beispiele für die konträren Ausgangspositionen

des Schreibenden beweisen die Gespaltenheit; das erste Gedicht könnte von Lenau, das zweite von Frank Wedekind, Mühsams großem Vorbild, stammen:

»Das, was ich sehne, steht über den Lüften,
In denen der Menschen Atem sich mengt.
Das, was ich sehne, liegt unter den Grüften,
In die der Tod das Lebende drängt.
Und es weiß nichts von Tun und Beginnen,
Und weiß nichts von Welt und Zeit.
Meine Sehnsüchte rauschen, rinnen
Unerfüllt in die Ewigkeit.«

Und:

»Eine dicke dunkelbraune Ratte
Nagt des Nachts an meinem Rückenmark,
Und an meine Glieder hängt sich eine matte
Dumpfe Schwere.
Wüßt' ich nur, wie ich der Ratte wehre!
Wären meine schlaffen Sehnen stark!
Doch umsonst. – All meine beste Habe,
Alles, was ich war und was ich hatte,
Nagt sie, knabbert sie in sich hinein.
Trägt man mich dereinst zu Grabe,
Senkt mich saftlos, kraftlos in das Erdreich ein,
Folgt, ich wett', als erste dem Gebein
Trauervoll und dankbar eine satte
Dicke dunkelbraune Ratte.«

Abweichend davon und als historisches Dokument bewegend, wie Nachrichten aus dem Imperium Vergangenheit, sind Mühsams »Unpolitische Erinnerungen«, in denen kryptische Linien, bewußte wie unbewußte Aussparungen den Autor weitaus eher mit einem Umriß ausstatten als das weniger originäre Vokabular seiner Gedichte und Lieder.

Nicht nur fehlt jeder Hinweis auf die eigene Kindheit, auf das charakterprägende Elternhaus, es ist mit gleicher Konsequenz und vermutlich aus gleichem Grund jeder Hinweis auf das Judentum unterblieben, auf das eigene wie auf das anderer, denen Mühsam begegnete oder die, wie Gustav Landauer, zu seinen Vorbildern und väterlichen Förderern wurden.

Die bürgerliche Gleichstellung der Juden in Deutschland erfolgte spät und regional abweichend, und diese Verspätung, diese geschichtliche Verzögerung erzeugte bei den Kindern des jüdischen Bürgertums und Kleinbürgertums starke emanzipatorische Impulse, teils allgemein humanistischer Richtung, teils jedoch sozial-aufklärerisch, ja sogar sozialistisch, oft verbunden mit dem Hang, eben diese Impulse künstlerisch zu artikulieren. In das deutsche Judentum kam vor dem ersten Weltkrieg eine geistige Dynamik, die eindeutig vom Nachlassen des gesellschaftlichen Druckes auf diese Minorität gefördert wurde, welche darauf mit Verringerung des eigenen Gruppen- und Sonderbewußtseins reagierte, mit Schwächung eigener religiöser und familiärer Traditionen, mit der Freisetzung lange aufgestauter psychischer und intellektueller Kräfte. Davon kein Wort in den »Erinnerungen«, obschon dem sich Erinnernden, dem politisch Denkenden, dieser Umstand graduell klar gewesen sein muß, da ja gerade dieses Motiv, bei aller Einsicht in soziale Ungleichheit und Ungerechtigkeit, stimulierend beim Kampf für Freiheit und Gleichheit wirkte.

Doch die schöne und erstrebte Gleichheit, antizipiert in der Kameraderie der Boheme, war, wie in der Boheme selber, eine – wenn auch antreibende – Illusion. Lesen wir die Namen der Frauen und der Männer, mit denen Mühsam Freundschaft hält und die er ob ihrer menschlichen Substanz und nimmermüden Hilfsbereitschaft feiert, so finden wir darunter Leute, die bald zu Parteigängern der Nazis werden sollten, wie etwa Hanns Heinz Ewers, mit dem Mühsam gemeinsam ein Kinderbuch verfaßt hat. Die Solidarität der Bohemiens war eine gebrechliche Sache.

Aber Mühsam wollte mehr in ihr sehen, als sie tatsächlich enthielt, wahrscheinlich weil sie für ihn so etwas wie ein »heimatliches Kollektiv« darstellte, da andere, eben Familie, Glaubensgemeinschaft, Berufsstand, ihm nichts boten. Darum bewegt sich Mühsam auch in allen diesen Kreisen, ohne deren Fehden zu teilen, wie in seinem Element, das er nahezu liebend beschreibt. Er berichtet über eine Lebensweise, von der man glauben könnte, sie sei die eines exotischen Volksstammes auf einer vor Äonen versunkenen Insel gewesen: Welche Armut bei der Mehrheit dieser Künstler, deren Gesinnung, kamen sie unerwartet einmal zu Geld, unverändert blieb und die es für ihre Aufgabe hielten, von ihren geringen Mitteln andere zu unterstützen. Welche eine Daseinsintensität, die, durch Ambivalenz zwischen politischem Werturteil und persönlicher Hinneigung der Schilderung deutlich, etwas wie »Glück« bedeutet haben muß. Denn – und das ist eine, falls nicht gar die wichtigste Voraussetzung für Glück – die Beteiligten lebten alle in der Latenz großer Hoffnungen, egal, ob diese sich auf menschheitliche Entwicklungen, auf eine bessere Welt oder nur auf individuelle Perspektiven bezogen.

Und exakt an dieser Stelle kam es zum historischen Bruch: die allgemeinere Glücksunfähigkeit, epidemisch in unseren Tagen, resultiert aus dem generellen Verlust von Hoffnung, selbst bei jenen, die sie immer noch als Prinzip im Munde führen, wobei sie schon den bitteren Geschmack merken, ohne ihn jedoch einzugestehen. Unsere Vorläufer hatten eben noch nicht in rascher Folge Erfahrungen verarbeiten müssen, deren Endprodukt nur eine grundsätzliche Skepsis ergeben konnte.

Außer dieser lehrreichen Erkenntnis bietet Mühsams begrenzte Selbstbeschreibung Einblick in einen speziellen Hades: Schatten gehen hier um, von denen viele schon kein Gesicht mehr zu ihren erwähnten Namen vorzeigen können. Doch stellen sich Assoziationen ein, liest man über Lovis Corinth, Tilla Durieux, Otto Gebühr und Gerhart Hauptmann, doch Siegmund Kalischer, Hanns von Gumppenberg oder Hermione von Preuschen sind nur noch Bezeichnungen für Gespenster, die während Lebzeiten, der Erinnerung zufolge, Salz der Erde gewesen sind. Jetzt jedoch ist ihre Erscheinungsweise auf ein paar Buchstaben reduziert, beschworen im Kontext einiger Druckseiten, Anlaß zu der Frage: Ist so unser Nachleben?

Noch bedeutet uns Erich Mühsam mehr als vier Silben in einem Literatur-Lexikon, mehr als der Namen eines Märtyrers in einer Steintafel, und da wir den Zeitpunkt fortschreitenden Vergessens um ein weniges hinausschieben, ohne es in Wahrheit aufheben zu können, erinnern nun wir uns seiner an diesem Tage und in der eitlen Erwartung, daß auch wir nicht allzu schnell im Gedächtnis von Nachgeborenen gelöscht sein mögen.

Hand an sich legen

Überlegungen zu einem Buch von Jean Améry

Jedem von uns ist dieses Phänomen schon einmal im näheren oder ferneren Bekanntenkreis begegnet: einer »nimmt sich das Leben«, wie eine umgangssprachliche Schiefheit meint, da er es doch gerade aufgibt, und der Kreis der Lebenden (man ist zu sagen versucht: der Überlebenden) beginnt die »Trauerarbeit« in der Form einer Ursachenerforschung. Denn auch wenn äußere Gründe auf der Hand lagen, es bleibt ein undurchsichtiger Rest, ein Bodensatz unter der Summe aller auslösenden Momente, etwas Rätselhaftes – darin hat Jean Améry, über dessen neues Buch »Hand an sich legen / Diskurs über den Freitod« hier einiges gesagt werden soll, vollkommen recht. Aber es ist kein Rätsel im Suizid verborgen. Nur unsere unbewußte Weigerung, die Tat uneingeschränkt zu akzeptieren, schafft das nicht ganz Geheure und Aufklärbare und projiziert es auf das gelungene Unternehmen der Selbsttötung. Dem Suizid bringen wir nichts als rationales Begreifen entgegen, unser tieferes, im Emotionalen gründendes Verständnis hingegen sträubt sich, der Elan vital rumort in uns wie ein nicht abgetöteter Nerv in der Zahnruine. So versetzt jeder Selbstmord den vorurteilsfreien »Unparteiischen« in eine spürbare Ambivalenz. Daß jemand dem Leben entfliehen möchte, kapieren wir vollauf, doch daß er sich ins biotische Nichtsein abkehrt, personell endet, verbreitet einen Dunst von derartiger Trostlosigkeit und Hoffnungslosigkeit um den Akt, daß uns davor graut.

Améry, auch er einst Adept der Selbstvernichtung, wie

er fast beiläufig erwähnt, versucht zu deuten, was er die »geschlossene Welt des Suizidanten« nennt, sowie dessen »Todesneigung«. Sein Versuch ist von Sympathie gefärbt, enthält deutlich die Hinneigung zu jenen, die sich selbst dem Tode zuneigen. Der Autor möchte den Freudschen Begriff des »Todestriebes«, der ihm eine unzulässige, wohl auch zu naturhaft-natürliche Aktivität vortäuscht, ersetzt sehen durch seinen eigenen Begriff, der gewiß stimmiger ist, der das Fallenlassen ins Anorganische, Inexistente bildlich mitführt, wobei jedoch das Wesen dieser »Todesneigung«, ähnlich dem des »Todestriebes«, im Hypothetischen und Abstrakten verborgen bleibt.

In seinem Monolog, dessen individuell geprägte Redeweise keine Objektivität vortäuschen will, verwendet Améry teils literarische Suizid-Motive, so Schnitzlers »Leutnant Gustl«, teils einstmals der Presse entnommene. Verletzung der Standesehre das eine, das andere die wahnhafte, unerwiderte Dienstmädchenliebe zu einem Schlagersänger. Modelle, die, wie ich fürchte, heute kaum noch genügend Licht in das suizidale Dunkel bringen. Auch handelt es sich bei diesen »Fällen« vielmehr um Beschreibungen der Initialzündung und ihrer äußeren Umstände: die tieferen Schichten verharren weiterhin in beunruhigender Finsternis.

Daß Jean Améry Attacken gegen die Wissenschaft reitet (ich bin dabei, Freund, und reite mit!), gegen eine neu gegründete Suizidologie, die gar nichts aufhellt, nichts aufklärt, nichts bietet als psychoanalytisch aufbereitetes Material, soziopsychologische Begründungen und Statistiken, aber ansonsten, wie jede Wissenschaft, im Dienste des sogenannten Lebens stehend, in Übereinstimmung mit allen jeweiligen Weltläuften, den Suizid nicht »von innen« zu beobachten und zu analysieren in der Lage ist, wird klar erkannt und ist sicherlich berechtigt. Und doch scheint der Vorwurf zu pauschal, zu undifferenziert, und bekommt dadurch einen Hauch von Don-Quichotterie. Ein Wort über Wissenschaft als Beihilfe zum Mord durch Beihilfe zum »Leben« fehlt. Denn die Krise, in welche das Individuum seit langem geraten ist und die seine »Todesneigung« steigert oder stärker um sich greifen läßt, hat ja auf andere Weise auch die Wissenschaft befallen, deren Selbstreflexion (in geschichtlicher Dimension) kaum erst beginnt: als Notwendigkeit, sie von ihrer angeborenen Blindheit zu befreien. Solcher Befreiung bedarf sie dringlich, um ihr völliges Umschlagen ins Zerstörerische zu verhindern. Wissenschaft, die sich ihrer Bedingtheiten bewußt würde, wäre vielleicht in der Lage, sich fortsetzend von ihnen zu emanzipieren und damit fähig zu werden, in unbekannte Bereiche Einsicht zu erlangen. Wie eben in die »geschlossene Welt des Suizidanten«, die ihr bisher durch bornierte Fixierung aufs Funktionale verschlossen geblieben ist. Zu solchen und ähnlichen Marginalien reizt Amérys Buch an und darin liegt auch seine Bedeutung und Wichtigkeit: daß es mit der Zustimmung des Lesers zugleich seinen Widerspruch hervorruft.

Wenn Améry von dieser »geschlossenen Welt« spricht, ist anzufügen: auch diese Welt ist eine historische. Und darum (ohne mich auf Auskünfte aus dem Fachbereich »Freitod« berufen zu wollen) frage ich mich, ob Quantität und Qualität des Suizids nicht im Verlaufe der letzten Jahrzehnte Veränderungen erfahren haben, solche, die in einer bestimmten Beziehung zur vielzitierten »Ich-Schwäche« stehen? Hat nicht die nahezu totale Verwaltung menschlicher Existenz dazu geführt, daß die Fähigkeit, Konflikte auszuhalten wie in sich auszutragen, schwächer geworden ist? Gibt es nicht vielleicht äußerst mittelbare, aber doch lang anhaltende, langsam wirkende Folgen aus dem Zerfall eines verbindlichen Weltbildes und Weltverständnisses?

Améry schränkt selber ein, daß der »Freitod« wirklich ein Vollzug des Willens zur Freiheit wäre, da ein bedenklicher Teil der Determinanten, die beteiligt seien, sich unserer Kenntnis entzöge. Ein »Weg ins Freie« wird er nur durch die dialektische Definition, fast schon Formel und Paradoxon: »Er ist absurd, nicht aber närrisch, da doch seine Absurdität die des Lebens nicht mehrt, sondern verringert.« Das heißt: Von der Absage an das Leben her (was immer man darunter verstehen mag) ist Suizid *eigentlich* vernünftig – ja, die einzig mögliche Tat wahrer Vernunft in einer Welt, deren eigene Selbsttäuschung gerade ihre vielberufene Rationalität ist.

Genauer hinschauend, will mir die »Todesneigung« als eine Art »Seelen-Syndrom« knapp unterhalb der Bewußtheitsschwelle erscheinen, eine Mixtur von Bestandteilen vielfältigster Herkunft, und meine Überlegung gilt jenen, die neben den konventionellen (Verletzung der Standesehre) neueren Datums sind. Ich bin sicher, daß sich im emotionalen Besitzstand des Zeitgenossen dem »klassischen« Gefühl sozialer Unterlegenheit ein neues Unterlegenheitsgefühl beigesellt hat: das der eigenen physikalisch-biologischen, ja, dinglichen Unvollkommenheit, das erst mit der Entfremdung und Verdinglichung des Menschen entstehen konnte. Die funktionale und gegenständliche Perfektion, die uns umgibt, angefangen beim Computer und aufhörend bei der Vollkommenheit eines Make-up; von den architektonischen bis zu den militärtechnischen Monstrositäten, hat uns alle mehr oder weniger neu infantilisiert. Wir nehmen die Dinge wahr, weniger mit Staunen als mit der Angst und dem Schauder des tief Unterlegenen, und was sich so selbst-fremd »Nostalgie« nennt und sich dem Gegenständlich-Gestrigen zuwendet, ist nur der Fluchtreflex vor jener Perfektion, die uns in den Stand des Überflüssigseins versetzt, des Wegrationalisierten, in eine Art Vor-Tod. Schon in den »Minima Moralia« steht, was dem Menschen »bis in die geheimste Innervation hinein von den Dingen der Umwelt widerfährt«. Verschärft wird diese innere Situation von der Bevölkerungsexplosion und ihrer bildlichen Erscheinungsweise sowie von der Ballung der Zusammenlebenden in unseren eigenen Städten. Die Tatsache, daß ein Mensch nicht mehr zählt, nichts mehr bedeutet, ist in der Zwischenzeit aus dem obersten Stockwerk logischer Einsicht ins Souterrain unseres Unterbewußtseins gedrungen, macht sich dort breit und schwärt, von keiner Erhellung erreicht, wie ein heimlicher Entzündungsherd immer weiter. Ein solches Syndrom-Partikel senkt gemeinsam mit anderen die Suizid-Schwelle und erleichtert das Hand-an-sich-Legen.

Was aber, und damit möchte ich diese Überlegungen erweitern, schafft den Umstand, daß gerade jetzt eine (relative) Vielzahl beeindruckender Bücher »zum Thema« erscheint? Wieso eine derart intensive Beschäftigung mit dem Tod, frei gewählt oder natürlich erlitten? Der Leser beginnt mit Philippe Ariés' »Studien zur Geschichte des Todes im Abendland«, begegnet dem »Grausamen Gott« von A. Alvarez, stößt auf Jean Amérys »Diskurs« und kann von der historiographischen und spekulativ-reflektiven zur autobiographisch-belletristischen Behandlung des »Stoffes« übergehen: zu Steffens »Annäherung an das Glück«. Nach der Lektüre fragt er sich betroffen, ob sich da nicht aufs Beängstigende eine Vorahnung kundtut, eine Vorahnung vom Ende der Bewohnbarkeit des Planeten überhaupt?

Das Unbehagen am Leben, das sich in den erwähnten Büchern artikuliert, ist, dessen bin ich mir gewiß, das Vorgefühl des Schlußaktes. Und man muß gar nicht erst auf die prophetischen Talente der Schriftsteller verweisen. Gar so feinfühlig muß heutzutage keiner mehr sein, um die ersten Wellen der schweren Erschütterungen, die kommen werden, uns zu melden. Und so scharfsinnig und einprägsam diese Werke ihren Gegenstand behandeln, so wenig bewußt sind sie sich ihres eigenen geschichtlichen Augenblickes, in welchem sie geschrieben wurden: ihre Abhängigkeit wird erst später offenkundig werden.

Aber daß sie mit der globalen Krise des Daseins indirekt verbunden sind, wird niemand leugnen wollen. (Außerdem – und dies muß man wohl als zusätzliche Besonderheit dem erwähnten Syndrom zuordnen – sprechen sie zugleich von der tödlichen Krise von Kunst und Literatur, die sich unter der Maske des Todes metaphorisch unter die lese- und lebensunwilligen Einwohner mischt.)

Zur Banalität verkommen, und dadurch eher enthemmter als behinderter: Störung der Ökosysteme, Vergiftung und Vernichtung von Umwelt, pausenloser Raubbau an den Rohstoffreserven, Auslöschung von Tierarten, Verlust der Regenerationsfähigkeit der Gewässer und Meere, Zerstörung der Ozonschicht, Einführung neuer technischer »Errungenschaften« wie der Atomenergie, deren Folgen, die Abfallbeseitigung, unabsehbar und weder zeitlich noch geographisch beschränkt sind, obwohl all dies noch manchen Hinterweltlern zu optimistischen Sprüchen dient. Das »Prinzip Hoffnung«, gegen das Améry einen polemischen Seitenhieb führt, klingt hohl: als habe es sich in sein Gegenteil verkehrt, ins »Prinzip Hoffnungslosigkeit«. Die Menschheit hat eine große Zukunft hinter sich!

Ob Amérys Buch, ob die Bücher der anderen zitierten Autoren: Wer sie nicht als Palimpseste liest, versteht sie nur unvollständig. Unter ihren gescheiten Formulierungen regt sich anhaltend die Frage, ob die Menschheit in ihrer Verblendung nicht tatsächlich kollektiv Selbstmord zu begehen imstande sei, und ob die hier angeführten Schriften nicht einfach die literarischen Schatten sind, die das Ereignis vorauswirft? Wie einzelne Wissenschaftszweige die Zerstörung der Umwelt, der Welt also, eher registriert und analysiert oder sogar als Mittäter verursacht haben, so vermag weder die Suizidologie noch vorausahnender Instinkt noch scharfsinniges Durchdenken irgend etwas anderes als die Selbstvernichtung in immer neuen Denk-Ansätzen zu umkreisen. Wobei sie durch ihr sympathiesantenhaftes Problemverständnis, durch ihre humane Solidarität mit einer Minderheit unter ungünstigen Umständen sogar zum Instrument der Beihilfe werden kann.

Dieser bewegende »Diskurs«, verfaßt von einem Mann, dem ich sehr zugetan bin, und das gewiß nicht allein seiner entscheidungfordernden Bücher halber, hat die negative Chance, in einer sich verfinsternden Künftigkeit zum Schlüssel für jene Tür zu werden, die ins Nichtsein führt. Wenn *und falls* die prophezeiten großen ökonomischen wie ökologischen (und somit erst recht: gesellschaftlichen) Katastrophen ausbrechen sollten, könnte Amérys

Buch etwas wie ein Anti-Boëthius werden, ein Untrost-Büchlein, ein Wegweiser zur Freiheit, die, wie der Autor sagt, keine ist, sondern von der im Moment des Abganges nur ein Schein aufleuchtet. Aber welche Freiheit gemeint ist, soll uns Adorno zum Schluß sagen: »Freiheit hat sich in die reine Negativität zusammengezogen, und was zur Zeit des Jugendstils in Schönheit sterben hieß, hat sich reduziert auf den Wunsch, die unendliche Erniedrigung des Daseins wie die unendliche Qual des Sterbens abzukürzen in einer Welt, in der es längst Schlimmeres zu fürchten gibt als den Tod. – Das objektive Ende der Humanität ist nur ein anderer Ausdruck fürs Gleiche. Es besagt, daß der Einzelne als Einzelner, wie er das Gattungswesen Mensch repräsentiert, die Autonomie verloren hat, durch die er die Gattung verwirklichen könnte.«

Das Märchen von den Menschen könnte aufhören mit dem Satz: Und wenn sie nicht so freiwillig gestorben wären, lebten sie morgen noch . . .

Unterwegs ins Niemandsland

Ein offenkundiger Grundzug menschlichen Wesens bekundet sich darin, daß wir oder doch ein Teil von uns an Orte gebannt bleiben, wo wir uns aufhielten, so daß wir verurteilt sind, immer erneut diesen unseren früheren Schatten suchen zu müssen, ohne ihn je wiederfinden zu können. Unser Erinnerungsvermögen bewohnt die Plätze einstigen Aufenthaltes, und wir gedenken ihrer und zugleich unseres vergangenen Ichs voller Sentimentalität. Unser Hang, wiewohl vernunftlos, geht dahin, zurückzukehren zu den Fixpunkten unserer Vergangenheit. Und wenn wir nach dem »Warum« der Absicht fragen, stoßen wir auf einen uns möglicherweise eingeborenen Antrieb aus verborgener Unsterblichkeitssehnsucht und Wiederholungswillen, der aus dem scheinbar intensiv erfahrenen Einst das vormalige Lebensgefühl neu keltern möchte sowie auf den Drang zur Bestätigung eigener Identität durch Wiederbegegnung mit einem unveränderten Umfeld. Auf der Suche nach der verlorenen Zeit fordern wir nicht diese selber zurück – die Rückkehr aber zum Ort einstiger Lebensphasen scheint die inzwischen verflossene Zeit aufzuheben und ungeschehen zu machen und die täuschende Ahnung zu erwecken, am alten Ort selber wieder der Alte, ergo: der Jüngere von einst zu sein. Nichts anderes ist wohl der geheime Impuls aller Reisen in die eigene Vergangenheit: eine magische Verjüngungskur zu erleben. (Daher, auf anderer Ebene, statt logischem Überdruß die unbegreifliche Euphorie jener, die immer wieder in die gleichen Urlaubsgegenden fahren.) Die Enttäuschung ist jedoch garantiert. Unsere Erwartung, deren enorme Spannungsstärke wir spüren, ohne sie präzise benennen zu können, beweist, welche existenzielle Bedeutung die Rückkehr zu »Tatorten« unseres Lebenslaufes hat.

Das sollte angemerkt werden, weil es einen wichtigen Aspekt für die Betrachtung unseres Gegenstandes bildet. Jean Amérys nachgelassenes Buch »Örtlichkeiten«, das aus sechs Prosastücken unterschiedlichen Umfanges und unterschiedlicher Qualität besteht, sechs autobiographischen Stufen, von denen wir wissen und uns beim Lesen immer vergegenwärtigen, daß sie ins Nichts führten. Jede weist sich durch ihren Titel als »Lebensstation« aus: »Bad Ischl – Wien«, »Köln – Antwerpen«, »Gurs – Brüssel«, »Zürich – London«, »Paris« und schließlich: »Meine deutsche Szene«. Ein Umgetriebensein sondergleichen, eine trostlose Odyssee, nur hier und da unterbrochen von wenigen Ruhepausen, kurzen Abschnitten anscheinender »Normalität«, die mit Vokabeln wie »Glück« oder »Zufriedenheit« falsch übersetzt wären: die Daseinsgrundierung ließe das nicht zu.

Améry beschreibt die in den Titeln genannten Orte als Schicksalsstätten, aus dem unfreiwillig verengten Blickwinkel des Unerwünschten, Verfolgten oder nur Geduldeten. Diese Verengung führt jedoch in manchen der Stücke zu besonderer Eindringlichkeit. Köln, kurze Zwischenstation des Flüchtlings auf dem Wege nach Belgien, erscheint als düsterer, nahezu breughelhaft gefärbter Unort, von dem der Verfasser nach fast vierzig Jahren die einstige Evidenz nicht mehr zu entdecken vermag. Die Menschen, die ihm damals halfen, sind wie Rauch – nein, als Rauch verflogen. Die Reste der Stadt widerstehen dem Versuch, die Vergangenheit und sich selber in ihnen wiederzuerkennen.

Bis auf das erste und das letzte Stück des Bandes, beide übrigens die schwächeren, weil die Berührungshemmung hier am stärksten, die Überwindung, die Komplexe »Kindheit« und »Deutschland«, latente Wunden also, dennoch aufzudecken, die Schreibhaltung verkrampft, zeigen die übrigen jene oben dargelegte schlimme Fruchtlosigkeit von Wiederbegegnungen dieser Art.

Jede der »Örtlichkeiten« wird zweimal, mindestens, von diesem Zeit-Zeugen, der bezeichnenderweise von sich stets in der dritten Person spricht, aufgesucht. Ehemals zwangsweise, dann, nach langen Jahrzehnten aus erwähntem Antrieb. Damals und heute – zwischen beiden Ebenen sieht Jean Améry keine Verbindung mehr: die Brücken sind abgebrochen. Angesichts seiner Gegenwart und mit ihr im Vergleich wirken die Orte des Ehedem pompejanisch, und das sind sie eigentlich auch. Die Schilderung Belgiens vor der Besetzung durch die Deutschen: Ein träges, schläfriges, dem Feind jenseits der Grenze fast zugeneigtes Land, kaum noch verständlichen Epochen entstammend. Das Zusammentreffen mit unterschiedlichsten Leuten vermerkt Haltungen, die uns heute nur noch erschrecken ob ihrer politischen Naivität, ihrer gutmütigen Kurzsichtigkeit, ihres unzeitgemäßen Weltvertrauens.

Überhaupt gibt der »Reisende in die eigene Biographie« ein gebändigtes Grauen zu erkennen. Beim Besuch in Gurs am Fuße der Pyrenäen, wo sich eines der berüchtigten Internierungslager der Vichy-Regierung befand, und in dem auch Améry eingesperrt war, läßt sich vom Gewesenen nichts mehr erblicken. Da steht ein Bauernhaus, eine Bäuerin, unwirsch, wäscht Wäsche, desinteressiert an dem Fremden, der um Auskunft über das »Camp des

Gurs« bittet. »Die Spuren sind alle erloschen«, notiert er und aufschlußreich weiter: »Nicht ohne Entsetzen und eine tiefe Todesangst denkt der Besucher: Gras ist gewachsen über meine Vergangenheit; es ist wirklich Gras gewachsen, ich dachte immer, das sei nur eine Redensart . . .«

Zentrales Stück des Bandes ist »Paris«; es ist auch Amérys Existenzzentrum gewesen. Dem Ausgestoßenen und Vertriebenen muß notwendig als Äquivalent ein anderes Land, ein anderer Ort zum inneren wie äußeren Bezugspunkt werden. Die zerrissenen Bindungen stellen sich zu einem anderen Objekt aufs neue her: zu einer Wahlheimat – wenn auch ohne die ungebrochene Unmittelbarkeit früherer Bezüge wiederzuerlangen. Paris ist für Améry das geistige Zuhause: Hauptstadt der Literatur, der Philosophie, einer revolutionären Intellektualität und jener von ihm bewunderten, fast verehrten Schriftsteller wie Camus, wie Sartre, den er – und das bestätigt meine Vermutung, daß Améry sich bis zu einem gewissen Grade der bloßen Idealität solcher Geistesheimat bewußt war – persönlich kennenzulernen nicht den Mut hatte. Paris, durch den unverwechselbaren Geruch, den *Duft* der Metro versinnlicht, ist der Raum des andernorts unmöglichen Heimischseins. Freilich, er ist, neben seiner spirituellen Erscheinungsweise, begrenzt auf Teilaspekte der Stadt, bestimmte Baulichkeiten, Straßenzüge, Panoramen:

»Das wahre Paris, jenes, das für immer die Vorstellung dieser Stadt prägen wird, das alle die Erinnerungen an Gehörtes, Gelesenes, im Film oder sogar in der Realität Geschautes auslöscht, ist das Paris des fünften und des sechsten Arrondissements, mit seinen Studenten oder Möchte-gerne-Studenten, seinen schwer definierbaren Intellektuellen, den Schriftstellern, die schreiben oder auch nicht, den Malern, die niemals ausgestellt haben, den zahllos die Bistros, Straßen, Hotels bevölkernden Randexistenzen, deren Alter und Abgang man sich nicht vorstellen darf.« Existenzen jedenfalls, in deren Außenseitertum man, selber Außenseiter, sich tröstlich und entsetzt spiegeln kann. Daß Amérys Paris größtenteils eine Projektion nach Außen darstellt, deren Rückstrahlung zur psychischen Stabilisierung beitrug, deuten die letzten Sätze des Textes an:

»Jeder hat sein Paris. Und dieses gehört ihm. Mit ihm wird es vergehen – für immer.«

Ohne die Spekulation übertreiben zu wollen: Der Platz von Jean Amérys Suizid macht unübersehbar ein Verlangen kenntlich, dem keine Illusion mehr Genüge tun konnte: dem nach Heimkehr. Nicht eine im geographischen Sinne. Aber Salzburg als Endstation dieses Daseins, dieses Leidensweges, enthüllt und entspricht auf nahezu klassische Weise dem, was Freud den »Todestrieb« nennt: Rückkehr in den Zustand des Ungeborenseins, in den »Mutterleib«, in ein Stadium vor der Verstörung und Zerstörung einer Welt, in die Améry unvermittelt durch seine Herkunft einbezogen wurde, ohne daß er in ihr aufgewachsen war – keine mithin, in deren Reste sich der Überlebende hätte flüchten können. Das ergab zwar eine tiefbegreifliche Solidarität mit Israel, aber keinen Halt mehr im Judentum selber.

Odyssee hieß es schon, und dieser ähnlich nur der Kreisschluß. Der Mythos von Ausfahrt, Kampf und Überstehen und Heimkehr erfüllt sich uns ausschließlich noch auf tragische Weise: durch den Selbstmord des Helden am Ausgangsort seiner Bahn als Vollendung.

Jeder, der Jean Améry gekannt und damit auch große Zuneigung für ihn empfunden hat, denn die Bekanntschaft schloß diese mit ein, weiß, wie sehr er gefährdet, wie wenig er gesichert, »gerettet« war. Das jetzt veröffentliche Bändchen enthält, direkter als die theoretische Fundierung des Suizids in »Hand an sich legen«, die Signale eines langen, aber unaufhaltsamen Abschieds.

Anläßlich einer Ehrung

Gedanken zum Werk Isaac Bashevis Singers

An dieser Stelle und aus gegebenem Anlaß möchte ich eine Hypothese äußern, die weniger ironisch gemeint ist als sie klingen mag. Wenn Gott – so ließe sich behaupten – außer seinem bekannten Bestseller weitere Bücher geschrieben hätte, dann könnten sie nur unter dem Pseudonym Isaac Bashevis Singer erschienen sein. Das hört sich blasphemisch an und ist doch nur der Versuch, über ästhetische und formale Kriterien hinaus, gleichnishaft die Sicht eines Schriftstellers auf jene Menschen zu bezeichnen, die in einem umfassenderen Sinn als gewöhnlich seine Geschöpfe sind. Er ist nicht allein ihr Herr und Meister, der sie durch den Zauber seiner Sprache vor uns erscheinen läßt, er ist selber Teil von ihnen.

Seine Sichtweise ist merkwürdig: nämlich bemerkenswert kaltblütig und zugleich fasziniert; sie ist entschieden radikal und beruht auf schonungsloser Selbsterkenntnis. Jemand, der nicht ganz genau weiß, wie es um ihn steht, kann so nicht schreiben. Aus dieser Ambivalenz, die zugleich die Ambivalenz der beschriebenen Gattung Mensch ist, rührt unter anderem die innere Spannung des Erzählten her. Singer ist seinen Figuren gegenüber gerecht. Ja, man kann getrost sagen: in seinen Büchern sei Gerechtigkeit das vorherrschende Element, und auch das läßt wiederum an den übertriebenen Anfangsvergleich denken.

Unser Autor ist auf heilig-nüchterne Art unparteiisch, freilich nur gegenüber den unterschiedlichen Ausprägungen seiner Individuen, nicht gegenüber dem Individuum selber. Diesem gilt alles Mitleid, denn es ist ja eine besondere Sorte Individuum, aufs schrecklichste auserwählt seit viel zu vielen Jahrhunderten, so daß dessen Erfahrung in der Welt und mit der Welt ebenfalls eine ganz besondere ist. Singer bringt diese Erfahrung auf einen Nenner und formuliert sie beinahe wissenschaftlich in seiner Erzählung »Die Verehrerin«. Dort steht so beiläufig wie unverschlüsselt, was mich fast physisch berührt hat, weil es meiner eigenen Position sehr nah ist. »Der Mensch«, heißt es da, »ist vollkommen abhängig, ein Sklave der Umstände. Das leiseste Mißgeschick – und alles bricht zusammen. Es gibt nur eine Lösung: sich völlig freizumachen von der Illusion, daß das Leben ein Festtag, ein ewiger Sabbat sei, und zurückzukehren zu der Gleichgültigkeit der Kausalität, zum Tode, der die Substanz des Weltalls ist.«

Der Tod als Substanz des Weltalls ist eine höchst ungewöhnliche Definition, die wohl kaum physikalischen Forschungsergebnissen entstammt, vielmehr der schier unaufhörlichen Erfahrung jener Gemeinschaft, die im »Zeitalter der Vernunft« zu einer speziellen Rasse ernannt wurde und zu der Singer gehört und deren Geschichte er durch seine Geschichten mitgeschrieben hat. Die Rede ist von der Gemeinschaft der Juden, und wir wollen uns mit der Frage befassen, inwieweit das Schicksal dieser Gemeinschaft auch das unsere betrifft. Zu fürchten ist, daß wir, die Zeitgenossen, nicht in der Lage sind, das Exemplarische, für uns gleichfalls Gültige daran zu erkennen. Dabei rede ich nicht von der Vergangenheit, sondern von der Künftigkeit.

Daß Deutschland mit der Vernichtung der Juden einen Akt der Selbstvernichtung vollzog, von dem es sich, ohne sich des Verlustes bewußt zu sein, bis heute nicht erholt hat, sprach schon Walter Jens aus: Dem ist kaum etwas hinzuzufügen. Des weiteren jedoch definierte er dieses Gestern als einen »Rückfall in die Barbarei«, was stillschweigend alle bisherige zivilisatorische Entwicklung als eo ipso positiv voraussetzt. Dieser Meinung kann ich nicht sein. Eher bin ich überzeugt, daß der deutsche Faschismus einen Höhepunkt industrieller Zivilisation in früher und exzessiver Form darstellte – und genau das ist auch der Punkt, an dem wir uns des jüdischen Schicksals als eines Beispiels zu erinnern hätten, das auch auf uns zuzutreffen vermag. Der Glaube an eine ethische Evolution, an Aufklärung und Fortschritt, ist in Auschwitz gründlich ausgelöscht worden.

Bei der Lektüre von Singers Büchern wird klar: Die Welt des Ostjudentums war zum Untergang verurteilt, lange bevor Hitler die Macht ergriff. Wir sehen eine Minorität, die über einen langen Zeitraum hinweg ihre Eigenheiten erhalten, ihre Traditionen, religiöse wie verhaltensnormierende, bewahrt und mit Erfolg der Assimilation, dem völligen Aufgehen im jeweils dominanten Volk widerstanden hat. Diese Treue zu sich selber, natürlich gefördert durch den Druck von außen, war folgenreich. Sogar unter den angepaßten Juden Westeuropas blieb etwas Spezifisches erhalten, das dem Erleben und Erleiden einer sich wiederholenden Verfolgung zuzurechnen ist.

Es wäre übrigens sehr seltsam, wenn eine Gemeinschaft wie die jüdische, trotz aller Aufsplitterung und inneren Konflikte, unbeeinflußt von der simplen Tatsache geblieben wäre, daß sie von ihrem Beginn an keinen Analphabetismus gekannt hat, zumindest nicht bei ihrem männlichen Anteil, und die daher den obersten Platz an der Spitze ihrer Wertskala dem Schriftgelehrten, dem Rabbiner, vorbehielt. Im Judentum bestand, wie stets bei religiösen Gruppierungen, deren Dissens vom offiziellen Glauben entscheidend ist, außerdem eine andere Bewertung von Eigenschaften als die in der Umwelt allgemein gängige. Ob man zu den Unterdrückten und Verfolgten gehört oder zu den Unterdrückern und Verfolgern – das bestimmt absolut den Ehren- wie den Unehrenkodex und schafft unüberbrückbare Gegensätze. Darum besaßen Weisheit und Güte hohes Ansehen bei den Juden, ebenso Spiritualität und Verstandesschärfe. Insgeheim gehörte dazu auch die Skepsis, eine Skepsis, geboren aus dem Mißtrauen gegenüber der Umwelt, die – wegen ihrer ständig erneuerten und ständig erneut gebrochenen Rechtssicherheitsversprechen – als latente Bedrohung bestehen blieb. Doch diese Skepsis, und das ist das Außerordentliche an ihr, machte vor der eigenen Person nicht halt und reflektierte sie kritisch. Daraus entstand der »jüdische Witz«, der weitaus mehr war als nur ein pointierter Scherz, nämlich die Artikulation der Einstellung zum Leben, zu *diesem* Leben. Diese Skepsis relativierte und bezweifelte nicht allein die Übereinkünfte und Ideale der sich christlich nennenden Gesellschaft, sie wirkte auch als Ferment nach innen, in die eigene Gemeinschaft hinein. Kein Wunder, daß im späten 19. Jahrhundert die Rebellen gegen das Patriarchat zu Revolutionären gegen die Überväter herrschender Hierarchien wurden. Der Kampf jüngerer, sich vom Väterglauben abwendender Generationen von Juden um Emanzipation, verband sich scheinbar nahtlos mit dem Kampf des Proletariats um seine politische und ökonomische Emanzipation. Die innerhalb des Judentums geschätzten menschlichen Eigenschaften wurden – grob vereinfacht gesagt – zu Zielvorstellungen der Revolutionäre, weit über die Verbesserungen materieller Daseinsbedingungen hinaus.

Dieses jüdische Element transzendierte die Revolution, die ganze sozialistische Bewegung und verlieh ihr, was der große jüdische Philosoph Ernst Bloch das Prinzip Hoffnung genannt hat: den Vor-Schein dessen, was noch nicht ist, und was sich nicht anders als messianisch bezeichnen läßt.

Spekulativ mag sein, daß in Karl Marxens Werk säkularisierte Glaubensinhalte eingeflossen sind, etwa die Erwartung auf Erlösung, auf Rückkehr und Heimkehr nach Jerusalem, Jahr um Jahr fürs nächste Jahr versprochen, begleitet vom Untergang des jeweiligen Pharao, so wie sich die Arbeiterschaft im Kommunismus als ihrer einzigen Heimat wiederfinden sollte, triumphierend über ihre Ausbeuter – schienen nicht diese Interessen und Hoffnungen identisch, da doch beide, Jude wie Proletarier, Verdammte dieser Erde waren und ihre einzige Chance die Erringung der Gleichheit? Es ist ganz wahr, daß gerade dieses jüdische Ingredienz ein wesentlicher, die Ausstrahlung ausmachender Bestandteil der Revolution gewesen ist. Denn mit der Verdrängung der Juden aus dem endgültig installierten System, lange nach der russischen Revolution, nach dem Beginn des Stalinschen Terrors und eines neuen, wenn auch verdeckten Antisemitismus, erlischt der Chiliasmus. Aus der Revolution wurde kein »ewiger Sabbat«, wie ihre Gelehrten es erträumt. Übrig blieb der kahle Apparatismus, ohne die Legitimation und die notwendige Aura menschlicher Glücksverheißung.

Wenn es vorhin hieß, die Welt der Singerschen Romane sei zum Untergang verurteilt gewesen, so ist damit nicht gemeint, daß auch das gewaltsame Ende schon vorprogrammiert gewesen wäre. Es hätte auch anders, unauffälliger, »evolutionärer« verlaufen können, aufzuhalten jedoch war nichts mehr. Denn diese Welt, und ich rede hier von der in Osteuropa, war anachronistisch geworden. Nicht allein weil ihre Mitglieder andere Wertvorstellungen hatten und nicht allein deswegen, weil ihre nahezu geschlossene Gesellschaft ein Museum altertümlicher Normen und Bräuche darstellte – und das noch dazu in einer Epoche enormer Umwälzungen und Veränderungen –, sondern aus einem Grunde, der mit den genannten nur mittelbar zusammenhängt.

Isaac Bashevis Singer führt uns Menschen vor, deren Denken und Fühlen noch nicht von dem, was wir so verwaschen mit 20. Jahrhundert bezeichnen, deformiert ist. Menschen, deren Geist nicht instrumental formiert und eingeengt, deren Empfinden nicht verkrüppelt oder pervertiert, deren Seele noch nicht durch anhaltende Konditionierung und Disziplinierung zu einem gefährlichen Vakuum geworden ist. Menschen also, die von Leidenschaften bewegt werden, ihnen erliegen oder sie beherrschen und sich dabei selber zu Persönlichkeiten bilden. Aber – und das ist ein bedeutsames Moment – sie, diese Menschen in Singers Erzählungen wie in der Wirklichkeit, haben nicht bemerkt, daß sich in ihrer Umwelt ein Wechsel emotionaler wie intellektueller Art vollzogen hat. Es ist nicht länger der Unterschied des Glaubens, des sozialen Ansehens, der gesellschaftlichen Stellung – es hat sich in der nicht-jüdischen Umgebung etwas ereignet, was sich notwendigerweise dem Verständnis dieser derart aufeinanderbezogenen Menschen verschloß. Es handelte sich um die Entindividualisierung des Menschen in eben dem besagten 20. Jahrhundert, das die Juden Osteuropas nur in Form der Vernichtungsmaschinerie, der »Todesfabrik« erreichte. Zwischen der Intensität des psychischen und spirituellen Daseins innerhalb einer – ich möchte fast sagen – Clan-Existenz und der unaufhaltsamen Entwicklung massenhafter Zeitgenossen zum Einheitstyp eines aufs mechanische Reagieren heruntergebrachten Homo faber, erweiterte sich die Kluft mehr und mehr.

Während die Juden bis über die Aufklärung hinaus Individuen mit dem falschen Glauben gewesen sind, schlimmstenfalls Christusmörder oder Ketzer, mußte mit dem Schwinden der Christlichkeit, mit dem Aufhören jedes metaphysischen Befindens sowie mit der unbewußt sich vollziehenden Inthronisation von Naturwissenschaft und Technik der Status der Juden bei einem Wiederaufleben des latenten Antisemitismus schlechter sein als vordem. Denn der Antisemitismus, mit allen anderen Ismen gleichziehend, erhielt, wie jede »Weltanschauung« in Anführungsstrichen, nun ebenfalls eine »rationale« Begründung. Unter dem technischen Aspekt – und es ist nicht zufällig Deutschland, wo dieser vorzuherrschen beginnt, da gerade in Deutschland soviele alte Autoritäten fragwürdig geworden waren und die Sehnsucht nach neuen, unrelativierbaren suchtartig grassierte – unter dem technischen Aspekt also, der vor allem ein funktioneller ist, erscheinen Menschengruppen, die diesem Aspekt nicht genügen oder nicht entsprechen, als von Natur aus minderwertig. Wie eben Juden oder Zigeuner oder auch Polen, denen man immerhin noch ein Helotendasein zugestand. Aber diese »Mindermenschen« erscheinen nicht nur überflüssig, sondern sogar dem sich durchsetzenden funktionalistischen Prinzip diametral entgegengesetzt: als reine Störfaktoren.

Die »Neue Ordnung«, kulminierend in der blutrünstigen »Neuordnung Europas«, bedeutet nichts anderes als die Übertragung des technischen Prinzips auf die Gesellschaft. Das Dritte Reich war, trotz altfränkischer Kaschierungen und mittelalterlicher Maskeraden, eine konsequente Technokratie. Die »LTI«, die Sprache des Dritten Reiches, von dem Philologen Victor Klemperer, selber einst NS-Sklave, genau untersucht und analysiert, verrät es, ohne daß dieser Hintergrund in jenen Tagen den kritischen Geistern einsichtig geworden wäre. Die Einsichten kommen eben immer zu spät. Die Verwandlung der Gesellschaft in eine Maschine, schaut man sich heute die offiziellen Bekundungen dieses Damals an, ist ganz offensichtlich: Alle sollten oder mußten oder wollten sogar Rädchen werden. Dazu bedurfte es der »Gleichschaltung«, um nur einen Terminus technicus anzumerken, verbunden mit einer auch äußerlichen Vereinheitlichung durch Uniformen, Symbole, Rangordnungen und einer »Lehre«, die ebenfalls eine Gleichheit aller proklamierte, wenn auch nicht mehr die klassische, die in der französischen Revolution verkündete, vielmehr eine neue, der wissenschaftlichen Ära Rechnung tragende: die rassische.

Die Logik dieser monströsen, dehumanisierenden Maschinerie, wie sie sich im deutschen Faschismus zeigte, mußte weithin und unwillkürlich zu dem führen, was die Psychoanalyse »Übertragung« nennt. Die zusammengestauchten, gedrillten und im wahrsten Sinne des Wortes zu »Werkzeugen« Erniedrigten übertrugen zwangsläufig ihren Zustand auf jene, die sich, bedingt durch ihre relative Rückständigkeit, als ein unbeschädigtes Humanum erhalten hatten. In eindeutig psychopathologischer Verkehrung mußten gerade sie zu »Untermenschen« ernannt werden, damit sich jeder um sein eigenes Menschentum betrogene Volksgenosse nicht als das vorzukommen brauchte, was er in Wirklichkeit war: ein Stück trostloser und machtloser Effizienz. Das, so scheint es heute, verursachte die tödliche Konstellation. Und das schuf zugleich das lebensgefährliche Unverständnis, mit dem die Juden diesem neuartigen Antisemitismus begegneten. Ihre Art zu denken und zu leben stand jener von mechanischen Ordnungsfaktoren gelenkten entgegen. Das Ergebnis kennen wir nur zu gut.

Diese Abschweifungen mögen im ersten Augenblick wenig mit dem Erzähler Singer zu tun haben und eher mit unseren gegenwärtigen Ängsten und Überlegungen, aber das eine ist nicht ohne das andere denkbar. Denn die Vorstellung von der geschichtlichen Ungleichzeitigkeit und der daraus entspringenden unterschiedlichen psychischen und geistigen Prägung, werden durch die Singerschen Romane und Geschichten eindringlich bestätigt. Wir haben an dem vergangenen und doch so unvergänglichen Schrecken nur als Zaungäste, nur als indirekt Betroffene teilgenommen – zumindest viele von uns. Wir haben die Dokumente betrachtet, die Fotografien gesehen, die Leichenberge, dieses und jenes gehört und gelesen, ohne jedoch mehr wahrgenommen zu haben als die Tatsache des Massenmordes selber. Erst durch Bücher wie die von Isaac Bashevis Singer erhalten die Toten Gestalt und Gesicht zurück. Keiner hat wie er uns diesen eigentümlichen Menschenschlag so nahegebracht, vermutlich weil Singer selber befolgte, was er Sam Palka, eine seiner Figuren, als literarisches Credo aussprechen läßt:

»Zu meiner Zeit wurde man von einem Buch gepackt. Man fing an einen Roman zu lesen und konnte ihn nicht aus der Hand legen, weil man wissen wollte, wie es weiterging. Heute muß man das halbe Buch lesen und weiß noch immer nicht, worum es geht. Diese Schmieranten schreiben über die Liebe, aber sie wissen von der Liebe soviel wie ich von dem, was auf dem Mond vorgeht . . .«

Singer jedenfalls weiß von der Liebe mehr, und er kann sie darum darstellen, weil er ihr begegnet ist, als sie noch glaubwürdig war. Darum auch ist sie die Antriebskraft seiner Personen, von denen man schon bei den ersten Sätzen immer meint, sie hätten gerade eben diesem Chronisten ihre Biographie gebeichtet, vorbehaltlos und aufrichtig, und er teile uns, den Lesern, unverzüglich mit, was er da erfahren habe. Obschon die Anteilnahme nicht verleugnend, tritt sein Ich hinter alle anderen zurück: als vergäße er sich selber, überwältigt von dem, was er vernimmt.

Der Tod mag die Substanz des Universums sein, die Substanz des von Singer Erzählten ist das Leben, und zwar eines von einmaliger Formung. Und es gewinnt seine Außerordentlichkeit und seine Anziehungskraft daher, daß wir als Wissende es vom Ende her lesen. Wir kennen den Schluß, der seinen Schatten über die Seiten wirft, ein Schatten, von dem wir fürchten, daß er sich nur zu leicht auch über uns legen kann, so daß wir genauso unauffindbar werden wie Singers Modelle.

Wir sind, um einen anderen zeitgenössischen jüdischen Autor zu zitieren, selber schon antiquiert und entsprechen nicht mehr den Ausschließlichkeitsanforderungen einer einstmals zu unserem Nutzen gestifteten Zivilisation. Wir haben hinter uns selber zurückzutreten und zum Ausdruck übergeordneter Systeme zu werden – seien es politische oder ökonomische. Wer da nicht mithalten kann, wer sich nicht selber aufgeben kann, um in einem sinnlosen Regelmechanismus aufzugehen, wird als Sand im Getriebe entlarvt. Wir werden angepaßt bis zur letzten Daseinsäußerung, und es ist die Stunde nicht mehr fern, wo wir die Toten beneiden um ihre Vitalität, um ihre Möglichkeiten, die erst mit ihnen selber vernichtet wurden, während unsere uns bereits vorher unauffällig entzogen worden sind. Vielleicht ist meine Sorge unnötig, und man braucht uns gar nicht erst zu beseitigen, da wir sowieso kaum noch leben. – Unter solchen Voraussetzungen aber müssen Singers Bücher zum Stachel werden, der uns schmerzlich an eine verlorene oder niemals innegehabte Fähigkeit gemahnt: die nämlich, Menschen zu sein.

»Mehr als den Tod«

Fast alle Geschichtsschreibung, jedenfalls soweit sie Preußen betrifft, ignoriert unwillkürlich oder vielleicht sogar willentlich alle subjektiven Erfahrungen der jüngsten Vergangenheit und einer geographisch parzellierten Gegenwart. Sie ignoriert die innere Verfassung von Menschen, die als »deutsche Mentalität« zu bezeichnen der aufmerksame Beobachter nicht umhin kann. Immer wird das Gestern absolut historisiert und damit in einen abstrakten Hades verwiesen, in dem es nur vom Historiker aufgesucht werden kann, ohne daß es jedoch selber imstande wäre, lebendig in der Oberwelt eines Heute zu erscheinen. Diese Vorstellung von gewesener Geschichte aber ist falsch und nirgends sonst so widerlegbar wie gerade durch die preußische Geschichte. Ihre Folgen sind noch nicht ausgestanden. Was da in unserem Unbewußten sich regt, unser Verhalten teilweise bestimmt, das gesellschaftliche »Leben« in bestimmten Schichten und einem Teil Deutschlands durchzieht, sind Spätschäden und nur als solche erklärbar.

Der friderizianische Staat ist reich an »unbegrenzten Unmöglichkeiten«. Das trostlose Schauspiel eines ins Groteske gesteigerten, provinziellen Absolutismus im Detail zu betrachten, wollen wir uns ersparen. Ausschließlich auf ein Phänomen, das Grundphänomen, auf den Kitt des Gebildes wollen wir uns beschränken: Es ist die Rede von der Angst als Staatsräson.

Preußen, so tot wie das Heilige Römische Reich Deutscher Nation, an dessen Untergang es eifrig und erfolgreich mitgewirkt hat, kann trotzdem nicht sterben. Wie Graf Dracula ruht es in seinem geschichtlichen Sarg, um, sobald es Blut und Gewalt wittert, sich erneut zu regen und Andeutungen eines Wiedererwachens zu zeigen. Ist verabsäumt worden, nach gutem, alten Rezept durch sein Herz einen Pflock zu stoßen? Müßiges Unterfangen: es hat nie eines besessen. Das Wort Ernst Moritz Arndts über Friedrich II., er habe »allenthalben die zarten Keime der menschlichen Gefühle auf das erbarmungsloseste zertreten«, trifft nicht nur auf diesen König, vielmehr auf seine gesamte Gefolgschaft bis hinunter zum letzten Korporal zu, der nicht nur den Stock verschluckt hat, mit dem man ihn einst prügelte, sondern der selber die Prügel in reichem Maße weitergab.

Warum Preußen insbesonders in unseren Tagen eine erstaunliche Publizität widerfährt, läßt sich nur mit einer Geistes- und Seelenverfassung erklären, deren Subalternität eben zur Erbschaft des freudig vorgeführten Scheintoten gehört, und die sich der Freiheit des Augenblicks, der potentiellen wie realen, nicht gewachsen zeigt. Vieles gewohnt, wundern wir uns nicht, daß man uns ein System zur geneigten Betrachtung empfiehlt, das seinerzeit in Europa nur Abscheu und Hohn hervorgerufen hat. Aber im Zuge der sentimentalen und daher blinden Aufwertung vormaliger Herrschaftsregulatorien, pseudo-objektiv uns Daseinsweisen verklärend, die für jeden denkenden Menschen unerträglich wären, war nun auch Preußen an der Reihe. Wir hören neuerdings wieder »preußische Tugenden« rühmen sowie die »positiven« Seiten eines Staatsgebildes, das die von ihm selber verursachte Spaltung der deutschen Nation durch seine spätere Hegemonie über sie als überwunden vorgab.

Preußens Wirkungsgewalt resultierte aus keiner anderen Ursache als der psychischen Brechung und Willfährigmachung seiner Bürger. Friedrich II., aus dem Abseits wieder auf seinen alten Platz »Unter den Linden« zurückgekehrt (und wie zu fürchten ist: nicht nur auf diesen!), hat in seinem Testament 1768 dieses Prinzip in die denkbar knappeste Formel gefaßt: »Der Soldat muß seine Offiziere mehr fürchten als den Tod!«

Daß dies auch für Zivilisten galt, dafür waren und sind die Verhältnisse im damaligen Berlin der eindeutigste Beweis. Mit Friedrich Wilhelm I. hebt das Unheil an:

»Die willkürliche Kabinettsjustiz des Königs (gestattete), gleichsam als Entschädigung für die Sklaverei, in die sie gefallen waren, jede denkbare Vergewaltigung der Berliner Bürger. Berliner Richter, die einmal gewagt hatten, Ausschreitungen von Soldaten pflichtgemäß zu bestrafen, hat der ›Soldatenkönig‹ eigenhändig und ausdauernd durchgeprügelt.« Daß es sich dabei kaum um extreme Einzelfälle gehandelt hat, läßt sich aus dem Status der Stadt erschließen. Sie war eher eine Garnison denn eine Residenz. Bereits Friedrich Wilhelm I. »vermehrte die militärische Besatzung auf 7600 Köpfe, und nach dem Jahre 1721 wuchs sie weiter auf 18 200 Soldaten (einschließlich ihrer Frauen und Kinder) im Jahre 1735. Etwa ein Drittel der Bevölkerung Berlins gehörte somit zum Heer oder zur Beamtenschaft.« Und weiter: »Nach der Bevölkerungszahl der dreizehnte oder vierzehnte unter den Staaten Europas, stand Preußen nach seiner Militärmacht auf der vierten oder dritten Stelle.« Aber nicht, weil es so reich wie das welthandeltreibende und kolonienbeherrschende England gewesen wäre, sondern weil es seiner Armut das Ferment der Angst beimengte. Diese Angst ließ keinen aus und hielt alle auf Trab. Wer sich ihr zu entziehen gedachte, wurde mit Gewalt daran gehindert: Als die Soldatenpressung viele der Untertanen Friedrich Wilhelms I. zur Landflucht trieb, verbot er die Auswanderung mit den strengsten Strafen: »Den Entkommenen sandte er kein Geld nach, sondern ließ ihre Namen am Galgen anschlagen und ihr Vermögen einziehen . . .« Soldaten, wußte man, durften die Mauern Berlins überhaupt nicht ohne Sondergenehmigung verlassen; ihres niedrigen Soldes halber standen sie bettelnd an den Straßenecken, lebende Symbole einer poweren Militärdiktatur. Und die Folgen?

»Unter Friedrich I. war Berlin das Athen des Nordens; Friedrich Wilhelm I. machte sein Sparta daraus. Die ganze Regierung wurde militärisch . . . Die Akademie der Wissenschaften, die Universitäten, die freien Künste und der Handel gerieten in Verfall . . . Gunst und Bestechung beherrschten die Besetzung der Professuren auf den Universitäten . . . Die Regierung erstickte den freien Handel, denn sie befolgte Grundsätze, die seiner Entwicklung durchaus widersprachen . . .« Kein ausländischer Korrespondent äußerte sich da über Preußen, kein einsichtiger Untertan formulierte solchermaßen seinen Protest hinter vorgehaltener Hand: Kein anderer als der eigene Sohn des derart kritisierten Herrschers schrieb diese Worte: Friedrich II., genannt »Der Große« – freilich ohne die allergeringsten Konsequenzen daraus für die eigene Herrschaft zu ziehen. Was da reformerisch tönte, war wohl kaum mehr als eine Aufwallung, die, als der junge Mann selber den Thron bestieg, rasch wieder abklang. Auch das ist nicht neu: daß der jeweils zur Regierung gelangende Potentat änderungsfreudig erscheint, viele Hoffnungen auf sich vereinigt, um bald genug das überkommene Modell unverändert für seine Ziele und Zwecke auszunutzen.

Fritze, eben noch die Militarisierung der Hauptstadt beklagend, verpflanzt selber den Kasernenbau nach Berlin und vermehrt die Besatzung zwischen 1763 und seinem Todesjahr 1786 von 19 500 auf 38 000 Mann. Allein von 1763 bis 1767 werden acht Kasernen errichtet.

»In diesen Kasernen«, schreibt Werner Hegemann, dem wir die gründlichsten Auskünfte über das friderizianische Berlin verdanken, »wurden namentlich die verheirateten Soldaten mit ihren Angehörigen einquartiert und somit die Berliner Familie gleichsam systematisch zur kasernierten Wohnweise gedrillt.« Verbunden damit war die Überwachung der Soldaten durch die Unteroffiziere, bei denen sie in einer Kammer schliefen, die sie nur durch das Zimmer ihres Bewachers verlassen konnten. Desertierte einer, wurde der »Wohnungsinhaber« zur Rechenschaft gezogen, und vor der Stadt die Bauern zur Treibjagd auf den Flüchtigen gezwungen. Wie das Verhältnis dieser Menschen zueinander gewesen sein muß, kann man sich vorstellen: es war das von Gefangenen und Wächtern, welche selber nur privilegiertere Gefangene waren. Ein Privatleben existierte bestenfalls rudimentär, eine »Intimsphäre« gab es nicht. Was nicht in die militärische Funktion Eingang fand, war nicht nur überflüssig, sondern sogar für das Überleben des Einzelnen schädlich. Freiwillig begab sich niemand in diese vollkommene und barbarische Abhängigkeit, mittels derer die Abtötung des Individuums und seine Umwandlung zum Roboter stattfand. Daher wurde Friedrich II. zu einer Art Menschenhändler und Sklavenhalter, der sich Rekruten beschaffen ließ und zu diesem Zwecke eine weitausgreifende Korrespondenz bis in die Schweiz führte:

»Ich will nicht allein«, teilt er seinem »lieben Obristen

v. Natalis, Gouvernör von Neuchatel« mit, »daß Ihr dem schweizerischen Bürger Namens Herrenschwandt, dazu alle hülfliche Hand leisten, sondern auch, wenn er Euch solche Recruten überliefert, sie annehmen und selbige bei sicherer Gelegenheit an die nächste Garnison zu weiterem Transport abgeben sollet.«

Die Atmosphäre im Berlin jener fernen und doch so nahen Tage muß bedrückend und schwer erträglich gewesen sein, und die »Zeugenaussagen« wollen uns verblüffend bekannt vorkommen. Preußen-Sympathisant Schmoller erklärt: »Wir wissen heute aus fremden Gesandtschaftsberichten, wie ab und zu sogar die vertrauten und treuen Räte Friedrich Wilhelms I. unter vier Augen erklärten, der Despotismus könne so nicht mehr lange fortgehen, es müsse ein Umschlag, ein Ausbruch, wenn nicht gar eine revolutionäre Erhebung erfolgen.«

Daß sich unter seinem Nachfolger, seinem Filius, nichts gebessert hat, bestätigt ein Ausschnitt aus dem Bericht des englischen Gesandten 1773 nach London: »In Berlin gibt es weder ehrenhafte Männer noch ehrbare Frauen mehr. Bei beiden Geschlechtern herrscht völlige Verderbtheit der Sitten ... eine notwendige Folge der königlichen Unterdrückung.« Und am eindringlichsten und klarsichtigsten wiederum Ernst Moritz Arndt:

»Gerechtigkeit, die ewige Königin des Königs und des Bettlers, milde Schonung des Menschengeschlechts, zarte Behandlung des Nationalsinns sucht der menschliche Forscher in den herkulischen Arbeiten des großen Königs vergebens. Der strengste Eigensinn, der wildeste Despotismus, das erbarmungsloseste Zertreten der zarten Keime der menschlichen Gefühle ist allenthalben ... Der Ruhm seines Namens, der auf alle zurückfiel, ließ oft vergessen, daß man in einem angespannten, knechtischen und atemlosen Zustand war. Wann sind die unglücklichen Menschen nicht durch Scheine und Klänge betört? . . . Welch ein Staat! und welch eine Regent! schrie man überlaut. Alles Weisheit, Gerechtigkeit, lebendige Beweglichkeit! und doch alles nur Maschine! Übereinstimmung und Gleichbeweglichkeit des Ganzen, totes Maschinenleben ohne Gefühl, als das der Ehre, von dem Einzigen bewegt und geleitet zu werden . . . Aus dem Toten wird nur Totes geboren, und hohl und gespenstisch mit dem Abscheu der Zukunft wird das Kunstgerüst zusammenbrechen.« Dieser vorprogrammierte Zusammenbruch ist der Preis, den eines Tages alle reformunwilligen Systeme zu zahlen haben – ob sie wollen oder nicht!

Daß es Friedrich II. trotzdem gelang, sich ein Image als »Magus des Nordens« zuzulegen, als »Philosoph von Sanssouci«, als aufgeklärter Monarch, der Meinungen und Religionen toleriert (was ihm schon Lessing widerlegte), ist bei der auch damals kaum geringeren menschlichen Leichtgläubigkeit und Bereitschaft, sich betrügen zu lassen, nicht verwunderlich. Alles war Täuschung, Schein, Taschenspielerei, nichts tatsächlich diesem Mann substantiell eigen, der ja in seiner Jugend selber aus Preußen verschwinden wollte und dann bei der Hinrichtung seines Freundes und Fluchthelfers Katte zuschauen mußte, wobei ihm der Vater den Kopf hielt, damit er nicht den Blick abwende. Der Satz aus seinem Testament, der Soldat müsse den Offizier mehr fürchten als den Tod, scheint die Übersetzung eines persönlichen Traumas in eine Herrschaftsanweisung: So hat er den Vater gefürchtet, und sein »Schlüsselerlebnis«, seine prägende Erfahrung, ist nichts anderes als diese Furcht, und sein künstlerisches

Dilettantentum der unbewußte Versuch, vor dieser übermächtigen Gestalt in Freiräume zu entfliehen, in die sie ihm nicht zu folgen vermochte.

Vater und Sohn, der letzte mittelbar, haben die Angst als Raison d'etre erkannt: Nur sie hielt die heterogenen Bestandteile dieses Grenzlandes zwischen Ost und West zusammen. Die vielgelobte Treue der Untertanen war, dessen bin ich sicher, nichts als Angst vor den Folgen selbständigen Denkens und Handelns.

Man erinnere sich der Entstehung der Berliner Friedrichstadt, die dadurch aufgebaut wurde, daß Friedrich Wilhelm I. von ihm abhängigen Personen die Errichtung eines Wohnhauses anbefahl: Verweigerung oder Widerspruch waren nicht zulässig. Viele dieser zwangsweisen Bauherren haben sich auf diese Weise ruiniert, und nicht selten geschah, daß, nachdem die Wände standen, sich der Besitzer darin aufhing. Die Festung Spandau warf einen drohenden Schatten über alle.

Psychologisch gesehen waren diese beiden Hohenzollern, Vater wie Sohn, manisch um ihr Ansehen bemühte Psychopathen. Nur in der brutalen Unterdrückung anderer, in der höhnischen Vernichtung ihnen ausgelieferter Existenzen begriffen sie sich als Inhaber königlicher Macht.

Allein in der Gewalt über Leben und Tod (»Kerls, wollt ihr ewig leben?«) fanden sie ihre absolutistische Position bestätigt, derer sie sich sonst wohl nie ganz sicher gewesen zu sein scheinen. Sie waren schließlich bereits verspätete absolute Regenten und bloß durch ihre Roheit und Unbildung befähigt, diese Verspätung wettzumachen – zum Schaden eines Reiches, daß unter solchen Vorzeichen nie hätte zusammengeschlossen werden dürfen.

Obgleich Preußen weder als Staat noch als topographisch fest umrissenes Land mehr existiert, haben wir uns von der einstmals atmosphärisch wirkenden Angst nie gänzlich erholt, nie völlig befreien können – gerade weil wir ihren institutionellen Charakter nicht erkannt haben. Sie ist im Laufe zweier Jahrhunderte immer wieder neu belebt und benutzt worden, in der Wilhelminischen und weitaus stärker und umfassender in der Adolfinischen Epoche, die in manchen Wesenszügen Preußen am nächsten kam. Wie sollte sich da unsere Mentalität, deren Ursprung gerade diese Angst war, verändern? Historisch-psychologische Grundzüge verschwinden nicht mit dem abgelaufenen Kalender. Der traumatisierende Eindruck, den eine Gesellschaft hervorzubringen vermag, kann als Erinnerung verblassen, aber es bleibt ein Rest, der in das Verhalten des Betroffenen eingeht, verwandelt zu Vorsicht, Konformitätsbereitschaft, Konfliktscheu, zu Wesensschwächen, die man, umgefälscht zu persönlichen positiven Eigenschaften, durch Generationen weitergibt – was relativ leicht und unbemerkt sich vollzieht. Man mag es vielleicht für übertrieben, für übersteigert halten, wird in diesem Zusammenhang die verdächtig-familiäre Bezeichnung »Alter Fritz« für Friedrich II. einmal ganz wörtlich genommen, um die Psychopathologie dieser unseligen Figur aus ihrem Anfang zu erklären: ein »Kindheitsmuster« besonderer Art: Der Schock martialischer Disziplinierung trifft den kleinen Fritz in der kindheitlichen Prägungsphase und fixiert Infantilität und Inferiorität. Aus dem kleinen Fritz kann nur noch der »Alte Fritz« werden, kein erwachsener, verantwortungsvoller Mensch. Der Spieltrieb steigert sich zum Dilettantismus in den Künsten. Seine unaufhörliche poetische Handwerkelei,

Gedichte in schlechtem Französisch, die ihm Voltaire korrigieren muß; die anhaltende Produktion von Flötenkonzerten (über einhundertzwanzig an der Zahl) auf Kosten sinnvoller Verwaltungstätigkeit, und seine lächerliche Vorliebe für kostbare Preziosen, meist diamantbesetzte Schnupftabakdosen, die er ständig in Kisten auf einem Dromedar bis in die Feldlager seiner Schlachten mitschleppte, kennzeichnen die regredierte Persönlichkeit. In geistigen Dingen wirkt er geradezu autistisch; Goethes »Götz von Berlichingen« nennt er in seinem Buch über deutsche Literatur ein schlechtes Stück, unverzeihlicher noch als die ebenfalls schlechten Stücke Shakespeares, denen er ihr Alter zugute hält. Mit einem Wort: ein Banause. Ihm folgen in der Machtausübung des »Menschen über den Menschen« noch viele andere gleichen Kalibers nach. Am Ende seines unseligen Wirkens äußert jener »Fridericus Rex« den Wunsch, sich ins demokratische Holland zurückzuziehen, weil – und auch das beweist die Verkennung gegenüber der eigenen Verantwortung – er es müde sei, über Sklaven zu herrschen.

Unser Bewußtsein für unsere eigene historische Vergangenheit ist entschärft, unser Blick zurück milde geworden. Wir sind bereit, unseren Vorläufern vieles zu verzeihen und nachzusehen. Schlimmer noch: aus dem Unbehagen an unserer Gegenwart, aus dem Mangel an hoffnungsvoller Perspektive, sind wir geneigt, ihr Elend zu romantisieren. Aber es gibt kein Gestern, nach dem zurückzusehnen es sich lohnte, und nach dem preußischen schon gar nicht.

Jede Leugnung von Mentalität, von nationalen, zumindest gruppenspezifischen Wesenszügen, leugnet zugleich indirekt die Geschichtlichkeit des Menschen. Die Psyche sei geschichtslos, heißt die Behauptung. In solcher Sicht wäre der Mensch nur insofern geschichtlich, als er dem Bilde vom Homo faber entspräche, durch Handarbeit aus dem Affenstadium heraus und einer sozialen Dressur unterworfen, während seine Psyche wie sein Unbewußtes, auf den zweiten Platz verwiesen, nur noch als Beiwerk gälte, das die emotionalen Schnörkel auf seinen großen Werken bildet, Stoff für die Künste und die Regenbogenpresse. Aber diese Einstufung des Mentalen ist selber ein Akt unbewußten Betroffenseins. Weil es das, was der Vernunft ständig aus dem Blickfeld gerät, besonders dort, wo es unreflektiert die eigene Vernunft durchwirkt, zum Ungreifbaren schlechthin ernennt, zum ewig Chaotischen, das durch äußere Ordnung dauernd in Zaum gehalten werden muß. Manchmal erscheint der Mensch unter dem Aspekt des historischen Materialismus, der aus Mangel an Selbstsicht unverdaute Reste des L'homme machine aus dem 18. Jahrhundert mitschleppt, wie eine Mischung aus Roboter und Bestie – und als Ziel aller Geschichte seine immer umfassendere Zähmung und verbesserte Funktionstüchtigkeit, nicht seine Aufklärung über sich selber. Noch in der berühmt-berüchtigten Stalinschen Formulierung vom Schriftsteller als dem »Ingenieur der menschlichen Seele« steckt ein Menschenverständnis, in dem sich Unwissenheit, Verachtung und Technologiegläubigkeit mit dem kindlichen Glauben an die unbegrenzte Manipulierbarkeit der Maschine Mensch vermengen.

Alle vom Sozialen her beeinflußten Theorien stehen dem Menschen mit Mißtrauen und Reserviertheit, nämlich unter moralischem Aspekt, gegenüber: Er ist ein Tier, das, um kein weiteres Unheil anzurichten, an die Kette gehört. Ändert man seine Umwelt, so daß er nicht wie bisher Beute macht, indem er sich auf seinesgleichen stürzt, wandelt er unter Garantie sein Wesen und wird zu einem höher entwickelten, für das nicht länger das Gesetz des Fressens und Gefressenwerdens Gültigkeit besitzt. Eine gesellschaftliche Evolution vom Fleischfresser zum Vegetarier sozusagen. Und selbst im »Prozeß der Zivilisation«, den uns Norbert Elias auf so überzeugende Weise dargestellt hat, wird – wie der Tiger im bergenden Schatten des Bambushaines – hinter der Beschreibung ein animalisches Geschöpf sichtbar, von dem behauptet wird, es verinnerliche die Leine, an die es gelegt worden sei.

Aber im Verlaufe solcher Darstellung, deren Tatsachengehalt unbestritten sein mag, entstehen doch Fragezeichen, deren Größe und Gewicht mit der Größe und dem Gewicht der Theorie wachsen, die zur Erklärung erdacht ward, und die von der Theorie selber weder widergespiegelt noch gar beantwortet werden. Ich meine, wie eingangs gesagt, die Geschichtlichkeit unserer Mentalität, die keineswegs identisch ist mit der steigenden oder sinkenden Schamgrenze, mit dem Unbehagen beim öffentlichen Urinieren oder dem Gebrauch des Messers beim Fischgericht. Mentalität – und ich äußere hier selber nur Vermutungen – zeigt keine Abhängigkeit von der Mode, von Tischsitten, von Umgangsformen: unterhalb dieser schwärt sie heillos vor sich hin. Sie entsteht und bildet sich über einen längeren historischen Zeitraum hinweg bei Gruppen, bei Populationen, die gleichartigen geschichtlichen Bedingungen ausgesetzt sind, welche in ihrer Fülle unüberschaubar bleiben; nur die vorherrschenden werden sichtbar. Dadurch wird Mentalität weit schwerer auf ihre Ursprünge, auf den Gang ihres Wachstums rückführbar, als offenkundige soziale und zivilisatorische Verhaltensweisen, die, wie ich meine, der Mentalität selber nachgeordnet sein müssen: Weil *sie* nämlich das »Wie« allen Tun und Treibens insgeheim mitbestimmt.

Mentalität meint Grundzüge bestimmten Empfindens, die einem Volk, einer Nation eigen sind: Das, was das 19. Jahrhundert den »Nationalcharakter« nannte, der im 20. Jahrhundert in der »Massenpsychologie« nicht aufgehen wollte.

Die Mentalität, aus vielerlei Gründen zum Untersuchungsgegenstand wie auch immer weltanschaulich bestimmter Anthropologien untauglich, geriet seit der Vorherrschaft materialistischer Theorien völlig ins Zwielicht, so daß sogar ihr Vorhandensein angezweifelt wurde.

Gibt es denn eigentlich so etwas wie eine Mentalität?

Ist nicht alles Verhalten bewußtseinsgelenkt? Oder, falls nicht, dann wenigstens ein Ergebnis der Freudschen Trinität? Wo denn käme Mentalität her? Woraus hätte sie entstanden sein können? Wie überhaupt ihre Genese? Und wohin soll es mit ihr gehen? lautet die letzte Frage, wenn wir die vorangegangene positiv beantworten.

Ich will versuchen, indem ich einige Kennzeichen von Mentalität nenne, vielleicht sogar eines nur, etwas von ihr selber dingfest zu machen. Ihr auffälligstes, möglicherweise ihr wichtigstes Moment, besteht darin, das sie übergreifend und umfassend ist, was bedeutet: Selbst Angehörige gegensätzlicher Schichten und Klassen besitzen sie in einem stärkeren oder schwächeren Maße gemeinsam, so daß sie in unterschiedlichen Graden bei einer Gesamtheit zutage zu treten vermag.

Wir wollen von den Deutschen reden, weil wir selber welche sind, und uns somit die Objekte näherliegen, als wenn wir beispielsweise die seit je von uns bewunderten und niemals verstandenen Engländer als Musterbeispiel heranzögen. Und für die These von den Beziehungen allgemeiner Vergangenheit zum subjektiven Fühlen bietet gerade unser Volk Material mehr als genug.

Zugleich will ich von der Geschichtlichkeit der Angst als einem Hauptbestandteil unserer Mentalität reden; jener Angst, die, nachdem sie unterschiedliche Reizphasen durchlaufen hat, wobei die Auslöser ganz gegensätzlicher Art gewesen waren, zu etwas wie einem »Ordnungsfaktor«, zu einem Bindemittel unserer gegenwärtigen Psyche geworden zu sein scheint. Nicht daß die Angstintensität früher geringer gewesen wäre, aber sie besaß Gegengewichte, welche heute wohl weitgehend verschwunden sind. So ist zum Beispiel das Korrelat heutiger Angst nicht etwa die Hoffnung auf Erlösung von ihr, sondern das Fehlen von Vertrauen, metaphysischem wie zwischenmenschlichem. Das mit Recht so genannte »seelische Gleichgewicht« hat es einstmals über weite Lebensstrecken, deren soziale Grundlagen hier nicht zur Debatte stehen, wohl tatsächlich gegeben, und der Verlust dieses Gleichgewichts prägt die Mentalität – die der Deutschen schon länger als die anderer Völker.

Mir ist ganz gewiß, daß jenes Befinden, das man so ungenau mit »Nostalgie« bezeichnet, keine Sehnsucht in eine frühere, jedermann kenntlich unbequemere und den Umständen entsprechend rohere oder rauhere Vergangenheit ist, sondern vielmehr das Verlangen nach eben dieser verlorenen inneren Balance. Aus ihr sind wir geraten und wissen nicht wie. Einmal schreiben wir es dem »Streß modernen Lebens« zu, der Hast, dem leeren Tempo, dann wieder der allgemeinen Glaubenslosigkeit, dem Zerfall der Familie, den Umweltzwängen, der Ausrichtung unserer Interessen aufs Konsumieren, auf materielles Wohlergehen. All das trägt bedingt dazu bei, wäre jedoch allein und für sich nicht ausreichender Anlaß für diese Rückwendung zu einer gewesenen Epoche, von der unser aufgeklärter Verstand weiß, wie wenig golden sie war. Trotzdem starren wir mit glänzenden Augen auf die Erzeugnisse ferner, ja, nicht einmal so ferner Tage, als seien sie die letzte Garantie für etwas, das es nicht mehr gibt, und von dem wir nicht ahnen, was es denn nun eigentlich wirklich sei. Der billigste Trödel der späten »Roaring Twenties« wie die endgültigen Ausläufer »wissenschaftlicher Weltanschauung« dienen demselben Zweck. Sie vermitteln das Versprechen von Sicherheit, und sie absorbieren unser Interesse für unsere persönliche Zukunft. Und selbst in den ehrenwerten und notwendigen Bemühungen um die Erhaltung von städtischer Altbausubstanz, von lebendigen Stadtzentren, spricht sich keine neue, gar revolutionäre Konzeption aus, sondern nur der Wille zum Bewahren einer als existent angenommenen ehemaligen Ausgeglichenheit divergierender gesellschaftlicher Kräfte, Proportionen und Aktivitäten, ja, sogar zur Wiederherstellung einer durch Architektur und Städtebau beförderten Kommunikation, für die es aber leider in Wahrheit gar keine reale Basis mehr gibt. Unsere gegenwärtigen Städte sind nicht das Übel, das unser Leiden verursacht, sie sind eher der exakte Ausdruck dessen. Soweit eine Abschweifung, die doch Wichtiges aufhellt.

Denn die Gegenwart des Vergangenen steckt tief in uns selber, und zwar auf zweierlei Art: einmal als Manko, als Phantomschmerz an der Stelle, wo wir Amputationen erlitten, wie eben an unserer Psyche, zum anderen als Implantate, zu denen wir auf undurchsichtige Weise gekommen sind. Insgesamt ergibt sich daraus deutsche Mentalität, die wir stets abzustreiten pflegen, was für ihre unkontrollierte Dynamik spricht.

War bereits von der Angst als einem Hauptbestandteil die Rede, so war keineswegs eine animalische, eine Urangst gemeint, vielmehr eine uns moderierende Verfassung, auf welcher übergroße Vorsicht gedeiht, sich beispielsweise politisch zu engagieren oder das Engagement nur mit Zittern und Zagen einzugehen. Unsere Angst, ihre immer anrufbare Latenz, ist mitnichten ein ausschließliches Produkt der Nazizeit, auch wenn sie in diesem Jahrzwölft ihren Kulminationspunkt erreichte. Würden wir nichts weiter aus dieser Zeit kennen als den instinktiv so genannten »Deutschen Blick«, Bezeichnung für die Kopfdrehung rückwärts über die Schulter, ob da nicht einer lauschend stehe, wir wären allein schon dadurch in der Lage, etwas über den allgemeingültigen Angstpegel auszusagen: daß ihre Anlässe stark und konkret seien. Was auch immer nachträglich erklärt und hinzugedichtet wurde, abgestritten oder bloß ressentimenthaft ins Positive gewendet, die nahezu automatische Kontrolle der allernächsten Umgebung, bevor man sich zu einer offeneren Meinungsäußerung aufraffte, war weit über jede spätere Analyse und Dokumentation hinaus das Symptom und Indiz eines Zustandes, in dem die Angst in ihre akute Phase übergegangen war. Und selbst Protagonisten des Regimes praktizierten dieses Verhalten. Denn die Angst war durchgängig wirksam und nicht auf politische Gegner beschränkt oder auf die vom System verketzerten Minderheiten. Aber die Angst war keine Neuschöpfung des Dritten Reiches. Ohne ihre vorhergegangene Entstehung und anhaltende Anwesenheit wären die bekannten katastrophalen Folgen undenkbar gewesen.

Sie war, dessen bin ich sicher, in Vorformen von geringerer Qualität bereits im Preußen des 18. Jahrhunderts vorhanden, weil ihr Erzeuger und Geburtshelfer, der Absolutismus, sie mit drastischen Methoden hervorrief. Preußen, die deutsche Hegemonialmacht, Leitbild und Ideal aller schon subaltern eingestimmter Naturen, war die Pflanzschule, in der die Furcht gezogen, anerzogen wurde – entgegen allen neueren Bemühungen, dieses staatliche Gebilde teilweise zu rehabilitieren. Es genügt die Stelle aus Lessings Brief an Nicolai vom August 1769 zu zitieren, und man weiß Bescheid: »Sagen Sie mir von Ihrer Berlinischen Freyheit zu denken und zu schreiben ja nichts. Sie reduciert sich einzig und allein auf die Freyheit, gegen die Religion so viel Sottisen zu Markte zu bringen, als man will. (...) lassen Sie einen in Berlin auftreten, der für die Rechte der Unterthanen, der gegen Aussaugung und Despotismus seine Stimme erheben wollte (...) und sie werden bald die Erfahrung haben, welches Land bis auf den heutigen Tag das sklavischste Land von Europa ist.«

Angst muß nicht eine gleichmäßige Verteilung innerhalb einer Bevölkerung erfahren, um zur allgemeinen Trieb- oder Hemmkraft zu werden. Ihre Existenz in den wichtigsten staatlichen Bereichen genügt, um sie zu einem gesellschaftlichen Faktor zu machen. Wenn wir nachlesen, wie der Soldat in Preußen behandelt wurde, wird der Zusammenbruch von 1806 verständlich, und weniger zum Erfolg des revolutionären Elans der französischen Grenadiere als zum Ergebnis der Versteinerung der gesamten preußischen Armee, deren einziger Zusammenhalt jämmerliche Angst gewesen ist. Und die Angst des Bürgers bestand in der Angst vor dem Dienst in dieser Truppe. So wie der Korporal mit dem Stock seine Mannschaft an jeder selbständigen Regung hinderte, so kehrte der gleiche unbarmherzige Dirigismus auf anderen gesellschaftlichen Ebenen wieder, wo er, wie auf der volkswirtschaftlichen, die gleichen schlimmen Folgen zeitigte: ein Zurückbleiben in der Entwicklung.

Erinnern wir uns eines jener grotesken Befehle Friedrichs II., der verlangte, die Landstraßen entweder nicht zu reparieren oder gar zusätzlich aufzureißen, damit Fremde sich länger in Preußen aufhalten und mehr Geld ausgeben müßten. Maßnahmen dieserart waren sakrosankt. Der Bürger wurde niemals als notwendiger gesellschaftlicher Partner anerkannt, nur als Gegenstand der Verwaltung betrachtet, und selbst in Krisensituationen, wo Reformen dringlich gewesen wären, stieß die Regierung ihre Anhänger ab – so verlor bekanntlich Heinrich von Kleist die »Abendblätter«, weil er zu den ohnehin halbherzigen Ideen, aufgrund derer Preußen bürgerlicher werden wollte, kritisch Stellung bezog. Stets triumphierte die Restauration aufs Neue, mißlangen die Versuche, Wandel zu schaffen, was schließlich zur Resignation und zum Rückzug ins Biedermeier führte. Allein die vergleichende Schilderung Chamissos der Atmosphäre solcher Städte wie London und Paris gegenüber der in Berlin, von Petersburg ganz zu schweigen, markieren einen psychohistorischen Stand. Bewundernd beschreibt er, wie in dem schmutzigen, lärmenden London die Gegensätze ungehindert gegeneinander antreten, politische Redner in aller Öffentlichkeit ihre Programme und Thesen verkünden, Bewegung stattfindet, Diskussion, Streit, Leben.

Der deutschen Duckmäuserei, der Angst vor der Obrigkeit, gegen die, wie die wiederholte historische Erfahrung lehrte, offenkundig jedes Aufbegehren zwecklos war, bot sich als einzige Kompensationsmöglichkeit, andern die Angst einzujagen, von der man selber beherrscht wurde.

In seiner Untersuchung des »Weißen Terrors« interpretiert Klaus Theweleit die Aggressivität des »deutschen Mannes« als »Angst vor der Auflösung« durch die Gegenseite, durch die revolutionäre rote Flut, und reduziert die Angst auf die des unbewußt homo-erotischen, des sexuell infantil gebliebenen Mannes vor dem umfassend weiblichen Element – das scheint mir zu einseitig, weil es einen Gegensatz konstruiert, der für die Angst, von der hier die Rede ist, keine Bedeutung hat, da diese für die Gegenseite gleichermaßen bestimmend wirkte, entgegen Theweleits Meinung, der ihr Furcht-Freiheit unterstellt: das dürfte ein Irrtum sein. Gerade die geschlechtsneutrale, klassenübergreifende Begeisterung beim Ausbruch des ersten Weltkrieges, die als ein Gefühl der Befreiung, ja, fast der Erlösung erfahren und beschrieben wird, war vermutlich nichts anderes als die Kehrseite verborgener Ängste, die man nun kollektiv an andere weitergeben durfte. Die Emphase entsprang der emotionalen Gewißheit, endlich einer inneren Last ledig zu werden. Wir ahnen kaum, wieviel an soldatischem Heldentum auf diesem Ausgleich beruht. Das oberflächlich so genannte »Kameradschaftserlebnis« während der bekannten »Stahlgewitter« erscheint als gemeinschaftlicher Befreiungsakt. Das heißt aber nicht nur, daß man gemeinsam die unreflektierte, als Angst wahrscheinlich gar nicht bewußte innere Befindlichkeit auf den »Feind« übertragen konnte, durch das aufeinander Angewiesensein in Gefahr verringerte sich ebenfalls das sonst »natürliche« zwischenmenschliche Mißtrauen – und gerade diese Mißtrauensreduktion, dieses ungewöhnliche unalltägliche Vertrauen, eine ungeängstete Geborgenheit innerhalb einer Gruppe, wird später als das wesentliche Erlebnis erinnert, das man durch allerlei Vereinsmeierei zu erhalten oder wiederzubeleben sucht, ohne es doch tatsächlich erneut spüren zu können. Aus dieser hochgelobten Erfahrung von Angstlosigkeit in der Ausnahmesituation des Krieges resultiert, unter anderem, die Bereitschaft zur Wiederholung. In ihrem Widerstand und Widerwillen gegen die Psychologie hat die Linke niemals jene obskure Sehnsucht einstiger Soldaten nach ihrem Fronterlebnis kapiert, und niemals begreifen können, wie Menschen, die aus Krieg und Kriegsgefangenschaft heimkehrten, wieder bereit sein konnten, noch einmal die Uniform anzuziehen. Etwas Verächtliches regte sich in der Betrachtungsweise solcher Bereitschaft, die als pure Dummheit, als politische Verblendung bezeichnet wurde. Das wirkliche Motiv jedoch bestand in der als angstfrei erlebten Veräußerlichung während einer endlosen Abfolge von Momenten, die zu nichts anderem Zeit ließen, als zum blinden Agieren und Reagieren. Sicher hatte der Soldat Furcht vor Tod und Verstümmelung, aber diese Furcht war eine andere als das sonstige Grundempfinden des von direkten und indirekten Zwängen niedergedrückten Individuums, und so eigenartig und unlogisch es klingen mag: Der Krieg und das Soldatsein, jedenfalls solange man nicht persönlich schwer betroffen war, wird als der Lebensabschnitt mit der größten Freiheit erinnert.

Und gleichzeitig mit der Übertragung eigener, versteckter Ängste auf den Sündenbock, auf den Feind, empfand der Einzelne eine Art Omnipotenz, da die Waffen, die er bediente, ihn zeusgleich, nämlich zum Herrn über Tod und Leben machten.

Im Dritten Reich, wo die innere wie die äußere Repression sich enorm verschärfte, so daß die eingestandene wie uneingestandene Angst ein nie vordem gekanntes Optimum erreichte, mußten schon vor Kriegsbeginn Objekte zur Übertragung bereitgestellt werden – die Juden hatten diese Rolle zu übernehmen. Mir scheinen die meisten Erklärungen wenig überzeugend, die die Judenverfolgung entweder rein wirtschaftlich als Profitgewinn aus Vertreibung und Vernichtung darstellen oder nur als praktizierte Konsequenz einer ideologischen Besessenheit, als wäre die Ideologie an dieser Obsession das Eigentliche, und nicht die von selber sich ergebende Rationalisierung der eigenen Angstaggressivität durch ein Sammelsurium biologischer Halbkenntnisse. Die Ernennung der Juden zum inneren Feind wird nur verständlich in bezug zur subjektiven Angst, die nicht allein auf die Beherrschten beschränkt zu sein pflegt, sondern gleichermaßen auch die Herrscher gefangenhält, und die, gerade ihrer extremen Stärke wegen, auch eine extreme Übertragung und Ableitung erforderte. Nicht allein, daß man Angst loszuwerden vermochte, indem man persönlich sie den dazu freigegebenen Individuen einjagte, schon der Anblick und das Wissen von größeren und tieferen Ängsten als den eigenen, half, diese zu dämpfen, richtete auf, kräftigte die eigene Person, lieferte mit der Möglichkeit des Sich-Überhebens ein massives Gegengewicht für die eigene Schwäche. Aus diesem Grunde wird es immer nichtintegrierte Minoritäten geben, weil ihre psychohygienische Funktion die Integration verhindert.

Eigentlich hat ein ganz simpler seelischer Mechanismus zur Ausrottung der Millionen geführt. Wie nie vorher in der deutschen Geschichte, deren Hauptmerkmal fehlende nationale wie soziale Übereinstimmungen sind, gab es auf einmal eine tatsächliche Volksgemeinschaft, die alle, Obere wie Untere, zusammenfügte, und zwar nicht im Sinne der diesen Vorgang begleitenden verwaschenen »Idee«, und nicht auf gemeinsame politische oder wirtschaftliche Ziele hin, von denen Führer wie Geführte sowieso keine klare Vorstellung hatten, wohl aber durch die Distribution der Angst, die sich natürlich aus tausend Ängsten zusammensetzte.

Betrachten wir heute alte Filmstreifen, so können wir uns den Rausch, die hektische Aufregung, dieses Geschrei und ameisenhafte Gequirle der Hochgestimmten, den gestischen wie akustischen Aufwand an der Spitze wie an der Basis gar nicht anders deuten als den Versuch, die eigene Angst zu übertönen und zugleich anwesenden oder fernen Adressaten Angst anzudrohen, deren Namen bei allen Zusammenkünften und Versammlungen ja auch wie magische Formeln wiederholt wurden: Juden, Bolschewiken, Plutokraten, fixiert in drohenden Bildern, Effigies, deren Wirklichkeitsgehalt bedeutungslos war. Im Gegenteil: Realität würde bloß die manische Annahme des Feindbildes gestört, vielleicht sogar verhindert haben, denn Realität hieße Ähnlichkeit mit dem eigenen Wesen, falls nicht gar: Gleichartigkeit. Daher muß die Andersartigkeit, die Abartigkeit nicht nur betont, sondern überhaupt erst erfunden werden. Das Festhalten an solchen Fiktionen, selbst unter veränderten Umständen, ist übrigens bezeichnend für die Psychose desjenigen, der seiner Angst nicht Herr geworden ist, oder sie nicht mit der Umweltveränderung auf andere Objekte ausrichten konnte. Der Antisemitismus ohne Juden ist dafür kennzeichnend.

Ich frage mich, wie es gegenwärtig um uns bestellt sein muß, da solche Verblendung weiterbesteht, obwohl das Scheitern, der tödliche Irrtum, sich durch die Vernichtung anderer Menschen innerlich selber befreien zu können, zu unseren geschichtlichen Erfahrungen gehört. Wahrscheinlich jedoch zu denen, die aus unserem Bewußtsein nicht bis in unsere Psyche vordringen, nicht in unserer Mentalität Aufnahme gefunden haben: Wir wissen es und wissen es zugleich doch nicht. Denn in entscheidenden Augenblicken wirken wir wie von unserer alten Angst und den ihr entsprechenden Reaktionen gesteuert, die unsere Spontaneität einschränken oder in gehabter Weise kanalisieren.

Wie ist es um diese Angst bestellt, wie aktuell ist sie, und hat sich ihr Stellenwert innerhalb unserer Mentalität verschoben? Ganz gewiß spielt sie eine geringere Rolle als in der Vergangenheit, aber daß sie nicht derart offenkundig und bombastisch und tödlich in Erscheinung tritt, heißt ja nicht, sie hätte sich im Verlaufe der letzten Jahrzehnte aufgelöst. Das ist nicht glaubhaft, da ihr Vorhandensein, ihre geschichtlichen Ursachen und Wirkungen noch unaufgehellt sind.

Unsere dürftige Toleranz und unterentwickelte Fähigkeit zur Selbsterkenntnis, zur richtigen Einschätzung eigener Möglichkeiten, der Realität überhaupt, unser Hang zur Selbstüberhebung, zur Verallgemeinerung und Theoriebildung, zur abstrakten Lösung von Problemen, denen wir in der Praxis ausweichen, in der Sorge um unsere Identität, von der wir vermuten, wir verlören sie sofort, gäben wir nur etwas von unseren Prinzipien auf. Wir fürchten in jeder Hinsicht Flexibilität und verwechseln dauernd unser Korsett mit unserem Charakter. Etwas vom Michael Kohlhaas ist jedem von uns eingesenkt, von dieser traurigen, niemals ihr Recht findenden, blutig agierenden und blutig endenden Gestalt, der kein Funken Witz, keine Spur Ironie, nichts Liebenswertes, keine Einsicht, Weitsicht, Weisheit zugeordnet ist. Sie ist zum Untergang disponiert.

»Das liegt uns nicht«, sagen wir, auf andere Nationen verweisend, und so gehört auch zu unserer Mentalität, daß wir verachten, wonach wir uns insgeheim sehnen, und wozu wir uns nicht aufraffen können: zur Genußfähigkeit anderer Völker, ihre Art, mit dem Leben fertig zu werden, vieles nicht ernst zu nehmen, auf die »leichte Schulter«, auf der wir immer die Flinte trugen. Fairneß, Zivilcourage, eigene Moralität, die über jede amtlich verordnete hinausgeht – Eigenschaften, die sich bei uns und in uns nicht zu entwickeln vermochten. Es handelt sich halt um Eigenschaften, die für Untertanen nicht brauchbar sind.

Ich bin mir darüber klar, daß ich gewisse Züge generalisiere, möglicherweise übertreibe, aber ich glaube doch, daß den Deutschen, selbst in ihrer augenblicklichen Zweistaatlichkeit, etwas eigen ist, das anderen Völkern absonderlich und auch verdächtig vorkommen muß. Etwas in der Mentalität, das uns von allen anderen unterscheidet, und das uns nicht »von Natur« angeboren ist.

Wenn Zivilisiertwerden bedeutet, von Fremdzwängen zu Selbstzwängen fortzuschreiten, so scheint dieser Prozeß, während er bei anderen europäischen Nationen kontinuierlich verlief, in Deutschland von Diskontinuität, vom Schwanken zwischen den Extremen solcher Disziplinierung gekennzeichnet zu sein. Kein maßvoller Übergang, die Erziehung zum Selbstzwang wird vielmehr häufig durchbrochen und abgelöst von martialischen, oft brutalen Fremdzwängen, oder, was tiefe Spuren hinterließ, das Zusammenfallen beider Modi der Formierung, manchmal sogar mit widersprüchlichen Zwecken, so daß Staatsräson und Ethik kollidieren und aus dem unlösbaren Dilemma Unsicherheit wächst, sich falsch zu verhalten und damit der Strafe anheimzufallen. Und mit falschem Verhalten meine ich nicht den unrichtigen Gebrauch von Messer und Gabel.

Diese Angst begünstigt voreilige Gehorsamsbereitschaft, da man den eigenen verstörten Instinkten mißtraut. Wenn der Befehl ausbleibt, erleben wir Unter- oder Überreaktionen, ersichtlich beispielsweise am Umgang mit Ausländern oder im Ausland, wo wir außerhalb des gewohnten Umfeldes, eines Kontextes, nach dem wir uns sonst richten, Ehrfurcht oder Hochmut, seltener jedoch Verständnis oder Gelassenheit zeigen. Sicher sind die Deutschen die Tüchtigsten, aber sie haben dafür, indem sie ihre Ängste verdrängten und kompensierten, im romantischen Wortsinne »mit ihrem Seelenfrieden« bezahlt. Wie im symbolträchtigen Märchen vom »Steinernen Herzen« wird man nur erfolgreich und namhaft durch solche Verwandlung, die außerhalb des Gewußtwerdens sich vollzieht. Frei von Angst zu sein, hieße aber, sie nicht unaufhörlich in materielle Werte umwandeln oder in die Verschönerung des eignen Erscheinungsbildes, sondern sie erst einmal als gegeben hinzunehmen, anzunehmen, damit sie nicht weiterhin als der leicht bedienbare Hebel fungiere, mittels dessen man uns steuert. Solange wir Angst nicht wahrhaben wollen, hat man mit uns leichtes Spiel. Unsere »Unfähigkeit zu trauern« beruht auf der Angst vor der Trauer, vor der Hingabe an das Leid der Welt, obgleich eine derartige Hingabe zum inneren Gleichgewicht gehörte. Der durch Alexander Mitscherlich beinahe zum geflügelten Wort gewordenen Trauerunfähigkeit korrespondiert dialektisch jene zur Fröhlichkeit und zum Glücklichsein. Wer nicht weinen kann, wird kaum je lachen können.

Nicht daß wir die Angst loswürden, wir sind keine Apparate, nützlicher durch Auswechseln hemmender Teile, wenn wir ihr Beschädigtsein nur zu erkennen vermöchten. Aber im Blick auf ihre historischen Herkünfte bietet sich uns die Chance, nicht weiter von ihr blindlings überwältigt zu werden. Vielleicht würden wir, die doch recht oberflächlich der Welt angepaßten Deutschen, anderen und unsereins gegenüber großzügiger, ja: milder. Was ich hier bisher ohne Anspruch auf Genauigkeit nur andeutend und eher hypothetisch »Mentalität« genannt habe, dieses besondere innere Klima, aus dem sich das äußere zwangsläufig ergibt, würde sich wesentlich bessern, analysierte man seine geschichtlichen Bedingungen. Schon die Frage nach einer »Deutschen Mentalität« und der Versuch einer Antwort käme dem Umgang mit uns selber zugute. Und was eigentlich wäre notwendiger als eine gründliche Durchforschung dieses eigentümlichen

»nationalen Erbes«, das wir so unfreiwillig und unbewußt erworben haben, daß es uns besitzt wie der Teufel die arme Seele.

Deutsche Einfalt

Nach Wiederlesen des »Simplicissimus«

Als lateinisches Zitat steht in diesem sechsteiligen Buch: »Erkenne dich selbst.« Und wer, wie ich beispielsweise, umfassender traumatischer Erfahrungen ganzer Völker ziemlich gewiß ist, hält auch Selbsterkenntnis für nicht beschränkbar aufs Individuelle, scheinbar Ungeschichtliche. Eigenarten und Verhaltensprägungen, mit denen wir uns geschlagen wissen, ließen sich leichter tragen (und möglicherweise abbauen), entdeckten wir darin den historischen Ursprung. Wenn Literatur überhaupt einen Nutzen stiftet, dann vielleicht den solcher Einsicht.

Liest man den »Abenteuerlichen Simplicissimus« unter diesem Aspekt, wird man erschrecken. Was unter der Kategorie »Schelmenroman« dahinging und durch diesen Begriff (auch durch den Stil des Werkes natürlich) zugleich Neutralisierung erfuhr, ist eine Geschichte unmenschlicher Exzesse in der Form des Slapsticks, des schwarzen Humors, der blutigen Satire. Übersetzt man sich das ausschweifende, altertümliche Deutsch des 17. Jahrhunderts sowie die dezente und formelhafte Benennung der extremen Geschehnisse in seine eigene unmittelbare oder auch nur mittelbare Teilhabe an den Weltläuften, so erlebt man mit, was »Teutschland« seelisch nie *bewältigen* konnte und darum leichte Wiederkehr hatte. Aus dieser Sicht erscheint das Dritte Reich, der zweite Weltkrieg mit allen Begleiterscheinungen und noch die Spaltung des Landes nebst symmetrischen militärpolitischen Allianzen, vom Gegensatz der Glaubensspaltung ganz zu schweigen, wie eine Fortsetzung des Dreißigjährigen Krieges mit anderen Mitteln.

Grimmelshausen, Autor dieses pseudobiographischen Berichtes, wußte, wovon er schrieb, da er als halbes Kind bereits in die Truppe geraten war. Wie von Selbstverständlichkeiten spricht er von Folter und Notzucht, Brandstiftung, Mord und Totschlag, und wohl in keinem andern Stück Weltliteratur wird soviel von Geld geredet wie in diesem. Es hat nahezu mythische Bedeutung, denn es verbürgt einerseits Rettung und Überleben, andererseits Tortur und Tod. Jene Meinung, erst in unserer »Moderne« könne man alles kaufen, wird von Grimmelshausen gründlich widerlegt.

Wie aus sonst keiner Geschichtsschreibung geht hier eindeutig hervor, warum dieser Krieg kein Ende nehmen wollte. Die überwältigende Vorherrschaft des damaligen militärischen Denkens schuf eine anhaltend lebensverneinende Existenzweise. Beide Seiten suchten nicht nur, ihre jeweiligen Kriegsgefangenen für sich in Dienst zu nehmen, was oft ohne Schwierigkeiten gelang, da es mit der Glaubenstreue, ob Kaiserliche, ob Schwedische, kaum weither war, sondern man verkaufte die Gefangenen auch ungesäumt wieder an den »Feind«, der gleichermaßen verfuhr. Offensichtlich wurden Gefangene häufig nur wegen des Lösegeldes gemacht. In den höheren Rängen kaschierte sich der Seitenwechsel als Überzeugungstat. Tatsächliches Opfer war die Zivilbevölkerung, die den Rohstoff für die Kriegsmaschinerie lieferte, und erst als dieses Reservoir total erschöpft war, hörte der Krieg auf. Dieser »Holocaust« – ich scheue mich in diesem Falle des Wortes nicht – hat sich wahrscheinlich tief ins Unterbewußtsein der Deutschen gesenkt, und ihre Jahrhunderte währende Fixation an alles Militärische, so etwas wie ein »militantes Selbstbewußtsein« resultiert vielleicht aus dieser Zeit des Völkermordes, ja, des Selbstmordversuches der Deutschen. Den überlebten sie zwar und stärker dezimiert als gegenwärtig die Kambodschaner, doch ohne sich je wieder in das inzwischen fortgeschrittene Europa recht einordnen zu können. Wie groß die Kluft selbst damals schon war, erlebt sogar unser Simplicius bei einem Aufenthalt im kriegsfernen, friedlichen Paris, dem darum auch eine besondere Idylle, ein erotisches Verweilen in einem Hörselberg bei einer verdreifachten Venus zugeordnet ist. Nur Rußland, an seiner eigenen »Ostfront« mit den Tataren beschäftigt, bildete da eine Ausnahme und wies dem Besucher Züge, die heute eigentümlich bekannt vorkommen. Im 21. Kapitel des 5. Buches (»Wie es Simplicio weiters in der Moskau erging«) liest man über den Aufenthalt unseres Helden unter anderem:

»Damals ging ein Mandat aus, daß man gleichwie unter den Einheimischen also auch unter den Fremden keine Müßiggänger bei hoher unausbleiblicher Strafe mehr leiden sollte, als die den Arbeitenden nur das Brot vor dem Maul wegfräßen, und was von Fremden nicht arbeiten wollte, das sollte das ganze Land in einem Monat, die Stadt aber in vierundzwanzig Stunden räumen. Also schlugen sich unsrer bei funfzig zusammen, der Meinung, unsern Weg in Gottes Namen durch Podoliam nacher Teutschland miteinander zu nehmen; wir wurden aber nicht gar zwo Stunden weit von der Stadt von etlichen reußischen Reutern wieder eingeholt, mit dem Vorwand, daß wir uns frevelhafterweise unterstanden, in so starker Anzahl sich zusammenzurotten und ohn Paß unsers Gefallens dero Landen durchziehen, mit fernem Anhang, daß ihre Majestät nicht unbefugt wären, uns unsers groben Beginnens halber nach Sibirien zu schicken.«

Außer in seinem geschichtlichen Gehalt, den konkreten Fakten und Personen, ist Grimmelshausens Buch noch auf eine ganz andere, archetypische Art »deutsch«: in seinem Bildungsanspruch. Gewiß entsprechen Anspielungen auf die Bibel und die griechisch-römische Mythologie der Epoche, dem Barock, zusätzlich aber streut der Autor in jedem Kapitel in Überfülle seine lexikalischen Kenntnisse aus, so daß die Menge der Analogien, Vergleiche, Symbole, Hinweise die Erzählung überwuchern. Als spränge just hier die Quelle, aus der Schriftsteller von Jean Paul bis Arno Schmidt das ihre schöpften. Trotzdem hat dieses »Bildungsgut« eine zweckvolle Funktion: es bettet die unglaublichen Ereignisse, den realen Schrecken wie die fantastischen Einfälle, in eine gleichmäßige, beruhigende und beruhigte Erzählsprache, um damit die Distanz zu erzeugen, die das Mitgeteilte erträglich und akzeptabel macht. Zugleich verbindet sich dieser komplizierten, nämlich retardierenden, sich selbst spiegelnden Darstellungsweise ein naives Staunen vor dieser Welt, das, indem es sich in Handlungen der Hauptperson umsetzt, dieser ihren Namen gibt: Simplicius, der Einfältige. Aus diesen Elementen, verbunden mit angriffslustiger Zeit- und Gesellschaftskritik, erwächst dem Leser ein Vergnügen, das im Stoff selber keine Heimat hat. Denn es ist die Geschichte einer deutschen Misere, immerzu über das lachend, was eigentlich zum Weinen Veranlassung bietet. So kann nur ein Betroffener erzählen, der, um überhaupt seine Erfahrung artikulieren zu können, sich selbst maskieren und seinen Gegenstand verfremden muß. Und was im 2. Kapitel des 4. Buches Monsieur

Canard beiläufig dem Simpel unterstellt, gilt möglicherweise für den Autor selber, ja, vielleicht für alle Schriftsteller seines Schlages:

»Ihr redet von der Sache wie ein Teutscher; wann ihr aber einer anderen Nation wäret, so wollte ich sagen, ihr hättet davon geredet wie ein Narr!«

Auf der Suche nach dem verlorenen Selbst oder: Was ist des DDR-Deutschen Vaterland?

Bücher über die DDR tragen das Stigma des Unvollkommenen, ihren Gegenstand nicht Erschöpfenden, eben ein Ungenügen an sich. Objektivität ist ohnehin nie zu erwarten. Aufrichtigkeit bei der Wiedergabe individueller Eindrücke ist noch das Beste, was zu erhoffen ist. Erst aus ihrer Häufung mag sich ergeben, was wir – vielleicht vorschnell – »Wahrheit« zu nennen geneigt sind.

Angesichts der Bilder nahezu romantischer Landschaften, selbstvergessener Gegenden, weltferner Städtchen und der wie absichtlich für reisende Fotografen aufgebauten, unbeholfenen Bekundungen ideologischer Ansprüche vor altertümlichen Kulissen und damit unbewußt einen real existierenden Widerspruch real dokumentierend, stellt sich dem Betrachter die Frage: Was eigentlich ist diese DDR? Wer sind ihre Bürger? Noch Deutsche? Oder bereits ethnische Mutanten, die sich, wie einst auf ihrem Entwicklungswege Säugetiere vom Meer, von ihrer Herkunft, der eigenen Historie emanzipiert haben und nun eine ganz andere als die bisherige Art darstellen? Oder befinden wir uns erst in der Übergangsphase, nicht Fisch, nicht Fleisch, in amphibischer Existenz, noch fern vom aufrechten Gang einer neuen Gattung?

Jede Antwort darauf ist für den erwähnten Betrachter weniger wichtig als für den Betrachteten selber, der sie sich natürlich auch zu geben sucht – nur hängt für ihn mehr davon ab als die Befriedigung eines Informationsbedürfnisses: nämlich ein wesentlicher Teil der Sinngebung seines Lebens.

Identitätsfindung: Das fällt weltweit und innerhalb aller Gesellschaften immer schwerer, weil die alten Institutionen, überlieferte Normen und Werte und die daraus resultierenden Verhaltensweisen schwinden oder gar schon verschwunden sind, während neue, prägende Verbindlichkeiten eher inständig beschworene Schemen als glaubhafte Realitäten darstellen. Wie sollten *wir* da nicht noch größere Schwierigkeiten haben?

Zwar bestreiten wir häufig und heftig, der tradierten Vorstellung vom »Deutschen« zu entsprechen, sind aber ernstlich kaum in der Lage, solche Vorstellung überzeugend zu widerlegen. Noch unsere Allergie gegen »Deutschtum« ist absolut deutsch, denn es ist ein Kennzeichen unserer Nation, daß sie zwischen Selbstüberhebung und Selbstverachtung während ihrer langen und tragischen Geschichte keinen Ausgleich zu finden vermochte. Unsere abschätzige Beurteilung anderer Völker und Gemeinschaften, gipfelnd im mörderischen Antisemitismus, stammt aus purem Neid auf die andern, die historisch Erfolgreichen, Ausdauernden, Kulturprägenden, denen wir, zum Trost für unsere Schwäche, abstruse Eigenschaften und Charakterzüge unterstellen. Waren wir schon zum Erleiden der deutschen Misere verurteilt, dann sie zur sexuellen Libertinage, zur mediterranen Faulheit, zum insularen Krämergeist, zur slawischen Schlampigkeit oder gar zur Minderrassigkeit. Daß wir als Deutsche Extremisten sind, im Positiven wie im Negativen (meist leider im Negativen), weiß die Welt inzwischen, nur wir selber stellen uns unwissend, indem wir glauben, wir hätten Grundzüge unseres Wesens, etwa nach einem politischen Umbruch, wie durch ein Wunder verloren. Toleranz, außer gegenüber uns selber, ist unsere Sache nicht, und selbst die blutigen Beweise für eben diese

Intoleranz haben unsere brutale Selbstgerechtigkeit kaum verringert. Nur richtet sie sich, da ihr nach der letzten Katastrophe äußere Wirkungsfelder verschlossen sind, gänzlich nach innen, gegen Gruppen oder Einzelne, die als Objekte missionarischer Aggressivität möglichst widerstandslos ihren »öffentlichen Dienst« zu versehen haben. So ist ein geschichtliches Merkmal zu unserem »besonderen Kennzeichen« und zum Bestandteil unserer Typisierung geworden: daß wir – über Klassen- und Schichtengegensätze und die diesen entspringenden Aversionen hinaus – Vorbehalte und Antipathien gegen Angehörige unterschiedlicher Stämme unseres eigenen Volkes hegen. Wahr ist, daß das Verhältnis zwischen Preußen und Bayern, zwischen Berlinern und Sachsen seine politischen Ursachen hat, aber daß der Widerwille, wenn nicht gar Haß, sich gerade an der nationalen Verwandtschaftlichkeit des jeweils anderen entzündet, das scheint mir ein Zeichen unserer tiefen Verstörung.

Das Fehlen eines sich mit der Nation deckenden einheitlichen Staates – seit Karl dem Großen war die ohnehin lockere Reichseinheit niemals mehr als ein fragwürdiges Zwischenspiel – hat den Partikularismus und Regionalismus der Deutschen erhalten und gefördert: Deutschland stellte die Idee, auf die man sich in nationalen Notzeiten berief; von der man seine Träume bezog, seine Illusion, daß in einem einheitlichen Reich aller Deutschen die schmerzhaften und zerstörerischen Widersprüche von allein aufhören würden. Und es mußte fatale Spuren in unserer Mentalität hinterlassen, daß dieses Zusammengehörigkeitsgefühl immer nur in Kriegen auflebte: 1813, 1870-71, 1914, und in friedlicheren Zeitläuften, weil eben faktisch abwesend, verbal und übertrieben bekundet werden mußte. Waren wir also nicht vielmehr ein Volk in Anführungsstrichen als tatsächlich Deutsche?

Und was, wenn die im späten 20. Jahrhundert zu klein gewordene Region, die in Auflösung begriffene Volksgruppe kaum noch Identifizierungsmöglichkeit bietet? Worauf sich »überregional« beziehen, da das übergeordnete, ständig abstrakter werdende Bezugsobjekt, die Gesamtnation oder »Deutschland«, ausscheidet?

Wir nennen uns zwar immer noch Deutsche, doch auf was eigentlich wir uns dabei berufen, ist uns nicht mehr sicher. Noch stützt uns die Sprache, die kulturellen Früchte jenes tiefschattenden Baumes deutscher Geschichte, aber die Wirkung, die Ausstrahlungskraft, von der die gewiß nicht schlechtesten Geister unserer Nation zehrten, selbst wenn sie davon um den Schlaf gebracht wurden, ist schwach geworden. Der Begriff »Deutschland« löst weder Emphase noch Liebe, weder Haß noch Sentimentalität aus: er ist uns halb entrückt. Woher also sollen wir unsere nationale Grundlage nehmen? Das aktuelle Angebot – zu offenkundig, um es zu verschweigen – ist ziemlich mager, gleich dem anderer Gebrauchs- und Konsumgüter. Mit »Arbeiterklasse« sich selber gleichzusetzen, wäre selbst unter weitaus günstigeren Bedingungen nur einem Teil der Bevölkerung möglich und schlösse vermutlich die Mehrheit aus. Und die »progressiven Kräfte« unserer Vergangenheit? Eine Retortenformel, unter die niemand sich zu subsumieren imstande wäre. Ja, es erscheint überhaupt problematisch, ob ein sozial begrenzter Bereich, der sowieso ein geschichtlich spätes Produkt, ein Ergebnis von Arbeitsteilung und Entfremdung ist, herzuleihen vermag, was vordem die Nation mehr oder weniger erfolgreich geleistet hat, nicht zuletzt durch ein Ingredienz, über das Aufklärer aller Schattierungen lieber schweigen, weil sie keine fertige Erklärung parat haben: den Irrationalismus.

Ein einziger, der marxistisch beeinflußte Sozio-Psychologe Klaus Theweleit, hat in einer Analyse des rechten Nationalismus aufgedeckt, welcher Natur und Unnatur die geheimen Beziehungen sind, die das Individuum an die Nation fesseln, und die nur teilweise dem Bewußtsein zugänglich sind und von Vernunft begründet werden. Die gedanklich vollzogene Bindung setzte ja freie Wahl voraus: daß man geschichtslos und unbeeinflußt in einem logisch begründeten Willensakt aus der langen Reihe von Vaterländern sich eines erkürte. Da dies so offensichtlich unmöglich ist, muß jedes gesellschaftliche System damit rechnen, daß es bei seinen Bürgern stets mit zwei verschiedenen, häufig sogar konkurrierenden Bezugssträngen zu tun hat, die sich in den seltensten Fällen zu einem haltbaren Tau verweben. Mit einem verstandesmäßigen, bestehend aus materiell-ökonomischen Überlegungen, Karrieredenken, Aufstiegshoffnungen, Sicherheitsbedürfnis, Wohlfahrtswunsch, mittels dessen der Bürger die bekannte »Vernunftehe« mit seiner Gesellschaft eingeht, verwebt sich der andere, der irrationale Strang und knüpft das »illegitime« Verhältnis, in welchem Psychosen, Realitätsverlust, sado-masochistische Verblendungen und vieles mehr, von dem sich die Schulweisheit der Theoretiker leider wenig träumen läßt, seine verborgene Rolle spielt. Diese Implantate, über welche gerade unsere deutsche Geschichte bestens Bescheid gäbe, lassen sich durch amtliche Verordnungen weder abschaffen noch ersetzen.

Und noch etwas Wesentliches scheint mir ungenügend beachtet, das mit den Perspektiven einer Nation, eines

Nationalempfindens zusammenhängt. Einstmals, vor Entstehung der Nationen, bildete das Christentum die unbezweifelte Basis der Verständigung, gültig für ganz Europa, bis die Nation, bis der Nationalismus den umfassenden Glauben abgelöst und ersetzt hat. Was aber ersetzt uns die Nation?

»Nation« meint ja nicht allein den Aufenthalt im gleichen geographischen Raum, gleiche Sprache, Kultur, Geschichte, Gesellschaftsstruktur, Gebräuche – es bedeutet vielmehr – und damit nenne ich den ignorierten Umstand – eine Vielzahl spezifischer Umgangsweisen, die im Prozeß langwierigen gemeinsamen Zivilisiertwerdens entstanden. Wo ihnen zuwidergehandelt wird, sind wir nicht mehr daheim, breitet sich Fremdsein aus. Und nichts ist wohl furchtbarer und psychisch vernichtender, als wenn Minoritäten oder Individuen aus herrschafts-pragmatischen Motiven wiederbelebten, altertümlichen Behandlungsmethoden unterworfen und aus Übereinkünften ausgeschlossen werden. Nicht dazuzugehören: ein Schicksal, das Deutsche andern Deutschen innerhalb der eigenen Landesgrenzen zufügten. Und ich frage mich, ob zu den vielen sozialen und ökonomischen Indizien des Faschismus nicht jener barbarische Akt gehört, der den Volksverwandten zum Feind macht: Ein Ausgestoßensein, das mit dem Ausschluß aus einer Organisation, einer gesellschaftlichen Stellung unvergleichbar ist, weil eben das Soziale und das Nationale bestenfalls angenähert sein können (wie etwa in England), keineswegs aber deckungsgleich sind. Insofern ist Nation sozial unbestimmter und soziologisch erklärbar nur in ihrem Ursprung und Wachstum, in ihrer Künftigkeit hingegen nicht. Das Staunen über den zunehmenden Nationalismus allerorten, nicht allein in der Dritten Welt, signalisiert solche Zukunftsblindheit.

Darum muß, wo ein nationales Manko besteht, die Staatlichkeit übermächtig wuchern, als Ausgleich des Fehlenden, was wiederum dialektisch dazu führt, daß das Fehlende nur unter zunehmend erschwerten Bedingungen sich zu erneuern vermag, da es seine bisherigen Räume von Staatlichkeit besetzt findet. So stellen sich Mechanismen her, von deren Auswirkungen wir noch gar nichts wissen können.

Als was sollen wir uns daher definieren, sozial uneinheitlich wie wir nun einmal sind, politisch heterogen, religiös kaum noch gebunden und »deutschtümlich« schwach – im Gegensatz etwa zu unserem Nachbarn Polen, wo Katholizismus und Nation, offenkundig unauflöslich ineinanderverschränkt, zwei starke Stützen für das historisch geschwächte Individuum bilden.

Aus dem Dilemma der Deutschen – das zwar beidseits der Elbe, aber immerhin in abweichender Intensität darin besteht, eine Identität zu finden, frei von der lastenden Vergangenheit, vom überheblichen Provinzialismus, von der Lust, entweder rohrstockschwingender Oberlehrer der Welt oder ihr unterwürfiger Hausknecht zu sein – aus diesem Dilemma führt allenfalls freiwillige Annahme eines anderen, dem Vorstellungskomplex »Nation« ähnlichen, doch umfassenderen Gebildes. Europa, unser vielfältiger Kontinent, von globalen strategischen Fantasmagorien bedroht, könnte auch der Deutschen höhere Heimat sein, unabhängig vom aktuellen Wohnort. Sicher kämen wir auch in unseren engeren, allzu engen örtlichen Gegebenheiten besser zurecht, nähmen wir Teil an dem, was seit über zweitausend Jahren entstanden und noch heute unverlorenes Erbe ist. Jedes Buch, das wir lesen, jedes Bild, das wir sehen, selbst die kleinsten Städte, stets am Rande hoher Ansprüche gelegen, und sogar im Kodex der Verkrüppelung die rhetorische Phrase, sie alle sind ohne europäische Vergangenheit nicht denkbar. Weil wir wissen, es gibt nichts Neues, das nicht aus vielerlei Gewohntem nur ungewohnt arrangiert wäre, würde das Bewußtsein jener Quellen, die niemals versiegt sind, auch uns befähigen, unsere mehr oder minder kritikwürdige Existenz zu erhalten und in einen umfassenderen Rahmen einzufügen, von dem uns lebensnotwendige Größe zukäme, weil nichts so klein macht wie kleinliches Denken und kleinliches Dasein. Wahre Größe kann man nicht importieren, nicht in Anlehnung an großräumigere Erscheinungen gewinnen. Größe erwächst aus nichts anderem als bedachtem Bewahren alles dessen, was groß gewesen ist – dazu bedarf es freilich des Sicherinnerns. Jegliches rings um uns haben wir ohne eigenes Zutun erhalten, aber dennoch verdrängt, weil wir nicht länger sein wollten, was wir einst gewesen sind: Deutsche nämlich. Doch ist es unvorstellbar, ohne diese europäische Erbschaft etwas anderes zu sein als ein Peter Schlehmil, der seinen Schatten verkauft und dafür wenig besseres eintauscht als materielle Werte und die heimliche Verachtung der übrigen Welt.

Deutsche Literatur in Ost und West

Von den vielen fruchtlosen Diskussionen und Diskursen der letzten Jahre und Jahrzehnte waren wohl die über die Einheit oder Zweiheit der deutschen Literatur die fatalsten. Sie gingen nicht von ihrem Gegenstand aus, den zu untersuchen sie vorgaben, sondern strikt an ihm vorbei. Die Ergebnisse waren danach: nichtssagend bis widersprüchlich. Denn während man sich über die Einheit oder Divergenz der deutschen Literatur ereiferte, meinte man eigentlich etwas ganz anderes: nämlich die eigene nationale Identität. So wie die DDR die These von der einen deutschen Literatur notwendigerweise ablehnte und sie als »imperialistische Vereinnahmung«, als »kulturelle Aggression« bezeichnete, um die ideologische Abgrenzung zur Bundesrepublik zu verdeutlichen und zu sichern, so grundierten auch in der Bundesrepublik ideologische und politische Motive diesen Streit um des Kaisers Bart. Die Sache selber, die Literatur, rückte dabei nahezu gänzlich aus dem Blickfeld. Oder es wurde nur an ihr wahrgenommen, was zu den jeweiligen Theoremen paßte. Im Grunde hätte die Frage lauten müssen: Sind die Deutschen noch ein Volk, bilden sie überhaupt noch eine Nation? Diese Frage jedoch, damals noch mit tausend Tabus belegt, stellte sich nicht. So mußte die Literatur für etwas herhalten, für das sie ganz ungeeignet ist. Wer unter den Diskutanten die Fragwürdigkeit der Problemstellung spürte, zog sich auf die Formel von der »deutschsprachigen« Literatur zurück, Österreich und die Schweiz aus lauter Verlegenheit eingemeindend, ohne damit einer klareren Antwort näherzukommen.

Stillschweigend vorausgesetzt wurde meist, die wahre

deutsche Literatur sei die in der Bundesrepublik geschriebene, während die in der DDR unter dem Zeichen des »Sozialistischen Realismus« entstandene als etwas Synthetisches galt, dem man nur Symptomcharakter zugestehen mochte. Ausnahmen von der Regel bildeten Autoren und Werke, wie etwa Johannes Bobrowski und seine Gedichte, die sich dieser Vorstellung von deutscher Literatur integrieren ließen. Solche Sehweise ignorierte das dialektische Wesen der Literatur, das jeder Literatur eigen ist, nämlich Reflex einer Wirklichkeit und zugleich einer Person zu sein, in der sich die Wirklichkeit, manchmal bis zur Unkenntlichkeit, bricht. Die Betrachtung der Literatur als objektive Information über Land und Leute, als Produkt von Propaganda, als verschlüsselte Mitteilung über die Unterdrückung, als Kassiber aus dem Gefängnis der Gesellschaft, konnte dem, was Literatur bedeutet, natürlich nicht gerecht werden. Zwar stimmte vieles in den vielen Analysen, insbesondere der DDR-Literatur, aber übersehen wurde etwas Wesentliches: die literarische Substanz.

Über die Äußerlichkeiten der beschriebenen Umwelten verkannte man analoge Entwicklungen in der deutschen Literatur beider deutscher Staaten. Wenn wir als ein Kennzeichen klassischer deutscher Literatur bis hin zur Moderne des 20. Jahrhunderts eine gewisse Innerlichkeit sehen, eine Kultivation des Innenlebens, das die Schrecken der Epochen nicht zu erreichen vermochte, dann läßt sich beispielsweise eine Gleichartigkeit deutscher Literatur in Ost und West darin erkennen, daß dieses Kennzeichen und das, was es signalisiert, unaufhaltsam verschwand.

Die Schrecknisse des Alltags sind inzwischen in die

Psyche literarischer Gestalten eingedrungen, ohne jenes seelische Gegengewicht zu finden, das die Figuren beispielsweise noch bei Thomas Mann über die Abgründe hinwegtrug. Mir scheint, daß unsere Zeit, indem sie auf uns noch uneindeutige Weise alle tradierte Ethik und Moralität auflöst, mittels erfundener Figuren diesen Verlust anzeigt – hier wie da.

Das Selbst einer literarischen Figur scheint ersatzlos gestrichen. Laschen, der Reporter in Nicolas Borns Roman »Die Fälschung«, steht als Prototyp für diese Veränderung ein: Ein Mann, dem längst sein Ich entglitten ist, falls er je eines gehabt hat, und der damit nicht bloß sich selbst entfremdet ist, sondern auch so veräußerlicht, daß er sich aus dem zusammensetzt, was um ihn herum und mit ihm geschieht. Nicht mehr er verwirklicht sich in der Realität, sondern sie verwirklicht sich in ihm: er wird ihr Ausdruck. Dadurch wird sie für ihn unerreichbar, da die Reziprozität sich umgekehrt hat: er wird ergriffen und ergreift selber nichts. Sein ostdeutscher Dioskur ist, jedenfalls bis zu einem gewissen Grade, der Ingenieur Wülff in Erich Loests Buch »Es geht seinen Gang«, das zwar in der DDR erschien, aber bereits nach der ersten, sofort verkauften Auflage zum Stein des Anstoßes wurde. In diesem Roman sind die Menschen austauschbar geworden und die Hauptfigur zu einem Rädchen, das schlechter und schlechter funktioniert und somit die Repression der gesellschaftlichen Maschinerie erleidet. Weder der Reporter Laschen noch der Ingenieur Wülff sind in der Lage, der überwältigenden Umwelt ein eindeutiges, mit sich selber identisches Ich entgegenzustellen. Ihre Leiden entbehren der Tragik; sie werden »nur« zersetzt und langsam aufgerieben. Ihre Erfahrungen machen sie weder weiser noch reifer, weil eben auch diese Erfahrungen ihre Besonderheit verloren haben und somit nicht länger das Individuum transzendieren. Das, was einst »einmaliges« Schicksal gewesen ist, in welchem sich trotzdem allgemein gesellschaftliches Geschehen bekundete, wirkt nun unglaubhaft. Das Individuum, einst Zweck und Ziel aller Unternehmungen, hat seinen hohen Stellenwert verloren und wird auf seine funktionale Verwendbarkeit zurückgeschraubt. Im politischen Raum erscheinen heute die alten Formeln vom »Menschen im Mittelpunkt aller Bemühungen«, von der »Freiheit des Individuums« grotesk, von einer Wirklichkeit widerlegt, die, trotz unterschiedlicher gesellschaftlicher Strukturen, in Ost wie West ähnliche, wenn nicht gleichartige Erscheinungen der Entfremdung und Verdinglichung hervorgebracht hat.

Diese Ähnlichkeit hängt natürlich mit der Art und Weise des Konditioniertwerdens in einer Industriezivilisation zusammen. Der Mensch wird funktionalisiert, und was über seine Funktionsfähigkeit hinausgeht, erscheint immer antiquierter und überflüssiger. Freilich ist dieser Vorgang des Konditioniertwerdens einer der ständigen Amputation, und die Anästhesie muß zu immer stärkeren Mitteln greifen, um ihre Objekte von diesem Vorgang abzulenken, ohne daß es ihr tatsächlich gelänge. Das klingt gewiß ein bißchen abstrakt und verallgemeinernd, beruft sich aber auf Indizien: eben auf die deutsche Literatur beidseits der Elbe.

Heinz Czechowski, ein in Halle an der Saale, also in der DDR lebender Lyriker schreibt ein Gedicht, dessen Titel bereits programmatisch bestätigt, wovon wir sprechen: »Ich sehe mich kommen und gehen, gespenstisch«.

Und nur dem Laub an den Bäumen vergleichbar:
Jetzt bin ich, wann werde ich sein, wann
Vergehen? – Nichts ist gewiß
Als das Gewissen, die Mitte der Seele:
Schwarz, unergründbar, Zentrum
Des Chaos, das mich umgibt. Also:
Mach ich der Welt eine Ordnung und ordne
Die Dinge, wie immer auch
Ihre Beschaffenheit sein mag,
In meiner Brust: Liebe
Setz ich zu Liebe, Haß
Zu Haß, Gewalt
Zu Gewalt. Kein Anspruch,
Der mich erreicht, außer dem
An mich selber. So geh ich
Unter den Bäumen, die ihre Blätter verlieren
Und deren Verlust nicht beklagen. Die Schwärze,
Die mich umgibt, flüstert mit Stimmen, unzählbar,
Ich widerspreche nicht und stelle mich an
In der Reihe der Wartenden ohne Erwartung:
Über die Trümmer versunkener Städte hinweg
Stakt seinen Kahn der alte Fährmann
Zum anderen Ufer, dem Land zu,
Wo endlich der Morgen erscheint, ein graulichter
  Schein,
Getreulich erhellt
Von flackernden Feuern,
Und wo zu den Klängen der immerselben
Sarabande die Lebenden tanzen,
Die schon gestorben sind
Und es nur noch nicht wissen.

Dieses Gedicht aus der DDR spricht von der Reduktion, die wir als Tötung, als Abtötung, als Tod erfahren: Passivität und Resignation begleiten den Vorgang dieses Sterbens, ohne daß die Betroffenen es erkennen.

Zweierlei visiert Czechowskis Gedicht an: Einerseits die gesellschaftliche Stagnation in der DDR, die darum besonders bedrückend empfunden wird, weil sie keinen Eskapismus zuläßt, keine kleinen Fluchten, und andererseits, mit dem Stillstand verbunden, eine Austrocknung, Ausdörrung des Bewußtseins und des Empfindens. Dieser Zustand, durchgehend herrschend in jenem anderen Deutschland, ist nur das auffällige Extrem einer »Normallage«, von der zu fürchten ist, sie setze sich überall auf der Welt mit Sicherheit durch, also auch im deutschen Pendant: in der Bundesrepublik.

Die ebenfalls so heftig als Indiz für das deutsche Schisma ins Feld geführten Divergenzen der Sprache und des Dargestellten halte ich für überschätzt. Mit Fleiß werden einige Abkürzungen und abweichende Wortgebilde vorgezeigt, um die Behauptung von der gespaltenen Literatur zu untermauern – freilich sind diese wenigen Beispiele kaum bedeutender als sonstige regionale Abweichungen der deutschen Alltagssprache, als Bajuvarismen oder Wendungen aus dem Plattdeutschen. Wir ignorieren oder wissen gar nicht, daß es in allen Nationalsprachen Idiome gibt, zumindest ihre Überbleibsel, die vermutlich ebenfalls schwer verständliche Abweichungen im Detail hervorbringen, ohne daß man diesen Umstand für beredenswert hielte. Solange in der Literatur dominiert, was das Interesse des Lesers fesselt, weil er sich emotional dem gelesenen Text hinzufügen kann, existiert die deutschdeutsche Grenze in der Literatur gar nicht. Sie wird erst dann sichtbar, wenn ihr Charakteristikum, die Darstellung menschlicher Probleme, um es sehr verkürzt zu sagen, aufgegeben wird für ein vorgefaßtes Schema, für die Illustration einer Ideologie, für eine außerkünstlerische Absicht. Ohne jenes Element des wie immer depravierten Menschentums wird jedes Druckwerk unverständlich. Wir begriffen nichts von der Weltliteratur, nicht einmal etwas von einer, die außerhalb unseres sozialen Horizontes spielt, gründete sie nicht auf dem »Allgemein-Menschlichen«, das von Unmenschen und ihren Handlangern in Verruf gebracht worden ist. Dieses substantiell Menschliche, das Humanum als letzter Grund, erlitt die Abwertung zugunsten aggressiver politischer Interessen, denen es, weil auch noch die Gegensätze umfassend, nur im Wege stand. Mit dem Pejorativ »sogenannt« wurde es dem Leser verekelt und entzogen, freilich nicht zum Nutzen des Lesers, der damit den Zwecken dienstbarer gemacht werden sollte. Der Leser wurde zum Zoon politikon ernannt und war noch stolz darauf; er wurde im wahrsten Sinne des Wortes zum »Sozial-Fall«, zu einem primär sozial bestimmten Wesen, das sich ausschließlich nach dieser Bestimmung zu richten hatte. Aber das Soziale wie das Politische ist immer nur das Akzidentielle, unter dem der Mensch agiert. Natürlich nicht als ein naturhaftes Geschöpf, sondern als eines, das bereits vom biologischen Ursprung her das Ergebnis einer Gemeinschaft darstellt. Aber seine Vorbestimmungen lassen sich nicht auf wenige erklärbare Nenner bringen. Der Mensch, und nicht nur der sogenannte, ist eben mehr als die Summe seiner gesellschaftlichen und sozialen Beziehungen. Wäre er das nicht, er müßte heute besonders froh und zufrieden sein über die ständig enger werdenden Bindungen und Verstrickungen in einem System, das seinesgleichen wie einen Kokon umfängt. Trotzdem jammert er heute mehr denn je über seine verlorene Freiheit, über verspielte Möglichkeiten, über die Auslöschung seines Traumes durch leere Rationalität.

Einflüsse, die auf deutsche Literatur in Ost und West einwirken, resultieren heutzutage weniger aus der berüchtigten deutschen Geschichte, obwohl diese jüngste als Syndrom unaufhebbarer Schuld verdeckt und mittelbar virulent ist, als aus den globalen Verdüsterungen, deren Schatten sich auch über Europa, über Deutschland legt. Die »Furie des Verschwindens« erreicht nun auch uns, und in dem gleichnamigen Gedicht von Enzensberger wird kühl resümiert, was uns erwartet:

Die Furie

Sie sieht zu, wie es mehr wird,
verschwenderisch mehr,
einfach alles, wir auch;
wie es wächst, über den Kopf,
die Arbeit auch; wie der Mehrwert
mehr wird, der Hunger auch;
sieht einfach zu, mit ihrem Gesicht,
das nichts sieht, nichtssagend,
kein Sterbenswort;
denkt sich ihr Teil;
Hoffnung, denkt sie,
unendlich viel Hoffnung,
nur nicht für euch;
ihr, die nicht auf uns hört,
gehört alles; und sie erscheint
nicht fürchterlich; sie erscheint nicht;

ausdruckslos; sie ist gekommen;
ist immer schon da; vor uns
denkt sie; bleibt;
ohne die Hand auszustrecken
nach dem oder jenem,
fällt ihr, was zunächst unmerklich,
dann schnell, rasend schnell fällt, zu;
sie allein bleibt, ruhig,
die Furie des Verschwindens.

Daß die Ängste und Befürchtungen, die Zukunftslosigkeit, vor innerdeutschen Grenzen nicht haltmachen, ist wohl selbstverständlich. Und davon sprechen die Bücher, die Texte hier wie dort.

Was aber – nach der grundsätzlichen Übereinstimmung – nun doch ein unterscheidendes Element darstellt, liegt in ihrem Kontext, also in ihrem Publikum, begründet: Die Erwartung des Lesers, der ein Autor kaum widerstehen kann. Das Verhältnis zwischen Autor und Leser in der Bundesrepublik erreicht keineswegs die Intensität wie in der DDR, wo, aus Gründen, von denen gleich die Rede sein wird, ein umfassender Konsens zwischen beiden besteht.

Nicht allein, daß beide, Leser wie Autor, demselben repressiven Druck ausgeliefert sind, was ihre Befindlichkeit zusammenschließt, ein wesentliches Moment ist die absolut solitäre Stellung der Literatur inmitten aller vom Staat, vom System ferngesteuerten oder direkt betriebenen Medien. Während die intellektuelle Kreativität in der Bundesrepublik ein weites Feld hat, das sich nicht auf Literatur alleine beschränkt und bis hinein in die wissenschaftlichen Disziplinen reicht, ist im Gegensatz dazu die

Situation in der DDR gänzlich anders. Die herrschende Ideologie, einem Witzwort zufolge von Therroretikern durchgesetzt, tritt mit Ausschließlichkeitsanspruch auf. Es gibt keinen Bereich öffentlich werdenden Lebens, wo nicht ein barbarisch verhunzter Marxismus als Glaubensdogma verpflichtend wäre. Von der Germanistik bis zu den Tagesnachrichten im Rundfunk, von populärwissenschaftlichen Sachbüchern bis zu den Kreuzworträtseln der Zeitschriften unterliegt jede öffentliche Bekundung dem Zwang, in eine offizielle Bekundung verwandelt zu werden. So bleibt als einziges Refugium relativ unverstümmelten Sprechens die Literatur. Dieser Widerstand gegen die Dogmatisierung und Schematisierung ist in ihrer Eigengesetzlichkeit begründet, die darin besteht, mittels einer unverstellten, individuellen Sprechweise die Wirklichkeit zu evozieren. Das jedoch heißt, daß den einzigen und letzten Ort eines im wahrsten Sinne ungezwungenen Denkens die Literatur bereitstellt – daher also stammt das übermächtige Interesse an Literatur in der DDR, und nicht aus einer abnormen Bildungssucht, wie häufig behauptet wird.

Die Literatur ist der alleinige Tummelplatz abweichender Ansichten von der Welt, und der einzige Platz, wo der Leser noch berücksichtigt findet, was ihn wirklich angeht und bewegt. Das schafft jene besagte Erwartung, die dem Autor eine ungewöhnliche Last auflädt: die Verantwortung für das, was er als Wahrheit erkannt zu haben meint. Diese Verantwortung ist weitaus größer als die eines bundesdeutschen Autors, dessen Stimme ohnehin meist im Chor des literarischen Pluralismus unterzugehen droht.

Auf diese Weise wurde Literatur in der DDR zu einem

Ersatz von Information, zum Beispiel in literarischen Reisebeschreibungen, oder sogar zum Geschichtsunterricht, wie zum Beispiel in Christa Wolfs »Kindheitsmuster«, wo zum ersten Male in der DDR dem Publikum mitgeteilt wurde, daß der deutsche Faschismus nicht nur eine Verschwörung der Schwerindustrie mit Herrn Hitler war, sondern daran auch eine Vielzahl durchschnittlicher braver Bürger beteiligt gewesen ist und noch dazu mit völligem Einverständnis. Denn die offizielle Version der Vergangenheit hat zwar sogenannte »Große Linien« benannt, doch dadurch niemals so recht erklären können, wie das alles eigentlich geschehen konnte. Das System selber hat aus der Literatur, deren Wichtigkeit es dauernd betont, nichts gelernt: Daß Cäsar einen Koch bei sich hatte, worauf Brecht in seinem Gedicht »Fragen eines lesenden Arbeiters« insistiert, entsprach und entspricht im Prinzip nicht der kanonisierten Lehrmeinung. Das Proletariat stellte, dieser Geschichtskonstruktion nach, die antifaschistischen Helden und Opfer, nicht die Mittäter und Mitmörder.

Der sensationelle Erfolg von »Kindheitsmuster« und ähnlichen Büchern beruht mithin nicht sosehr auf einer ästhetisch gelungenen Darstellung ihres Gegenstandes als vielmehr auf dem Lautwerden von Tatsachen, die unter Verschluß gehalten wurden. Darum wirken derartige Werke in der DDR psychisch befreiend, als habe jemand ein Fenster aufgestoßen, um endlich Luft in den provinziellen Mief des Systems zu lassen, dessen einzige Anstrengung darin besteht, solche Durchlüftungen zu verhindern.

Hingegen im Westen Deutschlands schien die Literatur lange Zeit jede Berechtigung verloren zu haben. Ihr Geschick glich dem der bildenden Kunst vor hundert Jahren, da die Fotografie die traditionelle Malerei überflüssig machte. Im Ergebnis führte das zu einer maßlosen Ausweitung des Literatur-Begriffs: Alles Geschriebene, von den Reklamesprüchen bis zur politischen Konfession wurde aus lauter Unsicherheit zu Literatur ernannt. Mitschuld trägt daran die Linke der späten sechziger Jahre, für die jedes ästhetische Gebilde eo ipso bürgerlicher Scheißdreck war. Eine Soziologie, deren abstrakte und wirklichkeitsfremde Terminologie zum Kennzeichen einer neuen Elite wurde, setzte sich usurpatorisch an die Stelle von Literatur und forderte von Literatur, so zu werden wie sie selber sei: gesellschaftlich »relevant«.

Das Moment geistigen Terrorismus war unverkennbar. Der klassische Irrtum der Linken in Sachen Kunst, ihr Unverständnis für den irrationalen Ursprung und den Primat des Empfindens wiederholte seine bekannten Exzerzitien in der Bundesrepublik. Ohne das Scheitern gleichartiger Versuche und Beeinflussungen in der DDR wahrzunehmen, wo, was ja zu schweren Schäden geführt hat, die staatliche Gewalt die kunstfeindlichen Theorien, die in der politisch-ideologischen Zweckdienerschaft der Literatur gipfelten, brachial durchzusetzen suchte. Die Kunst als Magd der Theologie neu in Dienst zu nehmen, erwies sich als unzeitgemäß.

Neben der Erwartung des DDR Lesers, das Verschwiegene, gar Totgeschwiegene mitgeteilt zu bekommen, bildete sich eine weitere, wenngleich weniger konkret benennbare Erwartung aus, die sich im übrigen mit jetzt auch in der Bundesrepublik aufkeimenden Hoffnungen berührt, und somit wiederum die enge Bindung der staatlich getrennten deutschen Literatur beweist. Die

Rede ist hier von dem, was wir uns angewöhnt haben »Sinnverlust« zu nennen.

Wir haben einen Nullpunkt erreicht.

Hatte es immerhin einiger Jahrhunderte bedurft, den Glauben an die höhere Bestimmung unseres Daseins im Rahmen des Christentums zu zersetzen, so ist das, was an die Stelle dieser Religiosität rückte, nämlich die Vergottung naturwissenschaftlich geprägter Vernunft, in rasendem Tempo in nichts zergangen. Die großen und umfassenden Ideen von der biologischen Evolution und vom sozialen und revolutionären Fortschritt wurden durch die in ihrem Namen vollstreckte gesellschaftliche Praxis desavouiert. Ihre Zielvorstellungen, der rassisch oder sozial neue Mensch, hat sich als todbringende Schimäre erwiesen. Leben, das aus diesen Vorstellungen seine Sinnfälligkeit bezog, mußte sich zwangsläufig als vergeblich erkennen. Ja, im Augenblick erscheint sogar die Initiatorin des säkularisierten Paradiesversprechens als Begründerin alles Bösen, unter dem wir seufzen. Da jedoch allgemeinverbindliche Ideen nur noch von der Ratio entworfen werden können, deren Überzeugungskraft und Image dauernd schrumpft, bietet sich uns eine Lage dar, in der jede gültige Teleologie unmöglich geworden scheint. Dieser Zustand wird als »Sinnverlust« empfunden, obgleich er besser als Zustand einer neuen Freiheit zu interpretieren wäre, wie wir sie noch nie erlebt haben. Statt um verlorene Illusionen zu trauern, sollten wir froh sein, daß wir der immer gegen uns selber sich richtenden Gewalt von »Sinnstiftungen« entronnen sind. Doch diese Freiheit, dieses Freisein von bestimmenden, stets zu rasch autoritär werdenden Grundsätzen und Prinzipien wird, soweit man hört, anhaltend bedauert. Durch eine lange

Historie an Autoritäten jeder Art gewöhnt, sind die meisten Menschen nicht mehr fähig, den Verlust von Autorität, wie subtil sie auch gewesen sein mag, als Gewinn zu betrachten. Zugleich ist ihnen ein rudimentäres metaphysisches Bedürfnis geblieben, das sich danach sehnt, wenn schon nicht für eine hohe Sache zu leben, dann zumindest für diese zu leiden und sogar zu sterben. Diese innere Verzweiflung, Resultat der erwähnten Freiheit, sucht krampfhaft einen Sinn für die alltägliche Existenz, deren Banalität wahrhaftig unerträglich ist. Und darum greift sie – unter anderem – zur Literatur, um aus dem Wort des Dichters zu schöpfen, was nirgendwo sonst mehr fließt: ein Lebenselixier.

Wie soll man leben, so lautet die Frage, um sich selber zu verwirklichen, statt die Anordnung Nummer dreiundachtzig oder das Marktgesetz. Wie erfüllt man sein Dasein mit Sinn? Doch wer so fragt, wird notgedrungen jedes Buch enttäuscht aus der Hand legen, weil Sinn-Vermittlung nicht Aufgabe der Literatur sein kann.

So führt das Ende der bürgerlichen Ideale und der Untergang eines vulgarisierten Marxismus zum gleichen Fazit: zum geistigen Vakuum, das sich nach Erfüllung sehnt. Aber da muß die Literatur kapitulieren. Ihre Antwort ist: Keine Antwort. Diese Unfähigkeit, die zudem ihre Eigenart ausmacht, begründet neben anderen Gründen ihre Krise. Der konstruktive Entwurf ist nicht ihre Sache, und in Zeiten, wo man seiner bedarf, wird man die Literatur für ihr Schweigen in dieser Hinsicht verantwortlich machen. Wo bleibt das Positive, heißt diese, das Urteil schon enthaltende inquisitorische Erkundigung beim achselzuckenden Autor.

Ein weiteres Motiv dieser Krise besteht wohl in der

Relativierung aller Moral, der bisher die Literatur als Exempel für Moralität gedient hat. Muß Literatur, die auf einer überlieferten Ethik beruht, nicht altertümlich, ja, anachronistisch erscheinen?

Wo jedes Denken und Handeln nach den Postulaten eben dieser Ethik ins Gegenteil umschlägt, und der humane Geist, der stets das Gute will, plötzlich nur noch das Böse schafft, ist auch der Literatur ein Stück ihrer Basis entzogen. Um der noch gänzlich unbegriffenen Gegenwart am Rande des Abgrundes gerecht zu werden, müßte sie wahrscheinlich ihre Methoden und ihre ästhetischen Mittel ändern. Sie benötigte – um es mit einer, der bedrohlichen Lage adäquaten Bezeichnung zu benennen – eine »Umrüstung«. Eine Aufgabe, vor der die deutsche Literatur beider Seiten steht. Daß die Erkenntnis der fatalen Lage bereits ins Bewußtsein der Autoren gedrungen ist und auch in ihr Unterbewußtsein, zeigt der Rückgang der großen erzählerischen Formen an. Die kleinen Formen entsprechen weit eher der Diskontinuität und dem Schwund gesellschaftlicher Übereinkünfte. Darum erfährt auch das Gedicht eine neue Blüte in der Bundesrepublik, in der DDR stand es immer an erster Stelle, weil dort die Abwärtsbewegung eher spürbar und von der Lyrik seismographisch registriert wurde. Abwärtsbewegung ist gesagt, im Gegensatz zum eingeübten Geschichtsverständnis, für welches das Bild der sich aufwärts wendelnden Spirale stand. Blickt man aber heute auf die Wegmarken zurück, die nicht zufällig der Literatur zugehören, wird man erschrecken. Lesen wir zum Beispiel folgende Sätze, erkennen wir leicht, wohin wir mit der Spirale aufgestiegen sind:

»Das letzte Halbjahrhundert sah eine Regression des

Menschlichen, einen Kulturschwund der unheimlichsten Art, einen Verlust an Bildung, Anstand, Rechtsgefühl, Treu und Glauben, jeder einfachsten Zuverlässigkeit, der beängstigt. Zwei Weltkriege haben, Roheit und Raffgier züchtend, das intellektuelle und moralische Niveau (die beiden gehören zusammen) tief gesenkt und eine Zerrüttung gefördert, die schlechte Gewähr bietet gegen den Sturz in einen dritten, der alles beenden würde. Wut und Angst, abergläubischer Haß, panischer Schrecken und wilde Verfolgungssucht beherrschen eine Menschheit, welcher der kosmische Raum gerade recht ist, strategische Basen darin anzulegen, und die die Sonnenkraft äfft, um Vernichtungswaffen frevlerisch daraus herzustellen.« Soweit ein kleiner Ausschnitt aus Thomas Manns Schiller-Rede von 1955, an dem wir ablesen können, daß die humane Substanz der Literatur, eben ihre Moralität, gegen den selbstmörderischen Mechanismus, dem sich die Menschheit ergeben hat, nichts auszurichten vermag. Die deutsche Literatur von gestern und heute hat sich in ihren größten und schönsten Werken immer dieser Illusion hingegeben und als Präzeptor verstanden, zumindest als Aufklärer, und doch ihre selbstgewählte Aufgabe nie erfüllen können. Vielleicht wird eine zeitgenössische Literatur wirkungsvoller sein, die auf jede Absicht verzichtet.

Zum allerneuesten Bewußtsein

Am Anfang war das Wort. Am Ende steht der Zweifel an seiner Fähigkeit, das, was es bezeichnet, auch zu meinen. Der Bedeutungswandel der Wörter und der Bedeutungswandel der Dinge reißen in sich überstürzender Relativierung alle »festen Standpunkte« mit sich: Die Haltlosigkeit, als Untergangssymptom beklagt, wird zum System, ja, es scheint, sie sei überhaupt das noch einzig mögliche System, das »in der Erscheinungen Flucht« eine Halt verleihende Konstante darstellt. Wir sind an einer Wende angelangt, einer des Denkens. Dieter E. Zimmer nennt sie in einem »Zeit«-Aufsatz, der genetische Forschung bilanziert, eine »kopernikanische«: Das mag wohl richtig sein.

Das entscheidend Neue im Denken, das von den Naturwissenschaften, möglicherweise insbesondere von der Molekularbiologie ausgeht, ist die Abkehr von einem statischen Strukturdenken zu einem dynamischen Prozeßdenken, das sich mit dem Wort eines Wissenschaftlers, über den dieser Text hauptsächlich handeln soll, verkürzt »Ordnung durch Fluktuation« nennen ließe.

Wie ist der allgemeine Stand? Die letzte Säule, auf die sich unsere Überzeugungen und Ansichten stützten, die Wissenschaft, scheint uns brüchig geworden, in jeder Hinsicht: Durch ihre freiwillige wie unfreiwillige Komplizenschaft mit den Mächten ist ihr die moralische Legitimation entzogen, durch ihre späte selbstkritische Selbstprüfung, eine »Kritik der Wissenschaftlichen Vernunft« (wie sich eine umfangreiche Analyse Kurt Hübners nennt), hat sie ihre eigene Begrenztheit, Subjektivität und Abhängigkeit vom Zeitgeist eingestanden: Ihr Ansehen ist bei den »besseren Kreisen« rapide gesunken, ihre Glaubwürdigkeit selbst bei einfacheren Gemütern beschädigt. Die Krise der Naturwissenschaft wurde von ihrer Praxis ausgelöst, auf die sie denkerisch nicht vorbereitet war. Ihr früheres hochgemutes Selbstverständnis, dem im 19. Jahrhundert nichts unmöglich vorkommen wollte, und das mit einer heute unglaublichen Naivität die Erfüllung aller Utopien garantierte, sah sich durch die selbstverursachten, unerwarteten Ergebnisse widerlegt. Der fast eschatologische Anspruch ließ sich nicht länger mehr aufrechterhalten. Die großen Versprechen an die Menschheit endeten in Verbrechen an ihr. Von Oppenheimer stammt das Wort von den »süßen Lösungen« wissenschaftlicher Probleme, das von einem sinnentleerten Praktizismus kündet, der sich um seine Voraussetzungen zu kümmern verlernt hat; von Albert Einstein der gegen Plancks Quantentheorie gerichtete Satz »Gott würfelt nicht!«, da sich Quantentheorie und Relativitätstheorie theoretisch nicht vereinbaren ließen: Was aber, wenn Gott oder die Natur doch würfeln? Wenn jeder Versuch, alle erforschten Phänomene in *einem* System erklärend zusammenfassen zu wollen, nichts anderes bedeutet als eine monotheistische Zwangsneurose, die alles und jedes auf ein Grundgesetz zurückführen möchte, ein unbewußt gebliebenes, über Jahrhunderte hinweg ignoriertes Kausalbegehren, das die scheinbar lineare Erfahrung, auf eine Ursache folge prompt eine Wirkung, auch auf Makro- und Mikrokosmos ausgedehnt hat? Ist Heisenbergs Suche nach der »Weltformel«, nach dem »Grundbaustein« der Materie etwas anderes als eine subtilere, szientistische Suche nach Gott – denn was wohl sollte der letzte (oder erste) Grundbaustein sonst sein?

Man könnte mich fragen, zu welchem Zweck ich hier ziemlich laienhaft Probleme aufnehme, die in den Fachbereichen besser aufgehoben wären, und was einen Schriftsteller, dem man Kompetenz bestenfalls in Sachen Literatur zugesteht, eigentlich die Naturwissenschaft anginge? Wozu diese dilettantische Befassung mit einem Gegenstand, aus dem ohnehin kein Nutzen für die Literatur entspränge?

Weil wir Betroffene sind.

Es kommt uns vor, daß Wissenschaft mit Herrschaft dauernd im Komplott sei und damit nicht nur für den gegenwärtigen Weltzustand Mitverantwortung trage, sondern diesen überhaupt erst eingeleitet und dann auch noch beschleunigt habe: Von der Atombombenexplosion zur Bevölkerungsexplosion – so etwa erscheint das Bild der Wissenschaft in der Sicht eines Autors. Das ist nun zwar nicht falsch, aber doch unvollständig, »reduktionistisch«, wie man solchen Blickwinkel nennen könnte. Daß stets die aktuell-politischen Aspekte an Wissenschaft besonders hervortreten, ist verständlich, liegt jedoch hauptsächlich daran, daß das allgemeine Interesse an ihren erkenntnistheoretischen Implikationen gleich Null ist. Nur wenige wollen wissen, was Wissenschaft eigentlich sei, wofür sie sich hält und welches Bewußtsein ihr zugrunde liegt. Man amüsiert sich über den berühmten Aphorismus von Stanislaw Jerzy Lec: »Unser Unwissen erobert immer weitere Räume«, und verkennt dabei, daß die wesentlichen Leistungen von Wissenschaft weder auf dem Mond noch in den Genen stattfinden, sondern in der Auskristallisation eines *neuen Bewußtseins,* welche aus der kritischen Selbstreflexion ihres eigenen Fortschreitens, ihrer eigenen Entwicklung herrührt.

Dieses *neue Bewußtsein,* auch wenn die Bezeichnung unpräzise scheint, dieses gegenwärtig entstehende Weltbild, sollte, obwohl noch unfertig, noch unausgegoren, den Schriftsteller, der im besonderen Maße mit Bewußtsein zu tun hat, schon interessieren, will er sich nicht eines Tages im völligen Abseits wiederfinden, auf dem Altenteil einer Zivilisation, die sich durch sein Werk kaum mehr zu begreifen versteht. Des Autors Unbehagen gegenüber der Wissenschaft, seine (berechtigten) Vorwürfe, sie erfinde Entlaubungsmittel für imperiale Aktionen und überlasse die hungernden Millionen ihrem Schicksal, sie plane die Manipulation der Keimzellen im Auftrage von Chemiekonzernen und habe ihren ethischen Auftrag verraten, machen es ihm schwer einzusehen, wo sie zugleich neues Denken ausbildet; wo Hypothesen entstehen, deren Verbindlichkeit auch ihn angeht, weil sie gesellschaftliche Evolution und individuelle Kreativität betreffen; weil ihre Überzeugungskraft und Beweisstärke dazu angetan ist, die großen alten Theorien, etwa den Marxismus, etwa den Freudianismus, zwar nicht abzulösen, so doch immerhin partiell in sich aufzuheben.

Seit Goethes Zwischenkieferknochen und Büchners Antrittsvorlesung über die Hirnfunktion haben wir, die Autoren, die Naturwissenschaften aus den Augen verloren, was weniger an uns als an ihnen liegt, da sie, erschreckend atomisiert, sich in zahllose Fächer aufgesplittert haben, zu denen der Zugang durch Fachkenntnis limitiert war. Das Publikum, also auch wir, erfuhren immer erst im Nachhinein, was sich hinter den verschlossenen Türen begeben hatte, sobald die Folgen nicht mehr zu übersehen waren. Von der Kernspaltung erfuhr man durch die Vernichtung Hiroshimas, von der Datenverarbeitung erst im Stadium ihrer Anwendung als Überwachungsinstrument – zu spät also immer. Daran wird sich auch künftig nichts ändern. Die Auswirkungen wissenschaftlicher Innovation werden mehr oder minder mittelbar von der Literatur thematisiert werden, zu fürchten bleibt dabei, daß es aufgrund tradierter Moralvorstellungen geschieht, welche nur noch zu Entrüstung, nicht aber zu besonderer Wirksamkeit fähig sind. Begriffe wie *Inhumanität* und *Menschlichkeit,* jetzt schon kleine Münze in den pathetischen Diskussionen um und gegen Wissenschaft, werden zu Leerformeln, zu Hülsen, die nichts mehr besagen, weil ihre Inhalte nicht neu definiert worden sind: sie bestehen auf ihrem klassischen Geburtsadel bürgerlicher Provenienz. Dazu nun soll endlich Erich Jantsch zu Worte kommen, von dessen Buch »Die Selbstorganisation des Universums« diese Überlegungen hier angeregt wurden und dessen interdisziplinärer wissenschaftlicher Arbeit sich dieses im Ansatz kenntlich werdende *neue Bewußtsein* verdankt. Er schreibt:

»Menschliche Ethik ist in höherem Maße als jede andere eine vielschichtige Ethik. Unser Bewußtsein weist transpersonale Dimensionen auf. Mit unseren mentalen Strukturen gestalten wir gesellschaftliche und kulturelle Systeme. Daher schließt die menschliche Ethik vor allem auch eine *Ethik von Gesamtsystemen* ein, wie West Churchman (1973) sie fordert. Letzten Endes sind wir jedoch dazu aufgerufen, eine Ethik zu entwickeln, die ich *evolutionäre* Ethik nennen möchte. Sie müßte nicht nur über den Einzelnen, sondern über die ganze Menschheit hinausreichen und die Prinzipien der Evolution wie Offenheit, Ungleichgewicht, die positive Rolle von Fluktuationen, Engagement und Nicht-Festhalten explizit mit einschließen. Am Beginn einer weltweiten schöpferischen Krise, die unser bisheriges Leben auf allen Ebenen in Frage stellt, sind wir freilich noch weit davon entfernt, eine solche evolutionäre Ethik zu formulieren und wirksam werden zu lassen.

Was wir in der westlichen Welt Ethik nennen, ist ein Verhaltenskodex auf gesellschaftlicher Ebene, der aber fast ausschließlich darauf ausgerichtet ist, die freie Entfaltung des Individuums zu sichern. Daher ist bei uns immer soviel von *Rechten* die Rede, von grundsätzlichen Menschenrechten ebenso wie von vielen besonderen Rechten bestimmter Berufsgruppen, Stände, privilegierten oder benachteiligten Minoritäten – und fast nie von *Verantwortung*. Sir Geoffrey Vickers (1973) hat darauf hingewiesen, daß der Rechtsanspruch ein statisches und defensives, strukturell empfundenes Konzept darstellt, während die Übernahme von Verantwortung schöpferische Teilnahme an der Gestaltung der Menschenwelt bedeutet . . .«

Freilich: Zwischen *Rechten* und *Verantwortung* besteht ein dialektisches Verhältnis: Wo die menschlichen Grundrechte eingeschränkt, abgeschafft oder niemals existent gewesen sind, bleibt Verantwortung, ob für einen engeren Gruppenbereich oder gleich für die ganze Menschenwelt, eine Fiktion. So alternativ, wie Jantsch, anhand von Vickers, Menschenrechte und Verantwortung zu betrachten geneigt ist, wird sie kaum jemand sehen, dem die ersteren entzogen wurden, mit der Begründung, nur solchermaßen letzteres wirklich übernehmen zu können: Hier irrt der Theoretiker!

Jantsch entwickelt in seinem Buch eine neue Theorie der Evolution, deren umfassende Gültigkeit vom Untertitel »Vom Urknall zum menschlichen Geist« mit ungewolltem Humor im Telegrammstil behauptet wird. Wahrscheinlich konnte nur jemand wie dieser Autor, der mit berechtigtem Stolz darauf verweist, daß er die unterschiedlichsten Tätigkeiten ausgeübt hat, nämlich nach Promotion in Astrophysik als Astronom, dann als Musikkritiker, Kaufmann, Physiker, Ingenieur, Konsulent der OECD, als Mitbegründer des »Club of Rome« (den er wieder verließ), schließlich als Gastprofessor mit Forschungsaufträgen an amerikanischen und europäischen Universitäten, sich aus dem Fachbereichsbann lösen, um mit vielfältiger geistiger und Lebenserfahrung, den Versuch zu unternehmen, ein wieder einheitliches Weltbild zu entwerfen.

Das obige Zitat, schon aus dem letzten Teil des Buches, das die vorangegangene methodische Darlegung evolvierender Systeme mikro- und makrokosmischer Natur resümiert, ist eher deklarativ: Eine Forderung, so notwendig wie utopisch. Doch die Schlußfolgerungen hinsichtlich eines *neuen Bewußtseins,* das auch eine neue Ethik einschlösse, ergeben sich aus der logischen Entwicklung Jantschscher Thesen. Der Weg zum *neuen Bewußtsein* führt über den Zweifel am bis dato existenten. Von der Skepsis gegenüber »ungewußtem« Wissen zur Einsicht in die Mechanismen der Bewußtseinswerdung: das bedeutet gleichfalls und vor allem eine Entschleierung des Wissenschaftsbewußtseins.

»Die Wissenschaft selbst«, schreibt Jantsch, »– ein Gebiet des neuralen Geistes *par excellence* – ist mit ihrer Einengung auf bestimmte Lehren und mit ihrem Anspruch, Wissen allein und absolut zu repräsentieren, in die Stabilitätsfallen des limbischen Hirns geraten – in ihren borniertesten Formen sogar in die des Reptilienhirns . . .«

Womit auf die Dreieinigkeit unseres Hirns Bezug genommen wird: Der jüngste Teil, das Großhirn, werde vom ältesten, dem Stammhirn, unversehens und unkontrolliert geprägt und überwältigt. Anders gesagt: Vor lauter blindem Stolz auf unsere Leistungen, haben wir vergessen, daß wir Tiere sind. Wir haben uns in einen Objektivitätsfanatismus hineingesteigert, der selbst wiederum ein Kennzeichen der Verleugnung unserer biologischen Präformation ist.

»Es liegt nicht wenig Ironie darin, daß gerade eine sich als ›objektiv‹ aufspielende Wissenschaft dem subjektivsten Aspekt der Evolution, dem selbstreflexiven Geist, entstammt. Die Einengung auf eine einzige Sicht, die dann als objektiv empfunden wird, geschieht dabei durch jene ›unterschwelligen Prozesse‹, die dem nicht-analytischen Teil des Hirns entstammen und vor denen die westliche Wissenschaft den allergrößten Horror hat (und die sogar mit ›unaussprechlichen‹ oralen und genitalen Funktionen zusammenhängen).«

Dieses sich selbst fremde, und darum so selbstsichere Bewußtsein, der eigenen Objektivität gewiß, ist nun kein passiver Zustand, sondern ein mit der Außenwelt interagierendes Etwas, das außerdem und zusätzlich noch selbsterzeugten reziproken Einflüssen unterliegt:

»Das limbische System verarbeitet Informationen so, daß sie als Gefühle und Emotionen erfahrbar werden, die das Verhalten steuern. In sich funktional vollkommen integriert, scheint es seine Entladungen elektrischer und chemischer Natur im allgemeinen nur innerhalb seiner eigenen Grenzen zu verbreiten, ohne den Neokortex einzubeziehen. Dies würde erklären, warum Gefühl und Verstand oft verschiedener Ansicht sein können. Andererseits kann das limbische System ... aber auch die Flexibilität des Denkens mit starken Überzeugungen einengen und auf wenige Bahnen festlegen. Ich habe an anderer Stelle die fatale Blockierung dieses Rückkoppelungskreises erörtert, indem wir Modellvorstellungen und Visionen in die Außenwelt projizieren, die dann als mächtige, starre Mythen auf uns zurückwirken ...«

Auf diese Weise ist auch das Marxsche »Bewußtsein«, das sich aus dem »Sein« bildet und dessen unterschiedliche Veränderungen mitzuvollziehen genötigt ist, zum Fetisch seiner selbst geworden. Dieser feststehende Bewußtseinsbegriff erkennt bestenfalls eine »Rückkoppelung« mit der Umwelt an, eine insgeheime mit den eigenen älteren neuralen Schichten jedoch nicht. So daß noch vor der bekannten und manchmal terroristisch grundierten Forderung nach Bewußtseinsänderung (durch Änderung der Gesellschaft) erst und vor allem einmal eine Änderung des Bewußtseins vom Bewußtsein zu erfolgen hätte. Die Tatsache, daß vorgeblich »neues« Bewußtsein in veränderten Gesellschaften nach historisch kurzer Zeit wieder regrediert, ist eben nur dadurch erklärbar, daß Selbstreflexion absichtlich ausgeklammert wird, wodurch wirkliche Erneuerung, die in einer höheren Stufe der Differenzierung und Eigensicht bestünde, unterbleibt: Es handelt sich also nur um eine neue Formierung überlieferten Bewußtseins, und keineswegs um eine Ausweitung und Regeneration auf entwickelterer Ebene.

In unserem gefährlichen Hochmut, die »Krone der Schöpfung« zu sein, in unserer ahnungslosen »Naturbeherrschung« ist uns entgangen, wie sehr wir selber Natur sind. Ein Zoocon, das unentwegt in die selbstverfertigten Fußangeln seiner technischen Zivilisation tappt, weil es über sich selbst kaum Bescheid weiß. Darum ist auch diese ganze technische Zivilisation nichts weiter als ein Ins-Kraut-Schießen, eine Überreaktion aus Mangel an inneren Korrektiven: Was machbar ist, wird gemacht. Weil kein Signallämpchen davor warnt; weil die innere Stimme uns auf äußere Ziele richtet, statt uns mitzuteilen, daß unsere Wünsche und Forderungen, unsere Absichten, unser Wollen möglicherweise auf geheimem Wege von unserem »Reptiliengehirn« in die »Chefetage« unseres Hirns übergegangen sind.

Auf ihre Weise haben diese Entdeckung auch andere Zweige der Wissenschaft vollzogen, sogar die Archäologie, die uns, nur in einer anderen Sprache, über den gleichen Vorgang Mitteilung macht. Mit dem Übergang zum Ackerbau nämlich, heißt es, und der Zunahme der menschlichen Population, sei eine Selbstvergewaltigung unserer Instinkte notwendig gewesen; eine rationale Kontrolle unserer Aggressionen, eine Disziplinierung, die unser mentales Vermögen nicht beseitigt, wohl aber in den Untergrund gedrängt habe, aus dem heraus es sich auf andere Art Luft zu machen wüßte. »Die Steinzeit ist noch nicht zu Ende«, nennt der Paläontologe H. G. Wunderlich eines seiner Bücher und untertitelt es mit »Eine Archäologie der menschlichen Seele«. Und auch er erhebt die Forderung nach einem höheren oder meinetwegen schärferen Bewußtsein, damit nicht länger die überdimensionale Last an Irrationalität durch die Zeiten geschleppt werde.

Es fehlt uns eine »zweite Kontrollinstanz«: eben ein *neues Bewußtsein,* das unser bisheriges zu überlagern und pausenlos zu überprüfen hätte.

Wie jedoch dazu gelangen? Wo sogar Jantsch, aus

dessen fundierten Thesen es sich ableiten ließe, selber, wenn auch selten, der Einengung anheimfällt – was Formulierungen wie die folgende deutlich machen:

»Der Neokortex spielt vor allem bei höheren Säugetieren eine Rolle und dominiert bei den Primaten und beim Menschen. Er wird von MacLean mit einem ungeheuren neutralen Bildschirm verglichen, auf dem sich die Symbole der Sprache und der Logik (einschließlich der Mathematik) abbilden. Mit der Fähigkeit zur Abstraktion wird die Loslösung von der Realität der Außenwelt möglich. Andererseits empfängt der Neokortex vor allem Sinneseindrücke aus der Außenwelt. Damit bleibt es nicht beim Symmetriebruch zwischen der Außenwelt und ihrer symbolhaften Abstraktion. Die Abstraktion – wir können auch sagen, die Idee oder die Vision – legt sich über die bestehende Realität und bringt den schöpferischen Prozeß der Umgestaltung der Außenwelt in Gang. Damit sind wir bei jener Funktion angelangt, die im technischen Zeitalter dominiert. Der Neokortex ist jener Ort, an dem die Information im Sinne eines selbstreflexiven Geistes organisiert wird.«

Mit der Einschränkung eben, daß auch die Selbstreflexion verzerrenden Einflüssen aus atavistisch-biologischen Abgründen des Hirns unterliegt: Sonst hätte Jantsch wohl kaum mit solcher frohgemuten Selbstverständlichkeit vom »schöpferischen Prozeß der Umgestaltung der Außenwelt« gesprochen, ohne zugleich die zumindest synchrone Destruktivität solchen Prozesses zu erwähnen. Denn in seiner Theorie der Evolution, die fortschreitende Differenzierung und Individuation kennzeichnen, hat das Zerstörerische nur die Funktion, Platz abzuräumen: die wachsende Differenzierung erscheint eo ipso als das Positive schlechthin. Der Horizont dieser Evolution ist offen, Künftigkeit wird planbar, herstellbar; Geschichte endet; Verluste werden hingenommen: Wo gedacht wird, fallen Späne. Das Moment globaler Lebensgefährdung, einem *neuen Bewußtsein* wesentlich, fehlt in Jantschs Darstellung nahezu. Die Angst hat im kosmologischen Entwurf keinen Platz. Jantsch erliegt Jantsch:

»Das aktive Hinausprojizieren eines Modells bringt einen Ungleichgewichtsfaktor ins Spiel. Modellvorstellungen und Realität decken sich niemals völlig. Es besteht immer eine ›Parteilichkeit‹, mit der die Außenwelt abgebildet wird. Diese subjektive Einstellung zeigt sich schon an der Art und Weise, wie Sinneseindrücke registriert und verarbeitet werden. Das Hirn zerstört in mehreren Abstraktionsschritten einen Teil der Information – jenen Teil, der im mentalen Situationsmodell nicht ausgedrückt werden kann ... Wir sehen feste Körper, wo es gemäß der modernen Physik gar nichts Festes gibt, nur ephemere Strukturen energetischer Austauschprozesse. Diese Art von Parteilichkeit des Sehens hat damit zu tun, daß wir die Welt vor allem in ihren elektromagnetischen Feldern und Manifestationen wahrnehmen ... In diesem Übertragungs- und Wahrnehmungsprozeß spielt der subjektive Aspekt eine ebenso wichtige Rolle wie der objektive. Die Emanationen der Umwelt werden nicht passiv von uns aufgenommen, sondern wir senden ihnen gewissermaßen ein subjektives Modell entgegen, das sie ordnet ... Die von uns wahrgenommenen Strukturen der Außenwelt beruhen sehr wesentlich auf den Strukturen unserer Innenwelt – auf denen unserer vielschichtigen geistigen Organisation.«

Das zeigt uns unsere Begrenzung, die freilich in einer

anderen Dimension, in der Zeit, überwunden werden kann, durch einen Umstand, den Jantsch »Selbstreflexive Mentation« nennt: etwas wie sich selbst erkennender Geist, der, und in dieser Hinsicht entsteht auch sein Bezug zur Kunst, zur Literatur, definiert ist durch Emanzipation von Erfahrung:

»Nicht nur kann, wie auch in der biologischen Evolution, vergangene Erfahrung in der Gegenwart wirksam werden: Die Fähigkeit zur *Antizipation* nimmt auch die Zukunft in die Gegenwart herein.«

Diese »Emanzipation von Erfahrung« ist das eigentlich Besondere, das den Menschen auszeichnet: Sein Geist ist anderer Art als der anderer Systeme, obschon auch denen ebenfalls Geist zugestanden wird:

»Ich habe bereits betont, daß in dynamischer Sicht auch den Makrosystemen des Lebens – Gesellschaften, Ökosystemen und sogar dem erdumspannenden Gaia-System – Geist zukommt. Der Geist etwa, der sich in Insektengesellschaften so eindrucksvoll äußert, ist metabolischer Natur. Soweit solche Systeme durch metabolische (Stoffwechsel) Prozesse organisiert werden, wirkt dieser Geist freilich sehr viel langsamer als der neurale Geist des Nervensystems.«

Es kann hier nicht auf die neuartige Gesamtdarstellung der »Selbstorganisation des Universums« eingegangen werden, nur selektiv auf jene Partien, in denen Ansätze zu einem *neuen Bewußtsein,* zu einem »Bewußtsein zweiten Grades«, wie man es bezeichnen könnte, sichtbar werden. Die ideologische Isolation von Bewußtsein und die gewaltsame Ausblendung der es bedingenden Subsysteme (wir erinnern uns des Pejorativs »Psychologismus« für Psychologie in früheren Phasen des Sozialismus) dienen keinem anderen Zweck als der Ausschaltung von Reflexion. Ein »gepflanztes« Bewußtsein hat sich über seine Voraussetzungen nicht klarzuwerden: Es ist ja ein auswendig gelerntes Bewußtsein, das darum, wie seine repressive Aufrechterhaltung beweist, schattenhaft bleiben muß. »Echtes Lernen«, weiß Jantsch, und wir verzeihen ihm das nichtssagend-banale Adjektiv, »ist niemals Auswendiglernen, sondern immer stimulierte Eigenerfahrung. Wir können vielleicht allgemein sagen, daß pragmatische Information immer der Prozesse des Lebens bedarf, um zu wirken.«

Aber das Bewußtsein – seinen biologischen Altvorderen im eigenen Kopf ausgeliefert, Stammhirn und Kleinhirn, in anderer Terminologie als »Ich« und »Es« bezeichnet – sieht sich noch weiteren Einflüssen ausgesetzt, gleichfalls hautnahen, denen es hingegen nicht einmal durch Reflexion, durch Mutation zu einem »Bewußtsein zweiten Grades« beikommen kann. Jantsch spricht davon nur am Rande, indem er einen Satz Henri Bergsons aufnimmt, der »sich seinerseits gegen die Meinung (wandte), menschliches Gedächtnis habe seinen Sitz ausschließlich im Gehirn; Gedächtnis ist ihm zufolge eine Funktion des Gesamtorganismus (Bergson, 1896) . . . Die Existenz eines metabolischen Gedächtnisses im Menschen bestätigte sich, als Wilhelm Reich in der ersten Hälfte unseres Jahrhunderts nachwies, daß sich traumatische Erlebnisse nicht nur in der Psyche, sondern auch in Muskelkontraktionen niederschlagen . . .«

Von diesem »Körperbewußtsein« geht Klaus Theweleit in seinen »Männerphantasien« aus: Die Geschichte der Konterrevolution und des Weißen Terrors in Deutschland ist ihm zugleich eine klinische, bestimmt durch die psycho-somatischen Traumata der reaktionär Beteiligten, die alle Patienten gleichen, welche ihre Leiden nicht kennen, und noch nicht einmal ahnen, daß sie an solchen laborieren. In der Abwehr auch physischer Lockerung und der angestrengten Erhaltung eigener Starre und Verkrampfung, die sich nicht zuletzt in der Unfähigkeit zu Zärtlichkeit, zur Hingabe, vor allem zur sexuellen, ausprägt, wird etwas deutlich, das sich vielleicht gerade noch von der Verhaltensforschung, von Gesellschaftstheorien aber überhaupt nicht mehr erklären läßt.

Und welche Komplikation erst, auch einem erneuerten Bewußtsein zu vermitteln, daß es sich zwar seiner zunehmenden Differenzierung und Individuation, seines unaufhebbaren Subjektivismus getrost gewiß sein dürfe, und das doch zugleich akzeptieren soll, als Individuum, als Exemplar seiner Gattung nicht mehr Mittelpunkt einer wie immer von ihm verstandenen Welt zu sein. Es hat hinzunehmen, als Partikel eines dynamischen Prozesses zu existieren, an dessen Teleologie zu glauben es insgeheim nicht aufhören kann. Für den Menschen eine unerträgliche Ambivalenz, im Grunde unvereinbar mit seinem Trieb zur Harmonisierung, mit den überlieferten Bildern von sich selber. Denn selbst im (verbotenen) Bilde Gottes spiegelt er sich zentral, da Gott ihn ja nach seinem Ebenbild geformt hat. Nun stößt ihn Jantschs Kosmologie nahezu ins Nichts, unter Berufung darauf, daß dieser Vorgang ein Entwicklungsschritt sei:

»Auf die Evolution der Materie folgt die Evolution der Organisation von Materie und auf diese die Evolution mentaler, von der Materiewelt losgelöster Strukturen und Beziehungen. Kann die Ontogenese von kosmischen Strukturen, Bioorganismen und Ökosystemen als die

Evolution eines *Materiesystems* betrachtet werden, so stellt biologische und soziokulturelle Phylogenese die über Generationen reichende Evolution eines *Informationssystems* dar. Die Dynamik eines ganzheitlich gesehenen Universums, die immer neue Ebenen evolutionärer Prozesse und Wirkungen ins Spiel bringt, wäre dann zu verstehen als die Evolution eines *Energiesystems.*«

Alle Jantschschen Belege und Argumente sprechen stark dafür: Das Problem der Schöpfung, der erste Anstoß, ist eliminiert durch eine naturwissenschaftlich fundierte Hypothese vom Bruch der Symmetrie zwischen Materie und Antimaterie: Es folgt die Selbstschöpfung und damit alles weitere. »Was entsteht«, heißt es bei Jantsch, »ist eine vielschichtig koordinierte Realität«, aber vergessen wird dabei gänzlich, daß das, was nach seinen Worten zu verwerfen sei, nämlich die reduktionistische Betrachtungsweise, durch die Hintertür wieder eintritt: zu der sich der Mensch nun sich selbst gegenüber verpflichtet sieht. Nach einer vieltausendjährigen Geschichte, während welcher er seine, durch seinesgleichen lebensgefährdete Existenz mittels eines ausufernden Zitatenschatzes von der Sorte »Nichts ist gewaltiger als der Mensch« mühsam mental aufrechterhielt, wird er schließlich zum Handlanger einer Evolution übergreifender Systeme, in der er sich bestenfalls als Stufe verstehen kann. Er muß sich verunsichert fragen, ob sein Geist ausreichen wird, mit dem ihm bereits angekündigten metabolischen Konkurrenten mitzuhalten, oder ob seine neurale Verfassung nicht gerade sein spezielles Handikap, den Anlaß seines möglichen Ausscheidens aus dem evolutionären Gang bilde.

Er ist in jeder Hinsicht sich selbst überlassen worden,

und seine Gebete oder Hilferufe erreichen nur noch ein Energiesystem, das sich den Teufel um ihn schert: wozu da überhaupt noch ein *neues Bewußtsein,* wozu noch die Frage nach Verbindung mit Literatur, und worin diese denn bestehen solle.

Zu fürchten ist, daß zwischen dem alten, dem traditionell moralisch geformten Bewußtsein und jenem wissenschaftlich fundierten, sich erst artikulierenden ein Vorgang eingesetzt hat, der das »klassische« Bewußtsein zu zermahlen droht, und der auf den Zustand der Wirkungslosigkeit von Literatur hinausläuft. Dabei erscheinen die Autoren wie die letzten Sachwalter einer veralteten Ethik: Obgleich sich Werte und Normen verschoben, stimmt man mit ihrer wenn auch veränderten Hierarchie überein. Der Kodex sind bis jetzt die Zehn Gebote geblieben. Schuld und Sühne, Unrecht und Gerechtigkeit, sie treten unter dem nahezu gleichen Blickwinkel auf, wie eh und je und nur modifiziert. Literatur tendiert stets zur Balance, zum Gleichgewicht, das, wenn schon nicht die Inhalte, so doch die künstlerischen Methoden garantieren. Unser »klassisches« Bewußtsein von der Welt besteht zu einem großen Teil wiederum aus Literatur, aus einem angelesenen »Modell«, das wir der Welt entgegenbringen und das uns die Welt entsprechend erkennen läßt. Verbrechen und Unterdrückung, Hunger und Elend, heroischer Untergang und Unterwerfung; darüber haben sich schon unsere Vorläufer empört; das hat auch sie schon zur Verzweiflung getrieben, zum Pathos, zur Aufklärung, zum Schreiben – aber ihr moralischer Impuls hatte seine Wurzeln in verbindlichen Normen und einer homogeneren Mentalität: Beides ist uns abhandengekommen. Unsere Stimme ist immer noch vor Empörung heiser, wenn vor uns

Unrecht geschieht, und das tut es ja in steigendem Maße, aber sobald das Erlebte und Erfahrene zu Literatur werden soll, ergibt sich wie von selbst ein unzufriedenmachender Reduktionismus. Unser primäres Bewußtsein registriert die physische Unterdrückung der Unterdrückten, unser »limbisches System« produziert die entsprechenden Gefühle, und dennoch ist, was dabei entsteht, unfähig, das, was wir eigentlich wollten, mit der beabsichtigten Wirkung zu vermitteln. Etwas ganz Hoffnungsloses hat sich in das literarische Produkt eingeschlichen; etwas, das dem Leser merklich anachronistisch scheint, obwohl alles Geschilderte und Beschriebene bis auf das aktuelle Kalenderblatt stimmt. Man kann nur vermuten, was das sein könnte; dieser anachronistische Zug vieler guter und sogar bedeutender Bücher stammt möglicherweise aus dem anachronistischen Bewußtsein ihrer Autoren. Damit ist nicht ein Auf-der-Höhe-der-Zeit-Sein gemeint, wohl aber die Benutzung eines älteren Musters, nach dem sich alles so ordnet, wie es sich in der Wirklichkeit nicht mehr recht ordnen will. Damit ist der Bezug zu Jantsch gegeben.

Daraus nun ergibt sich nicht etwa eine Forderung nach kosmologischen Perspektiven für die Literatur und erst recht keine Relativierung jeglicher Ethik zugunsten von Evolutionsbeschleunigung. Wichtig ist nur, in der gegenwärtigen Krise menschheitlichen Selbstverständnisses, da einerseits das Verschwinden von Idealen und Zielen beklagt und andererseits nach neuen gerufen wird, nach der verlorenen Sinngebung des Lebens (keine europäische Spezialität übrigens), jede Möglichkeit wahrzunehmen, diese Verluste nicht als Verluste, sondern als Gewinn anzuerkennen, als Befreiung von statischen Bewußtseinsrelikten, an deren Stelle kaum Substitute treten werden. Überall sind die bisher gültigen Formen von »geschlossenem« Bewußtsein, also dem tatsächlich »klassischen«, in Verfall geraten, und ein neues »altes« Bewußtsein, das sich den rasenden Veränderungen mit Wert- und Normkorrekturen wieder anpaßt, ist undenkbar. Muß das so sein?

Dieser Bewußtseinsverfall ist unaufhaltbar. Ihn auszugleichen, um den zunehmenden Verhaltensstörungen zu begegnen, ja, um diese Störungen nicht als pure Abweichungen von einer vorgeblich noch intakten Moral zu werten und darzustellen, gälte es, was hier *neues Bewußtsein* genannt wurde, oder auch »Bewußtsein zweiten Grades«, hervorzurufen, durch Erfahrung gestützt zu erlernen. Wahrscheinlich hat Jantsch recht, wenn er sagt:

»In einer vielschichtigen Realität ist auch Ethik vielschichtig.« Wie in den Naturwissenschaften sich die Ko-Existenz von Erkenntnissen und Erkenntnismethoden durchzusetzen beginnt, weil eben die vielschichtige Realität nicht auf einen Nenner gebracht werden kann, so wäre eine ähnliche Pluralität auch im Bereich unserer Moralität denkbar. Ja – ich bin mir nicht einmal sicher, ob sie nicht schon längst besteht. Das jedoch ist ein anderes Thema.

Im Zauberlaternenlicht

Aus der Kindheit unseres Jahrhunderts fällt ein bunter Schein in unsere Gegenwart, doch dieser Schein trügt wie alle seiner Art. Bevor die Bilder laufen lernten, um uns dynamischer und animierter zu betrügen, leuchteten sie uns bewegungslos und still heim: Mittels eines Gerätes, das sich »Laterna Magica« nannte; die Zauberlaterne. Aber der vom Namen beschworene Zauber geht erst heute von ihr aus, da wir ihre technische Simplizität mit gerührtem Lächeln wahrnehmen und ihre Projektionen dazu, die uns glauben machen wollen, was sie widerspiegeln, sei eine heile Welt gewesen.

Erfunden hat den Apparat bereits im Jahre 1646 ein frühes technisches Genie: Athanasius Kircher, und wahrscheinlich, ohne sich der Folgen bewußt zu sein. Sein Bildwerfer steht am Anfang einer Entwicklung, die uns den Film und das Fernsehen bescherte und deren Ende nicht abzusehen ist. Aus dem Urprojektor wurde ein Instrument zur Belustigung und Erschütterung des Publikums auf Jahrmärkten, bis es vor der Jahrhundertwende seinen Einzug ins Kinderzimmer hielt, wo es eine nachhaltige, bis heute nicht recht erkannte Wirkung ausübte. Auf den ersten Seiten von Prousts großem Romanwerk erinnert sich der kleine Marcel an die Vorführungen, deren optische Eindrücke bis in seinen Schlaf hineinreichten. Auf der Suche nach der verlorenen Zeit, der wir uns ebenfalls nicht entziehen können und die vielleicht niemals vordem mit solcher Intensität wie gegenwärtig sich vollzieht, haben wir auch die »Laterna Magica« und ihre visuellen Vorspiegelungen entdeckt.

Wenn wir die Glasstreifen, die Träger der »künstlichen

Paradiese«, genauer anschauen, so will uns vorkommen, hier mache sich ein Geist oder eher: Ungeist bemerkbar, dem wir in unseren Tagen andauernd wiederbegegnen. Was wir technisch perfekter in aktuellen Fernsehserien wie etwa »Die Waltons« erblicken, nämlich synthetische Menschen jenseits aller Konflikte, aus denen doch im Grunde das Leben sich fügt, das tritt uns auch aus diesen alten Imaginationen entgegen. Eine Kindergesellschaft tut sich uns auf, regiert von nichts und niemand sonst als der reinen Harmonie, von einer automatisch funktionierenden Gerechtigkeit, welche die guten Kinder belohnt und die bösen Kinder bestraft. Wir schauen tief und sehnsüchtig in eine Idylle hinein, nach der wir zurückverlangen, ohne überzeugt zu sein, daß sie auch tatsächlich existiert hätte.

Warum sonst berühren uns diese innigen Szenerien so stark? Weil sie uns etwas Verlorenes, etwas von jeher Vermißtes vortäuschen, von dem wir glauben möchten, es sei wahrhaftig einmal vorhanden gewesen. Wir möchten glauben – auch gegen jedes bessere und genauere Wissen. Wir wollen nicht wahrhaben, daß die Kindheit um Neunzehnhundert für die meisten Kinder selber eine traumatisierende und neurotisierende Erfahrung gewesen ist, eben weil wir unser eigenes Selbst in jene kraß kolorierten Genrebildchen übertragen, um eines Gefühls teilhaftig zu werden, das tröstlich und melancholisch und weltflüchtig zugleich ist. Denn diese gläsernen Fiktionen stehen alle unter einem geheimen Motto. »Glückliche Kindheit« heißt es. Angst und Schrecken, Strafe und Schmerz bleiben ausgeschlossen und unsichtbar.

Das früh sich entfaltende Leben des Heranwachsenden, wie es uns dargestellt wird, ist ein heiteres Spiel, in dem der Ernst künftigen Erwachsenseins zwar vorweggenommen, aber in seiner Trübseligkeit und Öde natürlich nicht kenntlich ist.

Das sind die Spiele, die die Rollen vorführen, die das Kind einst erwarten, um es einzuüben. Von Philippe Ariès und seiner »Geschichte der Kindheit« wissen wir, daß »Kindheit« erst ein historisch später Status ist, den das Bürgertum dem Kinde zubilligt. Es handelt sich um einen Status des Geschütztseins, aber auch der Trennung von den Erwachsenen. Lebte vordem das Kind als eine Art »kleiner Erwachsener« das allgemeine Leben mit, so wird es im 18. und erst recht im 19. Jahrhundert davon ausgeschlossen. Die Kindheit wird zu einem Reservat, zu einer kindeigenen Welt, die vorgeblich eine »selige« sein soll. Von dieser Seligkeit sprechen auch die Bilder der »Laterna Magica«.

Welche reizenden Puppenmütter, versunken in die Beschäftigung mit ihrem »Baby«, das ihnen, sie wissen es nicht besser, der Storch bringen muß. Die kindliche Sexualität, von der zwar vordem keine Rede ist und die stillschweigend ignoriert wird, wird nun machtvoll verdrängt. Das Kind wird »niedlich«, was soviel heißt wie: entsexualisiert und widerspruchsfrei vorgebildet. An der Wiege, am Puppenwagen, am Waschtrog, am Puppenherd wird dem Kind nur die Äußerlichkeit einer zum unabwendbaren Schicksal bestimmten sozialen Fragmentierung vermittelt, die Geschlechtsbestimmung bleibt das tabuierte Geheimnis. Solche Verdrängungen und Verleugnungen kennzeichnen auch diese Illustrationen eines unausgesprochenen aber wohl stets präsenten Textes: Du sollst werden wie deine Eltern.

Immer malt die »Laterna Magica« das kleine Mädchen

als mütterliche Besorgerin an die Wand. Selbst noch in den Spielen auf dem Bauernhof (wo keinerlei Landarbeit stattfindet) erscheint es, futterstreuend, die Tiere versorgend, als Hausmütterchen. Dem »Knaben« hingegen sind weitaus vielfältigere Daseinsbereiche zugedacht. Ihm, dem künftigen Hausherrn, Hausvater und Untertan, wird mehr Aktivität zugestanden. Reiten und Rudern, Bootfahren und Angeln, sogar Schabernackspielen billigt ihm die Zauberlaterne zu, und vor allem: Militärisches Verhalten. Auch wenn nur ein Spazierstock zum Präsentieren dient, einmal wird ganz sicher das Schießgewehr daraus.

Und selbst auf die Armut, wo sie auftauchen darf, fällt von dem Glanz der Idyllik nur ein versöhnliches Licht, das sie akzeptabel macht, eine romantische oder freundlich-pittoreske Erscheinung.

Schwer zu sagen, wie all das auf die kindliche Psyche gewirkt haben mag. Ob die zweidimensionalen, auf ein weißes Bettlaken gestrahlten Altersgenossen als Mit-Kinder empfunden wurden oder als beneidenswerte Fremdlinge, für welche Ferien und Freizeit schier ewig anhielten? Wie mächtig war eigentlich der Einfluß, der von den farbigen Demonstrationsobjekten ausging? Wurde der Nachahmungstrieb angeregt, dem im verdunkelten Zimmer Erblickten nachzueifern? Die der »Laterna Magica« synchrone Kindheit ist für uns eine Terra incognita, über deren Folgen Sigmund Freuds Werk zwar Rückschlüsse zuläßt, sonst jedoch nur ungenügend Aufschluß bietet.

Freilich: Wohin diese »Modellzeichnungen« in aller Unschuld geführt haben, läßt sich an der späteren Schuld der erwachsen Gewordenen ablesen. Es wurde offensichtlich eine Hilflosigkeit und Verführungsbereitschaft in den jungen Seelen etabliert, so daß sie leicht verfügbar wurden.

Ich weiß, es wäre ungerecht, von heute her dem Gestern abzuverlangen, es hätte entgegen seinen Voraussetzungen den ferneren geschichtlichen Verlauf wenn schon nicht aufhalten, so doch kritisch begleiten sollen, also auch gegenüber den Heranwachsenden sich aufklärerisch verhalten müssen. Eine Forderung, die angesichts der überwältigenden Naivität jener Epoche unbillig erscheint.

Aber gerade sie, diese Naivität, festgehalten und fixiert in ihren technischen Erzeugnissen, vor allem in ihren Spielwaren, ruft ja eben unser Entzücken hervor, unsere Sentimentalität, denn wir haben nicht eine »heile Welt« eingebüßt, sondern vielmehr eine Ungebrochenheit des Empfindens und Imaginierens, der wir nachtrauern. Wir beneiden das Gestern um den Mangel an Reflexion, an Bedenken, an Skepsis, an Ambivalenz. Zu dem unerschütterlichen Selbstverständnis jener Altvorderen, die solche »Kindheitsmuster« entwarfen, klafterweit entfernt von der gleichzeitigen Wirklichkeit, finden wir nie wieder zurück. Gott sei Dank nicht.

Unsere eigene Kindheit, oder besser: die Kindheit der Nachkriegsgenerationen, war unvergleichlich besser und gesünder und entkrampfter als jede damalige, so daß sich unsere affektvolle Betrachtung der kleinen Bilder wohl wirklich nur damit erklären läßt, daß gerade ihre merkliche Irrealität uns anzieht. Unsere Sucht, einer Gegenwart zu entrinnen, die im Schatten der Vernichtung steht, des ökologischen wie des militärischen Endes der Menschheit, verlockt, sich in die Frühphasen unseres technischen Beginnes zurückzuversetzen, sich »klein zu machen«, als böte das sinnverlorene Anschauen dieser farbigen Gläser etwas wie Schutz gegen alle selbstverschuldete Bedrohung – als reiche der falsche Schein einstigen Behütetseins bis in unser Zimmer.

Altes Spielzeug

Große Achtsamkeit, beinahe ängstliche Vorsicht ist nötig, will der erkennende Blick dem alten Spielzeug sein offensichtliches Geheimnis absehen, denn die Gefahr des Verkennens ist überwältigend. Was das alte Kinderspielzeug, das blecherne und mechanische des 19. Jahrhunderts (letzteres immer als die Spanne zwischen Gründerzeit und erstem Weltkrieg begriffen), dem Betrachter zuträgt, erweist sich als so vielschichtig, so »komplex«, wie ein Modewort meint, daß es angestrengter Geduld bedarf, die scheinbar leicht leserlichen Hieroglyphen zu enträtseln. Für Walter Benjamin, auf den wir uns noch mehrfach beziehen werden, war das Blechspielzeug ein Greuel, weil nicht in solchem Grade der kindlichen Fantasie entgegenkommend wie einfach bäuerliches, hauptsächlich noch russisches Holzspielzeug, über das er schrieb. Einen Wesenszug dieser industriellen Produkte hat er übersehen: daß sie miniaturhafte Denkmäler einer Epoche sind, in welchen sie sich rein, d. h. unverstellt und unbewußt selbst vorzeigt. Gesteht man dem Axiom des Phänomenologen Gaston Bachelard, der Mikrokosmos enthalte den Makrokosmos vollständiger und vollkommener, einen Erkenntniswert zu, dann entdeckt man die »Belle Epoque« statt auf sockelhohen Selbstbekundungen oder in Kunstwerken, wo ja das geschichtlich und psychologisch Übergreifende der Kunst des Zeitalters niemals »pure« erscheinen läßt, viel eher in ihren ohne geringste kulturschöpferische Absicht verfertigten Nebensächlichkeiten. Dabei handelt es sich jedoch keineswegs um die Gebrauchsgegenstände, an denen doch wieder epigonaler oder deformierter Kunstgeschmack teilhatte, Gotik, Renaissance, Barock zusammenzwingend, man kennt genügend Fotos der berüchtigten Interieurs, sondern jene Dinge, geschaffen für eine Minorität, die als Käufer nichts galt, unbefugt als Auftraggeber war, sich zu formulieren: die Kinder. Warum nun diese auf uns gekommenen Gegenstände solche eigentümliche und anziehende Ausstrahlung besitzen, das bewirkt vermutlich ihr Herstellungsmotiv. Sie sind weder ausschließlich zweckbestimmt, wie Gabeln, Löffel, Schreibzeug und Schuhwerk, noch Gegenstände ästhetisch überhöhten, also äußerst mittelbaren Zweckes wie patriotische Wandgemälde, Wagner-Opern, Thorwaldsen-Plastiken. Ihr Zweck, falls wir in Hinsicht auf Spielzeug davon reden können, ist behaftet mit einem Widerspruch, dessen eine Seite die andre eigentlich ausschlösse, und zwar: einmal als Vehikel der Fantasie zu fungieren, als Schlüssel zum Reich der Imagination, und gleichzeitig als Objekt des realen Weltverständnisses, als Einstimmung in die Erwachsenenwelt. Die bunten plumpen Blechautomobile entführten das spielende Kind aus seiner Umwelt und führen es zugleich auf diese Umwelt hin. Kein anderer Gegenstand auf Erden, der derart zwecklos-sinnvoll wäre wie Spielzeug, dem das Doppeldeutige ein Leben verleiht, das jene Anziehungskraft erzeugt, der wir uns nicht entziehen können.

2

Verzicht auf jeden ästhetischen Anspruch: nicht realistisch genau, nicht geschmackvoll, nicht unter kunstgewerblichem Aspekt »schön« sein zu wollen, um den »Schönheitssinn« des Kindes zu entwickeln (Illusion wie Alibi von Kunstgewerblern) – dieser Mangel ist des alten

Spielzeugs Vorzug. Er zeigt unbeabsichtigte Verfremdung. Die Waggons der Blecheisenbahn beispielsweise entsprechen in ihren Proportionen weder der Wirklichkeit (die kopierbar gewesen wäre) noch der Idealvorstellung von einem modernen Verkehrsmittel, sie entschlagen sich möglicher Eleganz und Schnittigkeit. Immer sind sie viel zu kurz und gedrungen, viel zu hoch für die viel zu großen Räder, unförmige Gefährte, unsicher auf den Schienen und in Kurven häufig umstürzend. Doch in der Unform steckt der tatsächliche Waggon: für Passagiere, ehe sie Fahrgäste hießen, eine unbeachtet hingenommene Selbstverständlichkeit, ohne daß er es aber in Wirklichkeit auch gewesen wäre. Verwunderte sich nicht das Kind, neuer Gulliver in Brobdignag, das Blechdach aus den Falzen ziehend, zu Recht über die Bankreihen, über die winzigen Gestalten nebeneinander, und warum dies alles so sei und nicht gänzlich anders?!

Es scheint, der kindliche Drang, jedes mechanische Spielzeug irgendwann öffnen zu müssen, ist durch »technische Neugier« kaum ausreichend erklärt. Denn dem unverhofften, nach vorangegangenen gewaltsamen Bemühungen gelungenen Einblick ins bloßgelegte und damit meist ruinierte Federwerk, folgte gewöhnlich nicht die Befriedigung, nun endlich über die Funktion Bescheid zu wissen, wohl aber ein außergewöhnlich tiefes Unglücklichsein, Resultat zutreffenden Empfindens, mehr als zwei zusammengenietete Blechhälften zerstört zu haben. Zerstört war die unsichtbare Symbiose im Spielzeug einträchtig nebeneinander bestehender unsichtbarer Welten, von denen das Kind bis dahin nichts gemerkt hatte. Der kindliche Schmerz gilt nicht der Aufdeckung, er gilt dem Verschwundensein des Geheimnisses. Es ist der Schmerz bitterster Enttäuschung. Ein »Welt-Schmerz«, voll von Vorahnung des eigenen künftigen Lebensverlaufes, der ständigen Wiederholung dieser Grunderfahrung. Verödung folgt auf Verödung, sobald das jeweilige Objekt der jeweiligen Praxis erlegen ist, durch perfekte Handhabung und Beherrschung von seinen zusätzlichen Bedeutungen und Eigenschaften gereinigt und damit verarmt.

3

Fantasiehilfsmittel. Niemals die elektrische Carrera-Autorennbahn, diese ins Kinderzimmer geholte verkleinerte Wirklichkeit, deren Monotonie und Sinnlosigkeit die des Originals eingesteht; eher ist es der blecherne Motorradfahrer, unter dem, selbst nachdem sein Antriebsmechanismus längst versagte, was ohnehin rasch genug geschah, das Sofa zur Berg- und Tallandschaft sich wandelt, durch welche ihn die vom spielenden Kinde ignorierte eigene Hand vorwärtsbewegte. Hinauf und hinab, empor zu roten oder grünen Plüschgipfeln, abwärts in die Kuhlen eingedrückter Sitzflächen. Die schauderhaften Muster pseudo-orientalischer Teppiche: ideale Wegstrecken für den Rennwagen, dem sich ein vorgebeugter Oberkörper, den Kopf behelmt und bebrillt, unlöslich verband, so daß alle anderen Spielzeugfiguren zu diesem Kentauren kommen mußten, nicht er zu ihnen – was ihm eine positive oder negative Sonderstellung verlieh. Eine Perfektion anstrebende Spielzeugindustrie aber reduziert durch maßstabgetreue Realitätsreduktion auch den Aufwand an kindlicher Einbildungskraft, die nötig war, Unvollkommenheiten und Absurditäten des alten Spielzeugs ins Spiel zu integrieren. Man kann getrost (und ungetrost dazu) behaupten, unser »modernes« Spielzeug, minutiös nachgeahmte Gegebenheiten, diene nur ausschließlich noch der Einübung in Konformität, da der Sprung von ihm zur Wirklichkeit kein Sprung mehr ist. Fantasie, der notwendige Flügelschlag, entfaltet sich nicht mehr. Keine Absicht ist gleichermaßen unerträglich wie die, Spielzeug solle Kinder auf das künftige Leben vorbereiten, wobei nichts anderes gemeint ist als das zur Funktion geschrumpfte Dasein der Erwachsenen.

Trotz all seines Obskurantismus, zu dem auch die säuberliche Trennung von Kinder- und Erwachsenenbereich zählt, gab gerade damit das 19. Jahrhundert zu erkennen, was es von sich selbst hielt: daß seine Umstände und Verhältnisse wohl nicht die wünschenswertesten seien. Die Kinderwelt, sogar im Schein von Verniedlichung und Verpuppung, präsentiert sich als ein Reservat für minderjährige Eingeborene, als unbetretbares Eiland sonst nirgendwo vorhandenen Glücks, das auf Kindheitsdauer begrenzt war. Ein Hort des Träumens, des Fantasierens, der autosuggestiven Einbildungen, von Eigenschaften jedenfalls, welche, falls sie nicht während des Wachstums abstarben, von der Gesellschaft als Spintisiererei, Weltfremdheit, Lebensuntüchtigkeit denunziert und weitestgehend ausgeschaltet wurden. Einzig in einem anderem, dem imaginativen Spiel benachbarten Bereich erlaubte man ihnen ein isoliertes Dasein: in der Kunst.

»Behütet« lautete das fehlgedachte Motto über dem Kinderzimmer. Jedoch in einer Gegenwart, in der die Erwachsenenwelt wenig vermenschlichter ist, entwuchs der Vernichtung der falschen Kinderwelt keine bessere neue. Ergebnis: frühreife Unerwachsene, jetzt bereits schon auf dem Marsch durch die Wüste ihrer Existenz, welche sie nun ohne das Stärkungsmittel Fantasie zu durchqueren haben. Und wie schwer, wie fast unerträglich diese eintönige Wanderung sich darbietet, beweist die steigende Zahl kindlicher Selbstmorde, Signal dafür, daß das Kind sich weniger als eine Besonderheit und mehr als ein Erwachsener empfindet, den Umständen ausgelieferter, da ihm kein Innenraum eine einbildungsreiche, dem Draußen Paroli bietende Zuflucht gewährt. Innenraum nicht gleich Innerlichkeit. Aber als ein Übungsraum für Widerstand, in den feindliche Umwelt einbezogen und wenigstens imaginativ bekämpft, wenigstens imaginativ besiegt werden kann, um ihre faktische Bedrohung zu mildern. Ein Kind, das nicht in der Lage ist, sich in seinen Träumen zum Herrn der Erde zu machen, fehlende Gerechtigkeit herzustellen, Glück und Reichtum zu verbreiten, mit einem Wort: die Welt zu regenerieren, solch ein Kind ist von vornherein unterlegen.

4

Viertausend Jahre, von Alt-Ägypten bis zur Industrialisierung, bleibt sich das Spielzeug gleich, zumindest ähnlich. Individuell und zugleich schematisch von Hand geformt, bildet es das Nächstliegende einfach strukturierter agrarischer Gemeinschaft ab: Gliedermännchen, Wagen und Pferd, Pflug und Boot und Stall, Hütte und Herd, Topf und Pfanne. Auf einmal aber erscheint vor den staunenden Augen des Kindes (wie vor unseren) das Pandämonium der bürgerlichen Gesellschaft: eine Frau mit weißer Schürze, mit der Frisur der Mutter, fegt, nach einigen Schlüsseldrehungen, mit einem Besen den Boden. Ein Mann, der Vater, wie man ihn sich außerhalb der elterlichen Wohnung vorstellt, beugt sich über ein Billard, stößt die Kugel in ein Loch, eine neue kehrt zurück, verschwindet, kommt wieder und so ins Unendliche fort. Blecherne Gepäckträger schleppen sich, in jeder Hand einen Koffer, wankend dahin. Der Brauer rollt seine Fässer heran. Der Feuerwehrmann klettert zum Brande seine Leiter hinauf, und aus den fernen Kolonial-Landen tragen zwei chinesische Kulis einen Kasten herbei. Neger jonglieren, Elefanten stampfen über den Tisch, und im offenen Automobil wird der Eigentümer, ein Herr mit steifem Hut, von seinem Chauffeur befördert. In Shorts und Wickelgamaschen und Tropenhelm, Lord-Kitchener-Schnauzbart unter der Blechnase, hebt der Royal Fusileer seine Flinte, um wenig später als olivfarbener Tommy, mechanisch auf dem Bauch vorwärtsrobbend, aus dem angelegten Gewehr mittels Feuerstein und Rädchen Blitze gegen einen Feind zu schießen und eine Ära zu beenden, naiv und unverstellt allein in ihrem Spielzeug. Die Abwesenheit jeglicher Täuschung bestimmt seinen heutigen Wert. Die Priorität des Produzierten, abgeleitet aus der allgemeinen technischen Entwicklung, Auto, Eisenbahn, Dampfmaschine, Dampfschiff, Motorrad usw., sagt noch wenig, um wieviel mehr die Auffassung, die in der scheinbar verzerrten Wiedergabe des Faktischen sichtbar wird, Disproportionen dominierten. Häßlichkeit und Bedrohlichkeit: unterdrückte Merkmale der Technisierung und Industrialisierung treten als Spielzeug aus der Verdrängung hervor. Bis dahin hatten weder »Styling« noch »Design«, zwei Zuhälter der Technologie, ihre kupplerische Tätigkeit aufgenommen: das menschenungemäße der Maschine kommt im Spielzeug gesteigert und offen zutage. Das genau ist es, was Walter Benjamin übersehen hat: das Schreckbild der »Modern times«, gebannt und unwillentlich gekennzeichnet im Spielzeug. Und das ist vermutlich einer der zusätzlichen Gründe, daß wir dermaßen angerührt sind, daß wir den Blick nicht davon wenden mögen, ohne vorher zu erfahren, was ihn daran fesselt. Und wie sehr das Abbild die Sache selber okkupierte, verdeutlicht unser eigenes Gefühl beim Anblick eines »Oldtimers« zum Beispiel, der uns *wie Spielzeug* vorkommt und eigentlich bloß merkwürdig durch seine übertriebene Größe.

5

Gar die blechernen und mechanischem Liliputaner, deren starr schematisierte Mienen kein individueller Zug (wie man ihn bei handbemalten Puppen findet) mildert, entlarven sich als Typen der Entfremdung. Ein für allemal fertig und ihrer festgelegten Funktion entsprechend mit einer Bekleidung ausgestattet, die, im Gegensatz zur Puppe, unwechselbar ist, demonstrieren sie die vollkommene Verdinglichung: alles ist fortgefallen, was über ihre enge Rolle hinausginge. Der Motorradfahrer im braunen Lederdreß, mit Kappe und Brille, hockt für immer vorgebeugt auf seiner Maschine; er ist nicht, wie die simple hölzerne Gliederpuppe, wie überhaupt jede Puppe, fähig, abzusteigen, sich vom Fahrzeug zu trennen, um in einem anderen Spiel ein anderer zu sein. Er bleibt, wozu er gemacht wurde. Von den krüppelhaften und mißgebildeten, mit ihren Maschinen und Apparaten seltsam verbundenen Figuren gar nicht zu reden. Trommelnde Clowns, holzsägende Arbeiter, hämmernde Schmiede – sie sind verurteilt, ihre soziale Rolle nicht verlassen zu können. Ihre unmenschliche Erscheinungsweise gemahnt an die Gesellschaft. Denkbar außerdem, sie habe entscheidend die kindliche Sehweise geprägt, für die damit hinter der

Typisierung kein Mensch mehr existierte. Die Authentizität solchen Verhaltens bezeugt das kindliche Verwundern (in der Literatur häufig genug belegt), das plötzlich auftrat, wenn das Kind das Dienstmädchen in einem anderen Kleid, den Briefträger im Sonntagsanzug erblickte.

Inwieweit auch das spielende Kind ahnungslos in den Masken seiner Figuren selig aufging, wissen wir nicht. Obwohl die Blechpersonen selbst in dieser Hinsicht im Betrachter ein sonderbares, vielleicht unangebrachtes, übertriebenes, doch unleugbares Mitleid hervorrufen. Es sind ja Imagines einstmals wirklichen Daseins, auf brutalere Art als heute zur Sache gemacht, an die sich kindliche Fabulierlust heftete. Derartige vom Spielzeug vorgeführte Verdinglichung ruft statt Sentimentalität oder gar Nostalgie maßvolle Melancholie hervor, da das frühe nivellierende Unglück, Ergebnis der Arbeitsteilung, entsprungen der gewaltsamen Sezession des Individuums, einer Zerteilung bei lebendigem Leibe, seinen blechernen Miniaturen eingeboren ist. Die Unveränderlichkeit ihres Tuns steht für die einstmals als unveränderbar geltende Sozietät. Zusammen mit der Selbstsicherheit verschwand automatisch dieser Spielzeugtyp.

6

Zugleich bringt uns – die wir es anschauen, betasten, möglicherweise sammeln – das alte Spielzeug die unbekannt gewordene Kindheit des Einstmals nahe. Was »Kindheit um Neunzehnhundert« war, ahnen wir, falls wir bereit sind, uns den Gegenständen anzuvertrauen. Dann bemerken wir, daß diese Kindheit eine innerlich intensiv bewegte gewesen sein muß, aus keinem andern Grund als dem, als daß es zu schaffen galt, wogegen das

Spielzeug selbst sich wehrte: mit-spielerische Belebung. Es bedurfte sicherlich starker seelischer Aufwände, die widerborstige Starrheit dieser Sachen zu überwinden, deren Ecken und Kanten (manche manchmal messerscharf) der führenden, fühlenden Kinderhand, unter der fiktives Leben zu entstehen vermag, sich verweigerten. Etwas davon hat das heute brüchige Blech zurückbehalten, nicht nur Spuren von Benutzung, vom Spiel, vom Aufbewahren über siebzig, achtzig Jahre hinweg.

7

Notwendig und nützlich wäre tatsächlich eine Phänomenologie des alten Spielzeuges, das sich, wie diese Ausführungen meinen, als ein Zeit-Konzentrat erster Ordnung herausstellt, aber eines von unerforschter Zusammensetzung. Es ist, wie kaum andre Dinge, in der Lage, uns den Blick zurückzugeben, den wir ihm zugewendet haben, wobei das Wort »Zuwendung« schon die Hinneigung birgt. Durch die Vermischung von Subjektivem und Objektivem, Gesellschaft und Individuum, Realität und Realitätskarikatur, Traum und Trauma, Angst und Fantasie, entstand ein seltenes Amalgam menschlicher Verdinglichung, das eine geisterhafte Lebendigkeit ausstrahlt, obschon das Tote seiner Materialität dagegenspricht.

Zur Psychologie des Backsteins

Es wäre durchaus denkbar und vielleicht sogar an der Zeit, eine Psychologie der Materialien zu verfassen, denn der Prozeß unserer eigenen Verdinglichung hat eine Kehrseite, von der wir so wenig sehen wie von der anderen Seite des Mondes: Das Leben des Gegenständlichen. Für unseren Gefühls»haushalt« haben die Dinge seit langem einen neuen Stellenwert bekommen, sie sind uns emotional nähergerückt, je ferner uns unseresgleichen geworden ist. Auf dem Scheitelpunkt unserer industriellen Zivilisation kehren ganz frühe animistische Neigungen wieder: Eine besteht in der Belebung der Objekte. In solcher Liste der subtilen Beziehungen, die wir zu einem Gegenstand aufzunehmen vermögen, indem wir uns in ihm widerspiegeln, stünde unser Verhältnis zum Backstein obenan. Er, ein ziemlich gleichnishafter Gegenstand, ein handliches Symbol erster Güte, teilt, wie es uns scheinen will, das Schicksal anderer biologischer Geschöpfe, die aussterben und gerade darum erneutes Interesse und ungewöhnliche Sympathie erfahren. Ebenso geht es dem Backstein.

Mit dem Aufkommen industrieller Bauweisen wurde er unzeitgemäß, ja, geradezu lächerlich, altfränkisch, und sein Benutzer und Verwender, der Maurer, zur komischen Figur, der schleunigst zum Bauarbeiter mutierte, um sich der neuen Technologie anzupassen. Dem Backstein blieb diese Anpassung versagt und er somit auf der Strecke. Und erst jetzt, da nahezu jedermanns Umwelt mit überwältigenden Betonprodukten vollgestellt ist, erinnert man sich seiner als eines menschengemäßeren Stoffes, aus dem sogar Träume sein können.

Angesichts jener ererbten alten Bauwerke, seien es Kirchen, Klöster, Bürgerhäuser oder sogar nur profane Speicher, werden uns die Verluste überdeutlich. Dieser rechteckige, rötlich-rauhe und poröse Ziegel, im Ofen gebacken wie Brot, was ihn ohnehin heiligt, ist – man verzeihe das große Wort – ein Stück von uns, ein Stück unserer eigenen deutschen Geschichte (die ansonsten durch liebenswerte Innovationen ja nicht gerade gekennzeichnet ist) und deswegen ein Stück positiv zu begreifender Identität. Denn so wie eine bestimmte Natur, ein bestimmtes Klima Rolle und Selbstverständnis einer Nation bestimmen, zumindest prägen, so auch und erst recht ihre kulturellen Leistungen, unter die ich nicht nur die Werke der bekannten Klassiker rechne.

Die Sache »Backstein« selbst ist nicht neu, historisch betrachtet, und stammt, wie so vieles, aus dem Orient, von den frühen Kulturen zwischen Euphrat und Tigris. Das griechisch-römische Altertum reicht den Backstein weiter nach Norden, wo er dann eine völlig veränderte Verwendungsweise erfährt. Der Antike ist der gebrannte Stein so unwert, daß er fast immer versteckt wird: Wie Tortenscheiben übereinander bildet er den Kern von Säulen oder, plump und regellos aufgemauert, trägt er die Marmorplatten, die exquisiten Verkleidungen, die vorgaben, der ganze Bau bestünde aus ihnen. So leistete der Backstein der Täuschung Vorschub. Der Backstein ist ehrlicher, nackt und bloß.

Bereits die Romantik behandelt ihn freundlicher, vermutlich weil er billiger und der Reichtum des Imperiums mit diesem selbst verschwunden war, vielleicht auch, weil frühe Christlichkeit für die genialen architektonischen Tricks des vorangegangenen Heidentums nichts übrig hatte. (Sie kehren bezeichnenderweise mit dessen Wiedererweckung, mit der »Renaissance« also, in die Baukunst zurück!) Zwar errichtete die Gotik ihre Kathedralen und Basiliken aus behauenem Werkstein, mag sein, um dem Wort vom »Fels Petri« konsequent Gestalt zu geben, doch wo solch Gestein fehlte oder schwierig und teuer zu beschaffen war, machte man aus der Not eine Tugend und aus Backstein Architektur. Wieso und warum sich im deutsch-niederländisch-skandinavischen Norden im Mittelalter der Backstein durchzusetzen begann, ist eigentlich unverständlich: Man hätte aus dem sonst überreich vorhandenen Baustoff Holz, wie beispielsweise in Rußland, genausogut und ganz sicher kostensparender bauen können – daß der Backstein favorisiert wurde, dessen Produktion ja ebenfalls Unmassen Holz als Brennmaterial verschlang, gehört zu den historischen Merkwürdigkeiten, die wohl immer unaufgeklärt bleiben.

Unter die besonderen Merkmale des Backsteins in unserer »Backstein-Psychologie« wäre aufzunehmen, daß er eine Fähigkeit besitzt, die wir sonst ausschließlich in der Natur antreffen, und die jeglicher modernen Bauweise samt ihren Materialien abhandengekommen ist: er ist in der Lage würdig zu altern, nicht nur zu verrotten. Die Jahrhunderte verfärben ihn, brechen seine Farbe, dunkeln ihn nach, reduzieren oder schleifen seine Kanten, lassen ihn hier und da ausbröckeln, so daß es scheint, ihm werde etwas zugefügt, was man nicht anders als »Individuation« nennen dürfe. Solche klar gegliederten Ansammlungen unzähliger einzelner, wie sie in jedem Backsteinbau sichtbar sind, verweisen ebenfalls darauf, zu welchen Resultaten der Zusammenschluß Unzähliger zu führen vermag, vorausgesetzt, es liegt ein Plan, eine Idee, eine Ordnung zugrunde. Je länger die Zeiten darüberhingehen, desto eindrucksvoller das Ergebnis. Doch nicht bloß das Alter gibt ihm die so schwer zu definierende Würde, das allein wäre nicht ausreichend, sondern etwas ganz Eigentümliches, Besonderes, das sich tatsächlich nur in bezug auf den Menschen deuten läßt, durch Beispiele verschiedenster Art, die sich am Ende zu einem glaubhaften Gleichnis zusammenschließen. Gerade weil diese Bauten durch ihren augenblicklichen Zustand, den Alterungsprozeß des Materials, Witterungseinwirkungen, geschichtliche Benutzungsspuren, auch historischer Ignoranz, die ihnen etwas von Verlassenheit, von Übriggebliebensein, von Überflüssigkeit verleiht, unübersehbare Gleichheitszeichen zu unserer eigenen Existenz bilden, gerade darum wirken sie so stark auf uns, ohne daß wir uns aller ihrer Wirkungsmotive im Moment des Betrachtens bewußt sind.

Von diesen Ahnungen, die dem Ziegelwerk mehr zutrauen als nur statische Funktion, künden auch literarische Zeugnisse. Gerard de Nerval, Lyriker und Übersetzer Heinrich Heines in Paris, schreibt – um nur ein Beispiel zu nennen – 1845 in einem Gedicht:

»Fürchte in der blinden Mauer einen Blick, der nach dir späht.«

So etwas schreibt man nicht zufällig; das ist mehr als ein literarischer Einfall, der mit einem Paradoxon Aufmerksamkeit erregen will. Die besondere Sensibilität des Dichters erspürt, wie selbst eine nichtssagende Mauer die bedrohliche Verdinglichung ausdrücken kann. In die Ziegelsteine und ihr Gefüge ist etwas eingezogen, etwas Numinoses, das nicht erklärt, sondern nur metaphorisch umschrieben werden kann. Gleiches gilt für Objekte, die die Menschheit schon so lange auf ihrem Weg begleiten, und ich könnte mir durchaus eine moderne Variante der Friedhofsszene im »Hamlet« vorstellen, wo Yorrick statt des Totenschädels dem Dänenprinzen einen Ziegelstein reicht, Anlaß zu einem ebenso staunenden wie melancholischen philosophischen Exkurs:

»Fürchte in der blinden Mauer einen Blick, der nach dir späht.«

Selbst als Ruinen – und man findet ja auch hier und da vom Kriege zerstörte Bauten als Ruinen erhalten wieder – erscheinen solche aus Backsteinen bestehenden lebendiger, vielsagender, geschichtsträchtiger als andere von Bomben getroffenen Gebäude, deren Armierung wie Gedärm hervorgetreten und deren Beton durch die Explosion nur formlos geworden war: sie vermochten nicht die Zeichen der Symbiose von Mensch, Objekt und Natur festzuhalten, falls sie sie überhaupt je trugen. Im Hang der Romantik zur (artifiziellen) Ruine steckt tiefenpsychologisch jenes besagte Verwandtschaftsempfinden, ein melancholisches Wiedererkennen, das sich gegenwärtig in unserer städtebaulichen Umwelt nicht mehr einstellen will und auch gar nicht einstellen kann: Appartmentblocks, »sozialer« Wohnungsbau, Warenhauskuben, Verwaltungs- und Versicherungstürme, Bankenbunker, »Congreßcentren« – ihre tote Massivität bringt eher die Misanthropie Alt-Ägyptens zurück, dem wirklich nur der Zement und das Stahlskelett gefehlt hat, um der legitime Vorläufer unserer aktuellen Zivilisation sein zu können. So wie in Ägypten das Unmaß, die Unmäßigkeit der Bauten und ihr Mißverhältnis zum Menschen funktionsbestimmt waren, so bewirkt, wenn auch unabsichtlich, das »American Century« in der Architektur die gleichen Folgen: die Reduktion des Menschen auf einen Termitenstatus. Und an diesem Punkt begegnen sich die Absichten neuzeitlicher Diktatoren, die auch städtebaulich ihren Untertanen das Gefühl ihrer Belanglosigkeit vermitteln möchten, mit den kommerziellen Überlegungen, in denen es »die Masse macht«. Je größer, desto besser, desto lukrativer, desto mehr Rendite. Weder diese noch jene Vorstellung steckt in den seltsam leichtgewichtig erscheinenden sakralen Gehäusen: Ihr Zweck, wie immer man ihn negieren oder für fiktiv halten mag, war nicht derart ausschließlich von dieser Welt wie der des Bauens seit langem. Selbstverständlich, auch die Kirche war weltliche Macht, selbstverständlich wollte sie diese Macht demonstrieren und präsentieren, aber zur reinen Machtdemonstration hätte eine andere Architektur besser getaugt, die ja damals ebenfalls florierte: der Burgenbau, bei dem man bekanntermaßen keine Backsteine verwendete. Die Mentalität, die Spiritualität einer Epoche drückt sich in den düster gewordenen Ziegelwerken aus.

Freilich, eine »Tendenzwende« wird kenntlich: Der Backstein kehrt in die Städte zurück. Einzelne Wohnkomplexe werden wieder mit Ziegeln errichtet, ohne daß jedoch der Rückgriff schon gelänge. Die Formen selbst stehen noch unter der Herrschaft kubischer Monotonie, der Latenz des Betons nämlich. Der Einfallsreichtum, den der Backstein aus sich heraus den einstigen Baumeistern, den Bauhandwerkern abzwang, in dem er sie anregte, der Gleichförmigkeit des summierten Backsteins den Schwung, den Aufschwung des Baues entgegenzusetzen, dieser Einfallsreichtum ist längst noch nicht wiedergefunden – wie denn auch, da unsere Gegenwart zu solchen dialektischen Unternehmungen nicht mehr die Kraft und noch weniger das Bedürfnis hat.

Zuletzt hätte in unserer Charakteristik als Indiz, das unsere Meinung über den Backstein und ihn selber in seinem Wesen bestärkt, zu stehen, daß er am Ende seiner vieltausendjährigen Karriere zum Kinderspielzeug wurde. Ich rede von den »Anker«-Steinbaukästen, zu denen sich der Backstein verzwergt hat: Besäße er nicht tatsächlich einige der ihm hier zugeschriebenen Eigenschaften und Eigenarten, er hätte wohl niemals den Weg ins Kinderzimmer finden können. Aber gerade weil er sich unserem Fühlenwollen und Denkenmüssen so nachdrücklich als Projektionsobjekt anbietet, als Rohstoff für die Fantasie (also doch: Traumstoff), als Auslöser für Überlegungen und für mehr geahntes als gesichertes Wissen über uns selbst, die wir ebenfalls in die Masse unseresgleichen eingebunden sind, zu tragenden Strukturen geordnet, unfreiwillig einer übergeordneten Bedeutung dienend, die für uns selbst bedeutungslos bleibt – aus allen diesen Gründen hegen wir eine nicht ganz eindeutige Sympathie für diesen Stein, der im Feuer gebacken wurde, und für die Bauten, die aus ihm bestehen.

Weltwunder

Von den Weltwundern der Antike ist kaum etwas geblieben. Die meisten, wie die »Hängenden Gärten der Semiramis« oder der »Koloß von Rhodos«, sind nur in Berichten ihrer Zeitgenossen überliefert, trotzdem oder vielleicht gerade darum haben sie lange Zeit hindurch die Fantasie der Nachgeborenen beschäftigt. Die Renaissance, manisch altertumsversessen, aktualisierte die »Sieben Weltwunder« insofern, als sie diese, deren Ruhm von ihrer Größe stammte, dem frühbürgerlichen Lebensgefühl entsprechend als Sujet in die Malerei aufnahm. Nach der Verachtung alles Irdischen und der Konzentration auf jene Werke, die die Garantie für das jenseitige Leben bedeuteten, brachte der historische Umschwung auch das emotionale Extrem: Ein übermächtiges Selbstgefühl wollte zu äußerem Ausdruck gelangen. Nicht mehr zum höheren Ruhme Gottes ihm Stätten der Verehrung zu errichten, demütig und anonym, empfand man nun als die wichtigste Aufgabe, sondern dem eigenen Dasein und dem eigenen Weltverständnis architektonische Denkmäler zu setzen. Der Sakralbau verlor an Bedeutung, die anhaltende Säkularisierung, Symptom der Glaubensschwäche, bezog ihre Vorbilder und Modelle aus dem Fundus der wiederentdeckten Vergangenheit: Die Herren der italienischen Stadtstaaten identifizierten sich mit den römischen Senatoren, und wie diese einstmals ihre Landsitze und Villen fern der Städte errichteten, wo sie ihren unterschiedlichen Neigungen nachgingen und nachhingen, so entdeckten ihre Nachfahren um die Mitte des 16. Jahrhunderts erneut das Land. Genauer: die Landschaft, nämlich Latium, das Kernstück des versunkenen

Imperiums. Kirchenfürsten und Hochadel bauten sich ihre Schlösser und Parks, und einer von ihnen, Pierfrancesco II. Orsini di Castello, genannt Vicino, benutzt für seine Pläne ein kleines Dorf in der Nähe von Viterbo, das, wie soviele Ortschaften, von den Ereignissen des Mittelalters in völlige Bedeutungslosigkeit zurückgestoßen worden war: Bomarzo.

Etruskischen Ursprungs, entwickelte es sich in römischer Zeit unter dem Namen Polimartium zu einer gewissen Größe, da es bereits seit dem 1. Jahrhundert Bischofssitz war. Im 10. Jahrhundert von den Ungarn zerstört, verschwand es fast von der Landkarte. Von 1502 an gehörte es den Orsinis, und ab 1532 begann hier Vicino mit der Bautätigkeit. Das 400-Zimmer-Schloß, das den Ort überragt, wurde zum Palast umgestaltet, »wahrscheinlich nach Zeichnungen des Vignola«, wie es mit der üblichen historischen Unsicherheit in Sachen »Bomarzo« heißt. Doch womit sich Vicino wahrhaftig in die Unvergänglichkeit eingebracht hat, befindet sich eine Hügellänge vom Ort selber entfernt: der »Sacro Bosco«, der »Heilige Hain«, besser bekannt und bezeichnet als »Parco dei Mostri«, »Park der Ungeheuer«.

Exakt an dieser Stelle wird die Verpflichtung und zugleich Konkurrenz gegenüber dem mächtigen und wiederentdeckten Vorgestern sogar inschriftlich bekundet: »Mögen Memphis und jegliche anderen Wunder, die die Welt schon besaß, durch den Heiligen Hain beseitigt werden, der nur sich selber gleicht und nichts anderem in der Welt.« Ein stolzes Wort, adäquat dem Ichbewußtsein jener Epoche, insofern es sich anmaßt, die alten Weltwunder in den Schatten zu stellen. An solchem Auftrumpfen wird kenntlich, wie nachwirkungslos das Mittelalter geblieben ist, da jetzt die Anstrengungen darauf abzielen, gerade das von der Kirche verteufelte »Heidentum« zum Maßstab zu machen. Und dieses »Heidentum« feierte Auferstehung, freilich ohne seine eigenen Inhalte und nur als Reminiszenz, als Ausdrucksmittel der Kunst, als gruppenspezifische Kultur der »gehobenen Stände«.

Was aber Vicino Orsini, zumindest als Auftraggeber (Piero Ligorio soll, den unsicheren Quellen zufolge, ausführend gewesen sein), an Unheiligem im »Heiligen Hain« verwirklichte, war und ist mehr als nur ein Erinnern klassischer Vorbilder und etwas ganz anderes als ein getreuliches Kopieren archäologischer Funde: etwas Erstmaliges und Einmaliges und solcherart der Antike fremd. Wie edel und eher in einer eleganten, gymnastischen Übung begriffen erscheint beispielsweise die Laokoon-Gruppe im Gegensatz zu dem hier aufragenden »Kampf der Giganten«, der, nach genauerer Betrachtung aus einer ungewöhnlichen Perspektive, nunmehr als obszön-brutale Vergewaltigung erkannt worden ist.

Der Schlüssel zur Anlage, der Hinweis zu ihrem Verständnis, liegt offenkundig bei der Sphinx am Eingang und in ihrer Aufforderung:

»Der Du hier eintrittst, laß Dein Bewußtsein hinter Dir.«

Ohne anhaltend wache Absicht, kunstgeschichtliche Analogien zu entdecken und sich bedenkenlos der Wirkung dessen aussetzend, worauf der staunende Blick fällt, spürt man sofort die Sinnlichkeit der versteinten Intentionen. Was da von unbekannten Bildhauern an Ort und Stelle aus Findlingsblöcken herausgeschlagen wurde, erweist sich in seinem gegenwärtigen Zustand des Zurückfallens in die umgebende Natur eigentümlich verlebendigt. Skulpturen, hintenübergesunken, teilweise mit gelblich-grüner Haut aus Moos überzogen, zweifelhaft, ob sich feilbietend oder niedergeworfen und geopfert, kommen uns vor, als seien sie im magischen Zirkel einer Psychopathia sexualis gefangen, harrend auf eine ungewöhnliche Art der Erlösung.

Lust und Schrecken in unterschiedlicher Mischung machen sich allerorten bemerkbar. Wer in das Riesenmaul eintritt, fühlt den vergessenen Schauer aus Kindheitstagen, denn trotz aller Gewißheit, es wäre unmöglich, bleibt dem Eintretenden ein Rest von Furcht, die ihn sich umzuwenden zwingt, ob hinter ihm das Gebiß sich nicht zu schließen beginnt.

Es ist die Wiederkehr unserer, und nicht nur unserer, Träume, was das Codewort »Bomarzo« hervorruft. Wozu wir tatsächlich bloß im Zustand verminderter Bewußtheit fähig sind (und damit ist der Sphinx-Spruch bestätigt), nämlich zu einer Klarheit, die an den Gegenständen überdeutlich und nahezu körperlich Fremdes und Verwandtes zugleich wahrnimmt, das gelingt uns im »Sacro Bosco« leichter als anderswo. Weil die sonderbare Verschlingung aus Kunstwerk und wuchernder Flora uns die Augen weiter öffnet, und die Anspielungen auf Sexualität und Gewalt, verbunden mit einer geradezu existentiellen Lüsternheit, bewirkt durch das Miteinander von blindem Wachstum und Bildwerk, an die Grundlagen unseres eigenen Seins gemahnt.

Hier möchte man selber Stein sein, postiert neben der lasziv gespaltenen Quellnymphe, inmitten dieser greifbar gewordenen Fantasmagorien, erstarrt in Bewegungen und Aktionen, deren Ende gewiß und trotzdem nicht abzusehen ist – wie es uns der Elefant samt Legionär vorführt, dessen Schicksal wie mit einem Zauberstab kurz vor dem Schluß aufgehalten worden ist: eine nicht bis zum Schlußpunkt erzählte Sage. Und wer fände nicht in der exakten Schiefheit jenes kleinen Pavillons am Rande eines Abgrundes, sobald er eingetreten ist, sich in einer aufgehobenen Realität wieder, wie sie nur die Fantasie erblickt. Fantasie nicht im Sinne von »ausgedacht« oder »verblüffend erfunden«, sondern hemmungsloser Extroversion dessen, was die Tiefen der Psyche bewegt. Kein typisierter Horror, keine vorgeformten Bedrohlichkeiten haben im »Heiligen Hain« Aufstellung gefunden, sondern das in uns selbst schwärende Numinose hat seine Übersetzung ins Bild erfahren, in eine Bildersprache, die sich nur teilweise in überkommenen Zeichen artikuliert. Das macht die Faszination aus: daß hier einer sein Innerstes nach außen gewendet hat. Und daß es für Vicino Orsini mehr war als ein manieristisches Abenteuer, mehr als Protzentum und Schock-Absicht, geht daraus hervor, daß er bis zu seinem Tode 1584 eine Menge Geld und Zeit in seinen »Boschetto«, sein »Wäldchen«, investierte. Fünf Jahre vor seinem Ende schreibt er aufschlußreich in einem Brief:

»Es bleibt mir keine andere Erholung mehr, als mein Boschetto, und ich segne jedes Geldstück, das ich dafür ausgegeben habe und immerfort noch ausgebe.« Abschließend formuliert er, was der Besucher überwältigend empfindet:

»Wenn ich mir überlege, daß mir in meinem Boschetto nun nichts anderes mehr zu tun bleibt, als die Betrachtung der irdischen und himmlischen Dinge, komme ich mir nicht anders vor, als sei ich im Geiste in eine Statue verwandelt.«

Eine klare Selbstanalyse: Indem er seine Bedrängungen und Begierden, Ängste und Lüste in sichtbare Abbilder verwandeln und um sich her aufstellen ließ, war ihm nicht viel mehr geblieben als das Gefühl der Leere und die Ahnung, sich in den Figuren verwirklicht und »verewigt« zu haben, so daß nun sie in weit stärkerem Maße der Vicino Orsini waren als er selber. Seine Selbsteinschätzung im Briefzitat war absolut richtig. Man merkt es den Tuffsteingestalten an, wieviel Leben sie in sich aufgesogen haben. Ihre Erscheinungsweise gibt am deutlichsten der Titel eines späteren, aber geistverwandten Werkes aus der Reihe von Goyas »Capriccios« wieder: »Der Schlaf der Vernunft gebiert Ungeheuer.«

Rückblick
Statt eines Nachworts

Wenn ich heute auf meine eigene Vergangenheit zurückblicke, muß ich sagen: Meine Angst hat sich rapide verringert, aber meine Befürchtungen sind gewachsen. Das klingt merkwürdig, ist jedoch leicht erklärt. Meine Angst war eine individuelle, meine Befürchtungen sind allgemeiner Natur und werden von vielen geteilt. Meine Angst bestand darin, einfach zu erlöschen wie eine Kerze. Nicht mehr atmen und nicht mehr schreiben zu können. Meine Angst war ein Ergebnis des Druckes, eine Angst vor dem Druck selber und zugleich eine doppelte: nämlich dem Druck nicht widerstehen zu können. Es gibt Zeiten in der Geschichte, insbesondere in der deutschen, die für Schriftsteller wenig angenehm sind. Meist sind derartige Zeiten geprägt von dem Bemühen, Machtverhältnisse zu stabilisieren oder in einen neuen Stabilitätszustand zu überführen, wobei die unmittelbar daran Beteiligten höchst ungern gestört werden und sich jede Störung ihrer Machtausübung verbitten. Das heißt: Von Bitten kann keine Rede sein. Als Störenfriede werden allzuoft Schriftsteller ausgemacht, die den Vorgängen weder akklamieren noch sie ignorieren, sondern ihnen opponieren. Damit sind sie an ihrem ferneren Schicksal selber schuld, das darin besteht, für einen längeren Aufenthalt ein karges Einzimmerapartment zu bewohnen oder vom Ort ihrer Tätigkeit entfernt zu werden. Für den Betroffenen, der nie so recht weiß, wie ihm geschieht, vollzieht sich seine mehr oder weniger humane Eliminierung aus einem Gesellschaftskörper unter Ängsten, deren Einfluß auf sein körperliches Befinden durchaus dem von Krankheiten gleicht. Seine materielle wie psychische Existenz ist bedroht, und dieser Bedrohung, ihren vielfältigen indirekten wie direkten Erscheinungsformen erliegt er langsam wie einem unheilbaren Leiden. Die deutsche Literaturgeschichte ist voll von Selbstmördern, Alkoholikern, Psychosomatikern oder solchen Autoren, die unter der latenten Bedrückung nichts mehr zustande brachten. Diese Art Angst ist von mir abgefallen und kehrt nur manchmal, kaum verkleidet, in Alpträumen wieder, in denen ich den Mächten und den Mächtigen wehrlos ausgeliefert bin. Vielleicht muß man sich erst das alles vom Halse träumen, um es wirklich los zu sein – falls man es überhaupt je los wird.

Woher also dann die wachsenden Befürchtungen, wenn die Ursachen der Angst aus den Augen, aus dem Sinn gerückt sind? Weil die Befürchtungen nicht allein mir oder einer kleinen Gruppe vorbehalten bleiben: sie sind das einzig wahre »Gemeineigentum«, das es gibt und vermutlich auch geben kann. Es sind dies die Befürchtungen vor unser aller Zukunft, oft zu dem unheimlichen Empfinden verdichtet, diese Zukunft würde uns gar nicht mehr zuteil. In letzter Zeit habe ich an meine Ausgangsposition, diese »Heimat« in Gänsefüßchen, wenig Gedanken verwandt, eigentlich bloß an die Menschen, die ich vermisse, und habe stattdessen mich mitten im Tag umgewendet und auf die vergangenen Wochen und Monate zurückgeschaut. Die hinter uns liegende Epochenlandschaft hat sich immer mehr verdüstert, als wolle es sinnbildlich Abend werden, aber wohl kein friedlicher Feierabend. Das zu bestätigen, soll nicht die Aufzählung des globalen Elends dienen, kein Hinweis auf die verstümmelten Leichname, die verhungernden Kinder, die Opfer des Terrors und der menschlichen Tüchtigkeit – das ist schon viel zu oft und viel zu hemmungslos gezeigt worden, als daß es noch eine Wirkung auf den Betrachter haben könnte. Bleiben wir bei uns und unserem Befinden. Wir krepieren nicht aus Mangel an Eiweiß, an Vitaminen, an Medikamenten; wir werden nicht gruppenweise totgeschlagen oder gefoltert, wir wissen nur, daß dergleichen geschieht, leben aber so, als geschähe nichts dergleichen. Wir nehmen den täglichen Tod von Hunderttausenden hin, solange wir nicht unter ihre Zahl fallen. Wir akzeptieren ihn schon als Voraussetzung und Bedingung unseres eigenen Lebens und Überlebens. Ganz wohl ist uns dabei nicht, und wir rühren auch sicherheitshalber keinen Finger, um an dieser Konstellation etwas zu ändern. Wenn wir ehrlich sind, was uns selten genug zustößt, wird uns unsere Hilflosigkeit klar. Wir wissen ja gar nicht, was wir überhaupt gegen die steigende Flut des sich potenzierenden Unheils unternehmen sollten, da wir von jeher unsere Verantwortung anderen überlassen haben und auf nichts vorbereitet sind als auf das Überqueren einer Kreuzung bei Grün. Versuche, die wir unternehmen würden, ähnelten bestenfalls der guten Absicht, mitten im Atlantik einen sinkenden Ozeandampfer durch Paddeln in den rettenden Hafen zu bugsieren. Wir ahnen die Vergeblichkeit, so daß sie uns bereits lähmt, bevor wir ihrer noch ganz innewerden.

Wenn wir, und damit meine ich alle Teilhaber an der alten und traditionellen Industriezivilisation, wenn *wir* schon nicht in der Lage sind, unser gemeinsames Leben so zu gestalten, daß das des Einzelnen vor den negativen Folgen eben dieser Zivilisation geschützt ist, und wenn wir nicht verhindern können, daß wir Gifte einatmen, aufessen, trinken, wie sollen wir, die sich mit Absurditäten wie Butterbergen und Östrogenkälbern befassen, der übrigen Welt aus *ihren* Schwierigkeiten helfen?

Es sind nicht die Leichenberge hinter unserem Rücken, die für morgen noch umfangreichere versprechen, und an deren Herstellung wir unser Teil nicht einzusehen vermögen – es ist der fatale Umstand, daß wir, durch verschiedene historische Zufälle in dieses System geraten, das Vorbild für die Armen und Hungernden darbieten. Ohne unser Zutun ist die Industriegesellschaft zum verbindlichen Modell geworden, dem nachzueifern alle Welt sich müht. Jede der neuen und »jungen« Nationen, deren Zahl unübersehbar wird, besitzt nichts als den Ehrgeiz, sich zu bewaffnen und zu industrialisieren. Die Nachrichten von gestern, von vorgestern, von August oder März und die Bilder dazu zeigen, wie der Fortschritt inzwischen verlaufen ist: nur in dieser Richtung. Das bedeutet: keine Alternative zu unserer selbstmörderischen Existenzweise. Der Teufelskreis ist perfekt. Um die Millionen und Abermillionen zu ernähren, müssen die Nationen und Staaten immer hektischer und intensiver die Erde ausbeuten, und um so rascher gelangen sie ans Ende ihrer Möglichkeiten, hinter dem nur noch der Abgrund vorhanden ist.

Was vor Jahren »Bevölkerungsexplosion« genannt wurde, war gerade mit dieser Vokabel, so brauchbar sie schien, falsch bezeichnet. Eine Explosion ist ein einmaliger Akt der Zerstörung, nach dem wieder Ruhe eintritt. Unser Wachstum jedoch ist ein maßloses Schwären, das notwendigerweise nach innen schlägt, ohne Beruhigung zu finden. Denn die Maximierung von Menschen heißt zugleich Maximierung ihrer Mindestbedürfnisse, Maximierung von Raubbau an der Natur. Und selbst wenn wir mit dem Tod von hundert oder zweihundert Millionen Menschen einverstanden wären und ihn hinnähmen, um der anderen willen, eine trostlose Kalkulation sondergleichen, so wissen wir im voraus, die steigenden Bedürfnisse des Restes zehren doch die Reserven auf. Eine Meldung von neulich, verborgen unter dem bunten Gemisch aus personalisierten Nichtigkeiten, obskuren Rekorden, Verbrechen und Naturereignissen, besagt, daß täglich 1500 bis 2000 Kinder auf der Erde an Wassermangel sterben. Nicht aus Mangel an medizinischer Versorgung, aus Mangel an lebenswichtigen Proteinen, nicht an Schadstoffen oder an den Folgen kriegerischer Auseinandersetzungen – sie verdursten ganz einfach. Etwas von jeher Selbstverständliches verliert seine Selbstverständlichkeit. Ein extremer Tod, wie wir ihn nur aus Berichten von Wüstendurchquerungen oder aus den entsprechenden Abenteuerromanen kennen, greift um sich und erhält unerwartet den Status des Alltäglichen. Die Frage ist nur, stellt diese Nachricht dar, was bei Goethe unter fernerliefen rangiert, als Vorgang, »fern in der Türkei, wo die Völker aufeinanderschlagen«, oder enthält sie nicht doch eine Botschaft, die uns betrifft? Wir halten uns niemals für betroffen, solange nicht das eigene Dach über uns niederbricht – wobei wir uns garantiert über die Gleichgültigkeit der anderen empören, als wären wir nicht dauernd selber andere für irgendwen. In unserer Sucht nach Harmonie genügt uns die scheinbar geringste Verbesserung des Weltzustandes, um uns zu trösten. Vollkommen beruhigt lesen wir, daß bis 1995 in Bangladesch jeweils im Umkreis von zweihundert Metern eine Wasserpumpe installiert werden soll, um den akuten Wassermangel zu beheben. Doch wir stellen uns nicht vor, wie morgens einige Millionen Menschen aufstehen, nach einem Eimer greifen und zur nächstgelegenen Pumpe marschieren. Jeden Morgen das gleiche Unternehmen zur Auslaugung des Bodens, zur Absenkung des Wasserspiegels. Die Folgen sind nicht vorausberechenbar. Vielleicht verkarstet nur das Land, so daß es langsam unfruchtbar wird, vielleicht ändert sich aber auch der Wasserhaushalt der ganzen Region – wer will das vorhersagen? Möglicherweise summiert sich eine solche hilfreiche Maßnahme anderen, ebenfalls wohlmeinenden, damit ihre Gesamtheit die Katastrophe weitertreibt. Aber so darüber zu sprechen, ist eine neue Form der Häresie. Derartige Befürchtungen sind unpopulär und stoßen auf Zurückweisung – zumindest bei jenen »Optimisten«, mit deren Optimismus es so traurig bestellt ist, daß sie mit wütendem Einspruch gegen Zweifel an dem Sinn ihrer Einstellung reagieren. Ihre Heftigkeit legt den Verdacht nahe, sie litten insgeheim an den Befürchtungen, die sie so energisch abstreiten.

Es ist biologisch in uns nicht angelegt, daß wir uns freiwillig einschränken; daß wir Verzicht leisten zugunsten unserer Nachbarn oder ungeborenen Kinder, Enkel oder Nachfahren, die uns je ferner je gleichgültiger sind. Wir erreichen noch gerade ein emotionales und natürlich auch rationales Verhältnis zu unseren eigenen Kindern, zu deren Kindern, falls sie uns nicht vor Augen kommen, jedoch kaum noch. Was unser Blick nicht trifft, ist inexistent. Und da wir derart ausschließlich im Heute und für das Heute leben, sogar wenn es das Ausmaß von drei oder fünf Jahren hat, es bleibt Heute, und nur ein Bruchteil der vierten Dimension, in der wir uns niemals lange genug aufhalten, um sie überblicken zu können. Darum haben wir auch keine Zukunft. Ich meine als Gattung. Um tatsächlich Zukunft zu haben, müßten wir erkennen dürfen, was ihr zuwiderläuft oder sie gar ganz unmöglich macht. Das jedoch können wir nicht. Erinnern wir uns der Ironie und Heiterkeit, mit der anfangs das Auto betrachtet wurde: Es war nicht mehr als ein Objekt der Witzblätter und einiger Weniger, die vom technischen Abenteuer besessen waren, von denen aber keiner sich vorstellen konnte, was es seinen Enkeln bringen würde. Solche Beispiele lassen sich fast endlos reihen. Unsere Klugheit reicht immer nur fürs nachhinein. Sobald die Milch vergossen ist, sind wir fähig, mit großem wissenschaftlichen und theoretischen Aufwand festzustellen: die Milch ist vergossen. Bestenfalls können wir die Gründe benennen. Etwa: gestolpert und hingefallen. Mehr nicht.

Unsere Spezies ist, entgegen aller Vernunft oder sogar – und das steigert meine Befürchtungen – dank ihrer Vernunft außerstande, sich ihrer selbst bewußt zu werden, geschweige denn, solchem hypothetischen Bewußtsein entsprechend zu handeln oder auch: Handeln zu unterlassen.

In unserer Hybris, in unserem blinden Hochmut, der auf sein instrumentales, eingeschränktes Denken auch noch stolz ist, versäumten wir es ganz und gar, die Zeichen zu erkennen, die unsere Vorfahren schon früh bemerkt hatten, um sie, in der Sage von Prometheus chiffriert, auf ihre Weise weiterzugeben. Wir haben sie nur nicht begriffen. Wir haben gelernt oder gelesen, daß jener Halbgott den Göttern das Feuer stahl und es den Menschen brachte und damit den Beginn der industriellen Zivilisation einleitete. Dafür wurde er von Zeus bestraft und von allen bisherigen Generationen als Kulturheros gefeiert – zu Unrecht, wie ich befürchte. Denn der zweite, weniger bekannte Teil der Sage erzählt, daß sein Geschenk so großmütig wie geglaubt nicht gewesen ist. Denn gleichzeitig und wie mit niederträchtiger Kalkulation nahm er den Menschen, was sie damals noch besaßen: die Gabe des Vorauswissens. Heute erweist es sich überdeutlich: Diese Amputation der Kenntnis des Kommenden war notwendig, da sie ja sonst wohl kaum das Feuer entgegengenommen hätten und damit das Schicksal, mit solchem Anfang auch das Ende herbeizuführen. Wir haben diesen Mythos Generationen hindurch gehört, studiert, idealisiert und zur Verständigung untereinander gebraucht und ihn endlich »klassisch« genannt, ohne ihn zu begreifen. Wir haben in Prometheus einen verherrlicht, der gegen die Vorherrschaft einer mythologischen Hierarchie rebelliert hat – um unseretwillen. Er war das Symbol des revolutionären Geistes, des Schöpferischen, weil wir immer überlesen haben, was wir nicht erfahren wollten. Dem rückwärtsgewandten Blick über die Zeit hinweg bis zum Horizont der Vergangenheit, wo schon nichts mehr so recht erkennbar ist, will vorkommen, als sei der zurückgelegte Weg ein Irrweg gewesen, von Wegweisern bestimmt, die wir mißverstanden haben; ein Weg, den wir bis zum Ende zu gehen gezwungen scheinen.

Inhalt

Günter Kunert
im Carl Hanser Verlag

Erinnerung an einen Planeten
Gedichte aus fünfzehn Jahren. 1963

Tagträume
Prosa. 1964

Verkündigung des Wetters
Gedichte. 1966

Im Namen der Hüte
Roman. 1967

Die Beerdigung findet in aller Stille statt
Erzählungen. 1968

Warnung vor Spiegeln
Gedichte. 1970

Tagträume in Berlin und andernorts
Kleine Prosa, Erzählungen, Aufsätze. 1972

Gast aus England
Erzählung. 1973

Im weiteren Fortgang
Gedichte. 1974

Der andere Planet
Ansichten von Amerika. 1975

Warum schreiben
Notizen zur Literatur. 1976

Berliner Wände
Bilder aus einer verschwundenen Stadt.
Photos von Thomas Höpker, Text von G. K. 1976

Unterwegs nach Utopia
Gedichte. 1977

Camera obscura
Prosa. 1978

Verlangen nach Bomarzo
Reisegedichte. 1978

Die Schreie der Fledermäuse
Geschichten, Gedichte, Aufsätze.
Herausgegeben von D. E. Zimmer. 1979

Kunert lesen
Herausgegeben von Michael Krüger. 1979

Ulenspiegel
Zeitschrift für Literatur, Kunst und Satire
Ein Querschnitt von 1945 bis 1950
Herausgegeben von H. Sandberg und G. Kunert. 1979

Abtötungsverfahren
Gedichte. 1980

Verspätete Monologe
1981